기독교문서선교회 (Christian Literature Center: 약칭 CLC)는 1941년 영국 콜체스터에서 켄 아담스에 의해 시작되었으며 국제 본부는 미국 필라델피아에 있습니다.
국제 CLC는 약 650여 명의 선교사들이 59개 나라에서 180개의 서점을 운영하며 이동 도서 차량 40대를 이용하여 문서 보급에 힘쓰고 있으며 이메일 주문을 통해 130여 국으로 책을 공급하고 있는 국제적 문서선교 기관입니다.

추천사 1

오 덕 교 박사
햇불트리니티신학대학원대학교 총장

    교회의 역사는 설교자의 역사다. 교회 역사를 주도해 온 주요한 인물은 설교자였고, 그들의 설교로 인하여 교회 역사가 새롭게 기록되었기 때문이다. 초대 교회를 이끈 오리게네스뿐만 아니라 아우구스티누스나 크리소스토무스, 중세 교회를 새롭게 만든 피터 왈도나 존 위클리프도 탁월한 설교자였다. 종교개혁을 이끈 마르틴 루터나 하인리히 츠빙글리, 제네바의 종교개혁자 존 칼빈, 스코틀랜드의 종교개혁자 존 낙스, 모두 뛰어난 설교자였다.
    18세기 영국에서 부흥 운동을 이끈 존 웨슬리나 조지 휫필드, 미국에서 대각성 운동을 주도한 조나단 에드워즈, 찰스 피니와 D. L. 무디 등 교회 역사를 바꾼 위대한 인물 모두가 설교자였다. 오늘날도 세계 교회를 이끄는 인물들이 바로 설교자다.
    이 책의 저자인 최광희 박사는 이러한 교회사적인 지식에 기초하여 한국 교회의 침체 원인을 설교에서 찾고, 교회를 새롭게 할 수 있는 방안도 설교라고 언급하고 있다. 그는 이 책을 통해 강단이 살아나면 교회가 살아나고, 교회가 살아나면 사회와 국가가 새롭게 태어난다는 입장을 견지하면서 그것을 위한 몇 가지 조건을 제시하고 있다.

첫째, 성경 본문에 대한 올바른 해석이다.
둘째, 효과적인 설교 내용 전달이다.

그렇지만 저자는 이 두 가지만으로 충분하지 않다고 보고 있다. 설교자의 청중에 대한 올바른 이해 없이는 설교가 온전해질 수 없다는 것이다. 그는 이 책에서 효율적인 설교를 위해서 설교자의 청중 이해와 청중에 다가가기가 필요하다고 지적하고, 여러 가지 실례를 통하여 구체적으로 그 방안을 제시하고 있다. 이러한 점에서 이 책은 설교를 설교답게 만드는 요인을 밝히면서 강단 회복의 길을 보여 준다. 이 책을 통해 설교자가 청중을 이해하게 되고, 그들에게 하나님의 말씀을 온전히 적용함으로써 강단의 부흥이 다시 한번 일어나길 기대하면서 이 책을 신학생들과 목회자들 그리고 모든 설교자에게 추천하는 바이다.

추천사 2

오정호 박사
새로남교회 당회장, 예장합동 총회장, 거룩한방파제통합국민대회 대회장

최광희 박사는 내가 전도사 시절부터 오늘날까지 교제해 온 귀한 동역자다. 젊은 날부터 파이디온 어린이 사역, 신·구약 파노라마 세미나 사역, 가정 사역 등에 관심이 많더니 목회를 하는 중에 설교학에도 큰 관심을 가지고 합동신학대학원대학교에서 박사학위를 받았다.

최근에는 17개 광역시·도 악법대응본부 사무총장을 맡고 거룩한방파제통합국민대회 특별기도위원장, 한반교연 공동회장 등 중요한 직책을 맡아서 동성애와 차별금지법, 퀴어신학, 젠더 이데올로기 등을 막아 내는 면에서도 귀하게 헌신하고 있다.

내가 최광희 박사를 자주 만나면서 그때마다 느끼는 것은 글을 정말 잘 쓴다는 것이다. 최 박사는 글의 논지를 잘 잡고 글을 맛깔나게 진행하여 첫 줄을 읽으면 끝까지 읽어 내려가게 하는 재주와 매력이 있다. 무엇보다 중요한 것은 이 시대에 꼭 필요한 주제들을 찾아내어 우리 시대의 교회를 깨우고 유익을 준다는 것이다.

바쁜 목회와 사역 가운데 왕성한 집필 활동을 하여 여러 학술지에 논문을 게재하고 「국민일보」, 「더미션」에도 수십 편의 칼럼을 게재하더니 이번에 드디어 설교학 논문들과 그 논문의 이론을 적용한 샘플 설교를 엮어 책으로 출판하게 됨을 진심으로 기쁘게 생각한다. 책의 내용을 살펴볼 때 목회자들이 바쁜 사역에 쫓겨 자칫 설교의 이론적 배경을 놓칠 위험을 다시 세워 줄 것으로 믿는다.

추천사 3

홍 동 필 목사
전주새중앙교회 당회장, 전 예장합신 총회장

목회에서 가장 우선순위는 설교다. 그래서 목사는 설교를 잘하기 위해서 설교 원리와 방법을 배우고 좋은 설교 자료도 얻길 원한다. 이런 설교자를 위해 어느 시대나 하나님의 말씀을 정확하게 파악하고 시대를 제대로 관찰하여 연결해 줄 하나님의 사람이 필요한데, 이 책을 펴낸 저자가 이에 합당한 사람이다. 이 책이 말하는 설교의 원리와 첨부된 설교문은 현대 감각에 맞으면서도 성경적 설교다.

저자 최광희 박사는 대학에서부터 정통 개혁주의 신학을 배웠고, 신학대학원에서도 철저한 개혁주의 신학을 배웠기에 믿을 수 있는 설교 학자이다. 본인은 오랜 세월 저자를 가까운 거리에서 보아 왔기에 저자가 하나님을 얼마나 사랑하며, 성경을 얼마나 소중하게 여기는지 잘 알고 있다.

요즘처럼 혼란스러운 시대에 이 책은 많은 독자에게 경각심과 도전을 주리라 여긴다. 독자들은 이 책을 통해 하나님의 뜻을 분별할 수 있고 이 시대를 파악하는 데도 도움받을 것으로 여겨 기쁜 마음으로 추천한다.

추천사 4

신 성 욱 박사
아신대학교 설교학 교수, 한국복음주의실천신학회 회장

평소 익히 알고 있는 최광희 박사는 설교에 지대한 관심을 가지고 있는 분이고, 박사학위를 마친 후 추천자가 회장으로 있는 한국복음주의실천신학회에서 논문 발표와 논평에도 열정을 다해 크게 한몫을 하고 있는 분이기도 하다. 그런 그가 지난 3년 동안 쓴 설교학 소논문들과 논문에 따른 샘플 설교들을 정리해서 드디어 한 권의 책으로 출간하게 되었다.

본서는 강해 설교를 구성하는 두 축 중 하나인 '청중에 대한 이해와 다가가기'에 대해서 잘 설명하고 있고, 피폐해지고 있는 한국 강단의 회복을 위한 '청중 참여도 높이기에 관한 대안'도 잘 제시하고 있다. 아울러 평소 노력을 기울여 온 '동성애와 차별금지법을 어떻게 대응할 것인지에 관한 방법'을 실제의 샘플 설교문과 함께 소개하고 있으며, 요즘 핫이슈로 부각하고 있는 〈죽음을 준비시키는 성경적인 설교〉의 샘플 원고를 무려 다섯 편이나 선보이고 있다.

이론으로만 가득 찬 저서가 많은 가운데, 설교의 실제를 다양하게 음미해 볼 수 있는 작품이 출간됨을 기쁘게 생각한다. 관심 있는 분들에게 일독을 적극 추천하고 싶다.

추천사 5

권 호 박사
합동신학대학원대학교 설교학 교수, 『본문이 살아있는 설교』 공동저자

사랑하는 제자 최광희 목사님의 책 출판에 기쁨을 느낀다. 최 목사님은 내가 가르쳤던 박사 과정 학생 중에 제일 열심히 연구하고 글을 쓰는 분이었다. 인생과 사역에 있어서는 선배였으나, 늘 겸손과 유쾌함으로 배우는 분이기도 했다. 이제는 목회 현장에서, 한국 교회 대외 사역에서 최선을 다하며 뛰고 있는 최 목사님을 보면 고마움과 자랑스러움을 느낀다.

이번 저서는 그동안 공부하고 연구하고 저술했던 글들과 소논문을 묶은 땀의 작품이다. 이번 저서를 통해 독자들은 현대 설교학의 흐름과 교회 현장으로의 적용점이 무엇인지 알 수 있을 것이다. 이 책을 통해 최 목사님의 설교학적 지식뿐만 아니라, 그의 성실한 노력과 한국 교회 사랑이 많은 분에게 흘러가기를 기대해 본다.

추천사 6

임 도 균 박사
한국침례신학대학교 실천신학 교수

    최광희 목사님은 박사학위논문 심사 때 심사위원으로 만났다. 이후 학문적으로 인격적으로 교제해 오고 있다. 내가 아는 최 목사님은 성경의 진리를 명확하게 선포하는 선지자의 마음을 가지고 계시고, 성도를 사랑하는 목자의 심정을 가지고 계시는 분이다.
    시대적으로 성경적 가치관이 강한 도전을 받고 영적으로 무뎌진 시대 가운데 바른 믿음을 선포할 수 있는 안내서를 출간하시게 되어 기쁘다. 『목사님, 청중을 아십니까?』가 거룩한 사랑을 갈망하는 이 시대 가운데 참된 진리를 선포하는 안내서가 될 것을 기대하며 응원한다.

추천사 7

송 길 원 박사
하이패밀리 대표, 동서대학교 석좌교수

2024 파리 올림픽 양궁 여자 개인 결승전이 열리는 앵발리드 사대(射臺). 두 한국 선수가 서 있다. 임시현과 남수현, 두 선수만이 아니었다. 수만 마일 떨어져 TV로 중계를 보는 시청자들의 가슴까지 떨게 만드는 장면이었다.
과녁에 꽂히는 화살과 환호 그리고 시상대. 어디 양궁만일까?
설교자 모두가 꿈꾸는 장면이다.

> 화살 하나가 공중을 가르고 과녁에 박혀
> 전신을 떨 듯이
> 나는 나의 언어가
> 바람 속을 뚫고 누군가의 가슴에 닿아
> 마구 떨리면서 깊어졌으면 좋겠다
> 불씨처럼
> 아니 온몸의 사랑의 첫 발성처럼
> -이시영 詩 〈산다는 것의 의미〉-

과녁을 겨누지 않고 활시위를 당기는 바보는 없다. 설교자에게는 청중이 곧 과녁이다. 일찍이 故 김동길 박사가 말했다.

"청중을 보면 얼굴에 나타나 있어요. 청중 얼굴에 내 원고가 있는 거예요. 나는 따로 원고를 준비하는 대신 청중의 얼굴에 쓰인 원고를 읽어요. 그런 센스가 없어지면요? 나와서 얘기하는 거 그만둬야지요."

청중과의 교감, 이 얼마나 가슴 떨리는 일인가?

그런데 그 어려운 일을 최 박사가 해냈다. 그의 글솜씨에 감탄해 나는 자신 있게 「국민일보」 칼럼니스트로 최 박사를 추천했다. 그의 글은 언제나 독자들의 심장을 겨누었다. 그런 그가 이번에는 그만의 비밀병기를 꺼내놓은 셈이다. 또다시 감탄했다. 더구나 실제편에서 다룬 다섯 편의 죽음 설교가 가슴에 꽂혀 파르르 떨게 한다.

가장 힘 있는 설교가 '죽음 설교'가 아니고 뭐란 말인가?

장례식장에서 과녁에 다다르기도 전에 힘없이 고꾸라지는 허수아비 같은 메시지를 볼 때마다 탄식했다. 거기다 과녁의 점수판은 고사하고 한참 빗나가 남의 목숨을 겨냥하는 위태위태한 설교도 많이 들었다. 아팠다.

마지막에 소개된 하이패밀리의 장례식장 이야기가 보여 주듯 골방에 박혀 머리로 써낸 글이 아니다. 수재 현장을 찾아가 비를 맞으며 리포트를 하는 리포터가 되어 발로 글을 써냈다. 그의 글이 빛나는 이유다.

"목사님, 청중을 아십니까?" 이 한 문장이 책을 덮은 마지막 순간까지 내 가슴에서 파르르 떨고 있다.

추천사 8

최 덕 성 박사
브니엘신학교 총장

　최광희 박사는 평소에도 글을 잘 쓴다.
　최광희 박사는 사물을 예리하게 관찰하고 조리 있게 글로 표현하는 능력을 갖추고 있다. 젊은 날에는 교육 사역, 가정 사역, 성경 세미나 활동에 헌신했고, 50대에 설교학을 전공하여 박사학위를 받는 열정을 보였다.
　이 책은 설교자의 청중 이해의 원리와 구체적인 방법론을 소개한다. 각 주제에 맞는 샘플 설교를 담고 있다. 청중의 수준과 이해에 알맞게 설교하는 원리를 제시한다.
　설교자의 청중 이해에 관한 논의는 인간의 고난과 오늘날의 동성애, 성정체성, 사회적인 이슈들과 사람들이 궁금해하는 죽음의 문제를 다룬다. 동시대적인 주제들에 대한 구체적인 설교 방안을 제공한다.
　목회 현장의 설교자들에게 청중이 필요로 하는 자양분을 공급하는 데 유익한 책이다. 기쁜 마음으로 추천하는 바이다.

추천사 9

김 두 식 박사

부산 말씀교회 담임목사
고신대학교 겸임교수, 부산로고스국제크리스천스쿨 교장

  설교자에게 본문의 석의(Exegesis) 만큼이나 중요한 것이, 설교의 대상인 청중에 대한 분석(Analysis of audience)이다. 장년들에게 어린이 설교를 하거나, 청소년들에게 장년부 설교를 하는 것은 매우 부적절하기 때문이다. 청중 이해가 부족하면 장례식에서 결혼식 설교를 하는 것 같은 인상을 준다.
  따라서, 제대로 된 청중 분석은 설교의 내용과 적용을 풍성하고 용이하게 만든다. 그런 의미에서, 설교학을 제대로 연구하여 신학박사 학위(Th.D.)를 받은 저자는, 본문과 청중을 연결시켜 주는 중요한 포인트를 잘 정리하여 이 책에 담았다.
  오랜 목회와 다양한 기독교 활동을 통한 경험을 살려서 제시하는 설교 예시들은, 저자가 주장하는 이론들의 실제가 녹아있는 길잡이다. 설교를 피할 수 없는 목회자나 그 길을 준비하는 신학생들에게 유용한 책으로 확신하여, 추천자는 이 책을 설교의 이론과 실제가 합쳐진 필독서로 독자들에게 강력하게 추천한다.

추천사 10

양현표 박사
총신대학교 신학대학원 실천신학 교수

　40년 지기 친우 최광희 박사가 책을 한 권 저술했다고 하면서 추천서를 부탁해 왔다. 별다른 생각 없이 그러자고 응답했고, 원고를 보내 주기에 큰 기대감 없이 읽기 시작했다. 그런데 읽어 가면서 나는 책의 내용에 대한 몰입도가 높아져 가는 것을 느꼈다. 그리고 이런 내용의 책을 저술한 친구 최 박사가 매우 자랑스러웠다.
　이 책은 보통의 설교자를 위한 책이다. 일선의 목회자가 어떻게 하면 효과적으로 청중을 이해하고 청중에게 다가갈 수 있을 것인지를 알기 쉬운 내용과 문체로 풀어놓은 책이다. 학자가 아닌 일반 설교자를 독자로 삼았기에 가독성이 매우 뛰어난 책이다. 평소에도 쉽게 이해되는 최 박사의 언변과 복잡하지 않은 그의 사는 방식이 그대로 반영되어 있다. "설교는 연결이다", "설교는 해석과 전달이다", "설교는 읽기와 쓰기와 말하기다"와 같은 표현은 그 어떤 신학적 단어를 사용하지 않았음에도 그러나 설교의 핵심을 짚어낸 최 박사만의 표현이라고 본다.
　최광희 박사가 이 책에서 주장하고 싶은 것이 너무나 선명해 보인다. 그것은 설교자가 설교를 듣는 청중을 분명하게 이해해야 한다는 것이다. 청중을 이해하기 위해 성경을 이해해야 하고, 설교자 자신을 이해해야 하며, 청중이 처한 상황을 이해해야 한다는 것이다. 또한, 설교가 개인에게만 적용되고 개인의 머릿속에만 자리 잡는 가현적인 것이 되어서는 안 된다. 공동체, 즉 교회가 변화되게 하고 교회의 집단기억이 되도록 해야 한다는 것이다. 이러한 주장을 위해 그는 그가 전공한 설교학 내용을 내러티브로 전개하고 있다.

　목회 현장의 모든 목회자에게 적극적으로 이 책을 추천하는 바이다. 동시에 교회에서 교사의 역할을 감당하는 평신도들에게도 추천하는 바이다. 분명 배우고 적용할 만한 내용을 발견하게 될 것이라고 믿는다. 다시 한번 한국 교회에 큰 도움이 될 이러한 저술을 남긴 최광희 박사에게 존경의 마음을 전한다.

목사님, 청중을 아십니까?

Pastor, do you know your audience?
Written by Choi, kwanghee
All rights reserved.
Korean Edition Copyright ⓒ 2024 by Christian Literature Center, Seoul, Korea.

목사님, 청중을 아십니까?

2024년 10월 20일 초판 발행

지 은 이 | 최광희

편   집 | 추미현
디 자 인 | 소신애, 박성준
펴 낸 곳 | (사)기독교문서선교회
등   록 | 제16-25호(1980. 1. 18.)
주   소 | 서울특별시 동대문구 천호대로71길 39
전   화 | 02-586-8761~3(본사) 031-942-8761(영업부)
팩   스 | 02-523-0131(본사) 031-942-8763(영업부)
이 메 일 | clckor@gmail.com
홈페이지 | www.clcbook.com
송금계좌 | 기업은행 073-000308-04-020 (사)기독교문서선교회
일련번호 | 2024-114

ISBN 978-89-341-2755-0(03230)

이 책의 출판권은 (사)기독교문서선교회가 소유합니다.
신저작권법에 의하여 한국 내에서 보호를 받는 저작물이므로 무단 전재와 무단 복제를 금합니다.

Pastor, do you know the audience?

목사님, 청중을 아십니까?

최광희 지음

CLC

목차

추천사

오덕교 박사 | 햇불트리니티신학대학원대학교 총장　　　　　　　　　　　　1
오정호 박사 | 새로남교회 당회장, 예장합동 총회장, 거룩한방파제통합국민대회 대회장　　3
홍동필 목사 | 전주새중앙교회 당회장, 전 예장합신 총회장　　　　　　　　4
신성욱 박사 | 아신대학교 설교학 교수, 한국복음주의실천신학회 회장　　　5
권 호 박사 | 합동신학대학원대학교 설교학 교수, 『본문이 살아있는 설교』 공동저자　6
임도균 박사 | 한국침례신학대학교 실천신학 교수　　　　　　　　　　　7
송길원 박사 | 하이패밀리 대표, 동서대학교 석좌교수　　　　　　　　　8
최덕성 박사 | 브니엘신학교 총장　　　　　　　　　　　　　　　　　10
김두식 박사 | 부산 말씀교회 담임목사, 고신대학교 겸임교수, 부산 로고스국제크리스천스쿨 교장　11
양현표 박사 | 총신대학교 신학대학원 실천신학 교수　　　　　　　　　12

프롤로그 설교란 무엇인가?　　　　　　　　　　　　　　　　　　　22

제1부 청중을 이해하기

제1장 설교자의 청중 이해와 청중의 자아 정체성

　1. 들어가는 말　　　　　　　　　　　　　　　　　　　　　32
　2. 언약 신학과 청중의 정체성　　　　　　　　　　　　　　33
　3. 설교자의 관점과 청중의 정체성　　　　　　　　　　　　37
　4. 설교자의 이해와 청중의 정체성　　　　　　　　　　　　40
　5. 설교자의 해석과 청중의 정체성　　　　　　　　　　　　47
　6. 나가는 말　　　　　　　　　　　　　　　　　　　　　53

제2장 본문의 세계와 신자의 세계를 연결하는 청중 이해

1. 들어가는 글   56
2. 기존 설교학자들의 청중 이해와 삼중 관점   58
3. 신학적 존재로서의 청중 이해   64
4. 해석학적 존재로서의 청중 이해   71
5. 의사소통적 존재로서의 청중   75
6. 나가는 글   82

제3장 고난 중의 신자에 대한 설교자의 청중 이해

1. 들어가는 말   86
2. 하나님의 침묵과 로고테라피   87
3. 대재앙과 고난에 접근하는 모델들   94
4. 신정론의 한계점과 타인의 얼굴   104
5. 나가는 말   111

    * 고난 설교 샘플   114

제4장 복음의 사사화 문제와 신앙공동체 활성화

1. 들어가는 말   122
2. 복음의 사사화와 가현설적인 설교   124
3. 개인주의 설교의 문제점과 신앙공동체 활성화 방안   129
4. 설교를 통한 신앙공동체의 집단기억 형성   136
5. 집단기억 형성을 위한 정체성 내러티브   141
6. 나가는 말   147

제2부 청중에게 다가가기

제5장 교회 활성화를 위한 청중의 설교 참여

  1. 들어가는 글   151
  2. 설교 비평의 필요성과 비평 사례(事例)   153
  3. 설교 비평의 실태(實態)와 비평의 기준   160
  4. 효과적인 설교 비평 방법과 집단 지성 효과   172
  5. 나가는 글   179

제6장 교회 회복을 위한 설교 비평

  1. 들어가는 글   183
  2. 집단 지성의 효과와 설교 비평   186
  3. 설교의 정당성을 확보하는 성경 해석 방법론   191
  4. 설교의 적실성을 담보하는 설교문 작성법   197
  5. 나가는 글   203

제7장 동성애와 차별금지법에 대응하는 설교

  1. 들어가는 글   207
  2. 동성애에 관한 성경적 관점   209
  3. 동성애 유전설과 보건의료적 문제   222
  4. 차별금지법 제정의 문제점   235
  5. 동성애와 차별금지법에 대응하는 설교 제안   248
  6. 나가는 글   250

    * 동성애 문제 설교 샘플: 거룩한 방파제를 세우자   255
      1) 들어가는 말
      2) 시대별 영적 싸움의 양상 변화
      3) 성 혁명 세력의 전방위적 공격들

제8장 성경적 죽음을 준비시키는 설교

1. 들어가는 글   264
2. 죽음이란 무엇인가?   267
3. 죽음 이후에는 어떤 일이 벌어지는가?   272
4. 바람직한 임종은 무엇인가?   276
5. 바람직한 임종 예배와 장례 예배   287
6. 나가는 글   292

* 죽음설교 1: 아버지 집으로 돌아가는 길   296
    1) 죽음은 우리의 원수다
    2) 죽음을 죽인 그리스도
    3) 성도의 죽음은 패배가 아니다.

* 죽음설교 2: 즉시 낙원에 들어갑니다   304
    1) 그는 자신이 죄인임을 믿었습니다
    2) 그는 예수님의 의로우심을 믿었습니다
    3) 그는 하나님의 나라를 믿었습니다

* 죽음설교 3: 사는 것과 죽는 것 사이에서   312

* 죽음설교 4: 믿음과 소망을 담아내는 장례식   320

* 죽음설교 5: 바보같이 죽은 사람   327
    1) 바보 스데반은 시키지도 않은 전도를 했습니다
    2) 바보 스데반은 전략적 후퇴를 몰랐습니다
    3) 스데반은 결국 작정하고 도발했습니다
    4) 바보 스데반이 죽고 나서

* 하이패밀리 장례식장을 소개한다   336

프롤로그

설교란 무엇인가?

모든 설교자의 공통된 관심사는 설교를 잘하는 것이다. 좋은 설교자가 되는 방법을 묻는 모든 설교자에게 필자는 먼저 이렇게 질문한다.
"좋은 설교란 무엇이라고 생각하는가?"
지금 마음속으로 여러 가지 생각을 하고 있을 것이다. 재미있는 설교, 감동을 주는 설교, 인생의 문제에 답을 주는 설교 등 이 문제의 답에 접근하기 위해 잠시 다른 이야기를 해 보자.
〈즉문즉설〉로 유명한 법륜스님이라는 분이 있다. 설법인지, 강연인지 모를 그분의 〈즉문즉설〉 모임에는 많은 사람이 모인다. 〈즉문즉설〉의 강의 동영상의 조회수도 꽤 높다. 법륜의 강연장에 그렇게 많은 사람이 모이는 이유는 그분의 강연이 재미와 감동이 있기 때문이다. 그리고 문제를 가지고 온 사람들이 답을 얻어서 만족하며 돌아가는 모습도 볼 수 있다.
자, 그러면 법륜스님의 〈즉문즉설〉은 좋은 설교인가?
설교자 가운데 여기에 동의할 사람은 아무도 없을 것이다. 〈즉문즉설〉은 좋은 설교이기는커녕 설교가 아니기 때문이다. 비록 〈즉문즉설〉이 사람들에게 재미와 감동, 문제의 해답을 제공한다고 하더라도 우리는 그것을 설교라고 부르지 않는다.
법륜스님의 감동적인 강연이 설교가 아닌 데는 두 가지 중요한 이유가 있다.

첫째, 법륜의 가르침은 근거가 적실하지 않다.
둘째, 〈즉문즉설〉은 그 방향이 정당하지 않다.

여기서 우리는 설교가 무엇인지 생각을 정리할 필요가 있다. 설교를 잘하는 좋은 설교자가 되기를 원한다면, 먼저 설교가 무엇인지 분명히 정의하고 출발해야 한다.

당신이 말하는 설교의 정의(定義, definition)는 과연 무엇인가?

잠시 멈추고 설교에 대한 당신의 정의를 메모한 후에 이 책을 계속 읽도록 권하고 싶다. 필자는 설교를 한 단어, 혹은 두 단어, 혹은 세 단어로 표현하기를 좋아한다. 한 단어로 표현하면 설교는 '연결'이다. 두 단어로 표현하면 설교는 '해석'과 '전달'이다. 세 단어로 표현하면 설교는 '읽기'와 '쓰기' 그리고 '말하기'다. 이렇게 설교를 한 단어, 두 단어 혹은 세 단어로 표현하는 이유가 무엇인지 이야기하다 보면 설교가 무엇인지 잘 이해하게 될 것이다.

1. 설교는 연결이다

설교를 왜 '연결'이라고 정의하는지 생각해 보자. 하나님의 말씀을 전하는 설교자의 양손에는 각각 세상에서 가장 고귀한 것 한 가지씩 들려 있다. 설교자의 한 손에는 하나님의 감동을 입은 사람을 통해서 인류에게 주신 '성경'이 들려 있다. 이 성경은 하나님의 말씀 그 자체이며 성경을 바르게 해석을 한 사람은 누구든지 사람들에게 하나님의 뜻을 전해줄 의무와 특권을 가지게 된다.

설교자의 다른 한 손에는 온 천하만큼 귀한 하나님의 사람들이 들려 있다. 우리는 그들을 '청중'이라고 부른다.

하나님의 말씀을 듣기 위해 모인 사람을 부르는 용어로 '청중'과 '회중' 가운데 어느 것이 적합한가?

'회중'은 신앙공동체의 일원으로서 정기적으로 예배에 참석하며 자기의 믿음 성숙과 신앙공동체를 세우는 일에 힘쓰는 자들을 의미한다면, '청중'은 회중보다 좁은 개념으로서 설교가 선포되는 현장에서 설교자의 메시지를 듣는 사람들을 의미한다.

설교자의 사명은 하나님의 말씀인 성경으로 하나님의 사람들인 청중을 변화시키는 것이다. 말씀으로 사람을 변화시키기 위해서 설교자가 하는 일은 바로 본문의 세계와 청중의 세계를 연결하는 것이다. 결국, 설교는 한 단어로 '연결'이라고 정의할 수 있다.

그런데 일부 설교자의 설교를 들어보면 청중에게 재미와 감동을 주고 유익한 말도 하는데 그 근거가 성경 본문이 아닌 경우를 발견한다. 성경 본문의 중심 사상에서 벗어나 자기 생각을 전하는 것은 멋진 강연일 수는 있어도 좋은 설교라고는 할 수 없다. 그런 설교는 성경 본문의 세계와 청중의 세계를 연결해 주는 것이 아니라, 설교자 자신의 사상과 청중의 세계를 연결해 주는 것이다. 그런 설교는 연결이라는 면에서는 비슷하나 그 연결의 근거가 성경이 아니기에 설교의 필수 요소인 정당성을 상실한 설교다.

설교에서 성경을 사용하지 않을 것이라면 설교에 앞서 본문(Text)을 읽는 까닭이 무엇인가?

설교에 앞서 본문을 읽는 이유는 그 본문이 말하는 중심 사상을 그 자리에 앉아 있는 청중의 세계와 연결해 주겠다는 약속이다. 만일, 본문을 사용하지 않고 감동적인 설교를 할 수 있다면 이솝의 우화, 혹은 신문 기사의 한 부분이나 어떤 감동적인 문학 작품, 심지어 불경을 통해서도 얼마든지 재미있고 유익한 이야기를 할 수 있다. 때로는 문학작품이 주는 교훈을 통해서 신앙생활에 도움을 주는 말을 할 수도 있다.

하지만, 성경 본문의 중심 사상에서 나오지 않은 교훈을 전하는 메시지는 교양 있는 인문학 강좌가 될 수는 있어도 설교라고 할 수는 없다.

합동신학대학원의 설교학 교수인 정창균 박사는 설교자가 본문(Text)을 정당하게 사용하지 않는 현상으로 불용(disuse), 오용(misuse), 남용(abuse) 세 가지를 지적한다. 본문 불용이란 본문을 읽었으나 단순히 도약대로만 삼을 뿐 막상 설교는 본문과 관계없는 내용으로만 채우는 것을 말한다. 본문 오용이란 설교자가 본문을 정당하게 해석하지 못하고 본문의 중심 사상에서 벗어나거나 본문의 어느 한 단어 혹은 어구를 붙들고 본인이 하고 싶은 이야기만 하는 것을 말한다. 본문 남용이란 설교자가 의도적으로 자신이 하고 싶은 말을 본문이 말하도록 강요하는 것을 말하는데, 이는 다른 말로 자의적 주석(eisegesis)라고 한다.

본문 없는 설교의 한 예로 중세 시대의 유명한 설교 가운데 〈토끼〉라는 제목의 설교가 있었다고 한다. 1대지, 토끼는 눈이 붉다. 바로 토끼처럼 성도는 하나님의 말씀을 사모하여 눈이 충혈되어야 한다. 2대지, 토끼는 귀가 길어서 작은 소리도 잘 듣는다. 바로 토끼처럼 성도는 하나님의 세미한 음성도 잘 듣고 반응해야 한다. 3대지, 토끼는 앞발이 짧고 뒷발이 길어서 아래로는 잘 내려가지 못하고 위로는 잘 달린다. 성도는 토끼처럼 위를 향해 나아가야 한다.

이 설교는 세 가지의 좋은 교훈을 담고 있지만, 본문의 중심 메시지가 아니라 설교자 가치관을 전한 것이다. 그런 메시지는 설교가 성경 본문의 세계와 청중의 세계를 '연결'하는 것이라는 면에서 정당한 설교라고 할 수 없다. 이런 이야기는 좋은 신앙 칼럼 가운데 하나이며 제목은 '토끼에 관한 단상(斷想)'이 적합하겠다.

2. 설교는 해석과 전달이다

설교자가 성경 본문의 세계를 청중의 세계와 연결할 때는 성경 내용을 그대로 전하는 것이 아니라 먼저 성경을 해석해서 성경의 중심 사상을 도출해서 전달한다. 또한, 설교자가 전하는 그 메시지는 반드시 청중에게 연관되고 필요한 내용이어야 한다. 그러므로 설교에서 가장 중요한 두 기둥을 꼽는다면 성경 본문에 대한 '해석'과 청중을 향한 '전달'이라고 할 수 있다. 그리고 설교자가 청중에게 연관되는 내용을 전할 때는 반드시 청중에게 잘 전달되는 방법론을 사용해서 메시지를 전해야 하는데 전달 방법론에 관해서는 뒷부분에서 자세히 알아보도록 하자.

해석과 전달에는 각각 정당성(validity)과 적실성(relevancy)이라는 전제 조건이 필수적이다. 정창균 박사는 성경 본문에 대한 정당한 해석이 결핍된 설교는 감언이설(甘言利說)이며 청중을 향해 적실하게 전달되지 않는 설교는 무용지물(無用之物)이 되어버린다고 지적한다.[1] 그러므로 설교가 감언이설이나 무용지물이 되지 않기 위해 꼭 필요한 것은 바로 성경 본문에 대한 정당한 해석과 청중에 대한 적실한 전달이다. 그런데 일부 설교자들은 정당한 성경 해석 대신에 자기의 생각을 전달하기 위해 성경 본문을 남용(abuse)하는 것을 볼 수 있다. 정당한 성경 해석(exegesis)이란 반드시 성경 본문이 말하려고 하는 중심 사상을 도출해 내는 것이다. 반면에 자기의 생각을 말하기 위해 적합한 본문을 선택하여 그 본문에 설교자가 하고 싶은 사상을 집어넣는 것은 성경 해석(exegesis)이 아니라 자의적 해석(eisegesis)이 된다.

설교자가 청중에게 성경을 전달할 때 반드시 해석 작업을 거쳐야 하는 이유는 과거에 기록된 성경은 그 시대, 그 장소에서 살던, 그 사람들의 이

---

1 정창균, 『강단으로 가는 길』 (수원: 설교자하우스, 2016), 29.

야기이기 때문이다. 다시 말하면, 성경의 이야기는 그 시대의 상황이라는 옷을 입고 있다. 이처럼 상황화(contextualization)되어 있는 성경으로부터 청중에게 전달할 메시지를 도출하기 위해 설교자는 상황의 옷을 벗겨내는 탈상황화(de-contextualization) 작업이 필요하다. 그렇게 해서 도출한 메시지는 모든 시대의, 모든 장소에 사는, 모든 사람에게 해당하는 원리가 될 것이다. 이제 설교자는 자기의 청중에게 메시지를 전하기 위해서는 지금, 여기에 사는, 이 사람들에게 알맞은 상황의 옷을 다시 입히는 재상황화(re-contextualization) 작업을 거쳐야 한다.

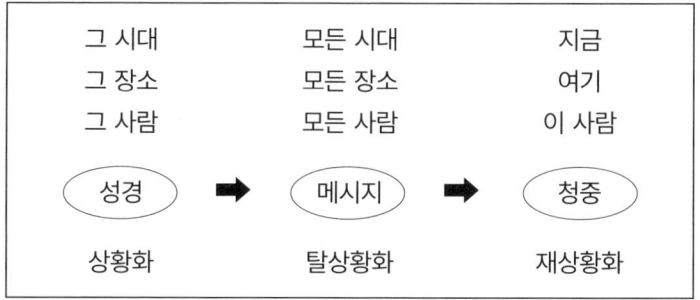

〈그림 1〉

성경 시대의 상황화 속에서 나온 메시지가 '본문의 중심 사상'이라고 한다면 탈상황화된 메시지는 '신학의 중심 사상'이라고 할 수 있고, 지금, 여기, 이 사람들을 위해 재상황화된 메시지는 '설교의 중심 사상'이라고 할 수 있다. 성경을 해석하는 설교자는 반드시 이 세 단계의 중심 사상을 도출한 뒤 설교의 중심 사상을 효과적으로 전달해야 한다.

만일, 어떤 설교자가 탈상황화와 재상황화 작업을 거치지 않은 채 본문의 중심 사상을 직접 청중에게 전달한다면 대부분의 청중은 설교를 무시하고 아무런 반응도 하지 않을 것이다. 다만, 극소수의 신자는 외아들의 어깨에 장작을 지우고 손에 칼을 들고 산꼭대기로 올라갈 것이다. 이런 비극이 발생하지 않기 위해서는 반드시 탈상황화와 재상황화를 거친 설교의 중심 사상을 전해야 한다.

3. 설교는 읽기와 쓰기와 말하기다

앞에서 말한 설교의 두 기둥, 즉 성경 본문에 대한 정당한 해석은 읽는 행위에 해당한다. 그리고 청중에 대한 적실한 전달은 말하기에 해당한다. 그런데 성경 읽기에서 청중에게 말하기의 중간에는 반드시 설교문을 작성하는 쓰기가 필수적이다. 그런 의미에서 설교란 읽기와 쓰기와 말하기라고 정의할 수 있다.

설교문을 쓰기 위해서는 우선 무엇을 먼저 말하고 무엇을 다음에 말할 것인지, 무엇을 결정적인 순서에 말하고 끝을 맺을 것인지 말할 내용과 순서를 정해야 한다. 설교에는 비행기가 이륙하고 비행하고 마지막에 착륙하는 것과 같은 과정과 순서가 필요하다. 그런데 일부 설교자는 착륙하는 법을 알지 못해서 공중을 선회하다가 엉뚱한 자리에 가까스로 착륙하는 것처럼 설교를 끝맺는 것을 본다.

설교에서 말할 순서를 정할 때는 반드시 효과적인 수사학의 원리를 따라야 한다. 주전 4세기 수사학의 대가(大家) 아리스토텔레스는 『시학』에서 '반전'과 '깨달음'에 관하여 이렇게 설명한다. 반전이란 상황이 역전되는 것을 의미하는데 이때 필연적 인과 관계 속에서 변화가 이루어진다는 것이다. 한편, 깨달음이란 무지(無知)의 상태에서 지(知)의 상태로 이행하는 것인데 이러한 깨달음은 반전이 수반될 때 가장 효과적이라고 아리스토텔레스는 말한다.[2] 그러므로 가치관과 삶의 변화를 추구하는 설교자는 반드시 반전

---

2   Aristoteles, 『시학』, 천병희 옮김 (서울: 문예출판사, 2002), 69-71.

과 깨달음의 플롯(plot)을 따라서 설교문을 구성해야 한다.

내러티브의 흐름 속에서 결정적인 순간에 반전과 깨달음이 발생하면 청중에게 강한 호소력이 발휘될 수 있다. 이러한 이야기의 플롯을 설교문 작성에 효과적으로 적용한 대표적인 사례로 유진 라우리(Eugene L. Lowry)를 꼽을 수 있는데 라우리가 말하는 플롯이 있는 설교문 작성법에 관해서는 뒤에서 자세히 알아보기로 하자.

이상과 같이 설교를 한 단어로 그리고 두 단어로, 혹은 세 단어로 설명한 것을 종합하면 설교는 다음과 같은 한 문장으로 말할 수 있을 것이다.

> 설교란 정당성 있는 성경 해석으로부터 도출된 메시지를 수사학적 목적을 따라 구성된 형식을 갖추어 청중의 상황에 적실하게 전달해 주는 것이다.

이제 서두에서 던진 질문, 즉 어떻게 하면 설교를 잘할 수 있는지에 대하여 생각해 보자. 설교에 대한 앞의 정의에 의하면 설교를 잘하기 위해서는 해석(성경)과 구성(설교문)과 전달(청중)을 잘하면 된다.

설교를 잘하기 위해서 어떻게 정당한 성경 해석을 할 수 있는가?
어떻게 효과적인 설교 구성을 할 수 있는가?
어떻게 효과적으로 메시지를 전달할 것인가?

결국, 설교자들이 관심을 가지고 공부할 세 영역은 '성경 해석 방법론'과 '설교 형식 구성 방법론'과 '청중의 상황 이해 및 커뮤니케이션 기법'이다. 그리고 설교가 성경 본문의 세계와 청중의 세계를 연결하는 것이라면 설교자는 두 가지를 알아야 한다.

첫째, 성경 본문을 알아야 한다.
둘째, 청중을 알아야 한다.

아를 바꾸어 표현하면 설교자는 성경을 잘 해석하고 청중을 잘 이해해야 한다는 말이다. 바로 이런 목적을 위해서 필자는 부지런히 논문을 썼다. 그리고 필요에 따라 설교자를 위한 샘플 설교를 포함했다.

제1부

청중을 이해하기

제1장 설교자의 청중 이해와 청중의 자아 정체성

제2장 본문의 세계와 신자의 세계를 연결하는 청중 이평

제3장 고난 중의 신자에 대한 설교자의 청중 이해

 * **고난 설교 샘플** 〈저한테 왜 이러세요?〉

제4장 복음의 사사화 문제와 신앙공동체 활성화

제1장

설교자의 청중 이해와 청중의 자아 정체성

1. 들어가는 말

　정기적으로 설교를 듣는 청중은 하나님과 성경 그리고 설교자와 각각 긴밀한 관계를 맺고 있다.[1] 그런데 청중이 하나님 및 성경과 관계를 맺는 것도 설교자의 설교를 통하여 하나님을 알아가고 성경을 이해해 간다는 점을 생각하면, 청중은 자아 정체성 형성에 있어 설교자에게 많은 영향을 받는 존재라고 할 수 있다.

　설교에서 청중은 근본적으로 하나님과 언약을 맺고 있는 언약 백성이다. 하지만, 청중은 설교자가 이 사실을 설명해 주기 전에는 언약 백성으로서의 자아 정체성을 확립하기 어렵다.

　그렇다면 설교자가 청중이 하나님과 언약적 관계에 있는 언약 백성임을 어떻게 설명할 수 있을까?

　설교자가 하나님과 청중 및 성경과 청중 사이의 관계에 대해 설명할 때 우선 청중을 잘 이해할 필요가 있다. 그리고 언약 신학의 개념을 설명할 때 청중이 이해하고 있는 인문학적 개념을 동원하면 언약 신학의 개념과 인문학 이론은 상호 보완적인 관계를 형성할 수 있다. 그러므로 본 연구에서는 발터 벤야민의 언어철학과 장 폴 사르트르의 존재론 그리고 브루스 후드의

---

[1] 이승진, "청중에 대한 설교학적 이해," 한국복음주의실천신학회, 「복음과 실천신학」 6 (2003): 62.

자아 인식론을 사용하여 언약 신학에 대한 설명을 시도하고자 한다.[2]

청중은 때로 자기가 이해하고 있는 하나님의 모습과 성경의 내용이 자기가 경험하는 현실과 모순되게 느낀다. 이 경우 청중은 혼란에 빠질 수 있으며 심할 경우 설교를 신뢰하지 않는 지경에 이를 수 있다. 이때 설교자는 청중의 상황을 성경적으로 해석해 줌으로 청중이 더욱 견고한 정체성을 회복하게 한다. 고난의 상황에서 하나님께서 의도하시는 목적을 설교하기 위해서는 빅터 프랭클의 "로고테라피" 개념을 통하여 설명할 수 있을 것이다.

2. 언약 신학과 청중의 정체성

1) 언약 신학과 자아 정체성

예수님의 고별 설교에서[3] 예수님은 제자들에게 너희가 나를 택한 것이 아니라 내가 너희를 택한 것이라고 하시면서 너희에게 열매를 맺도록 하고 열매가 항상 있게 하겠다고 하셨다(요 15:16). 여기서 열매를 맺는다는 말은 성령의 내주하심으로 말미암은 성과를 말하는데 성령은 한번 제자들에게 오시면 영원히 떠나지 않으신다.

---

[2] 저자는 발터 벤야민의 언어 철학에 동의하여 이 책에 그의 언어 이론을 인용했다. 하지만, 상습적인 소아성애자 뷔너겐을 멘토로 모시고 교육받은 발터 벤야민은 동성애적 소아성애를 찬양한다. 발터 벤야민은 프랑크푸르트 학파에 속하며 독일 낭만주의 전통에서서 공산주의적 에로틱한 청소년 성교육을 주장하는 철학자다. 그러므로 벤야민의 이런 부분에는 결코 동의하지 않는다. 정일권, "독일 프랑크푸르트 학파의 비판이론(문화막시즘)과 게오르게 학파(아도르토, 벤야민, 베커)", 기독교학술원 제96회 월례포럼, 『문화마르크시즘의 소아성애 사상 비판』(2022년 10월 21일); 30-31.

[3] 박형용, 『신약개관』(서울: 아가페, 1987), 121. 요한복음 13장부터 17장을 "예수님의 고별설교" 혹은 "다락방 강화"라고 부른다.

성령은 무슨 목적으로 인간에게 찾아오셔야 했는가?

이런 성령의 사역은 언약 신학의 관점에서 접근할 때 선명히 이해할 수 있다. 하나님이 인간과 맺은 언약의 특징은 무조건적이고 또 조건적이다.[4] 하나님이 인간을 찾아오셔서 언약을 체결하실 때는 무조건적이고 일방적으로 언약을 체결하셨다. 그리고 하나님은 언약에 조건을 달아 놓으셨는데 그 조건은 순종하면 축복이요, 불순종하면 저주하시겠다는 것이다. 하나님이 일방적인 언약에 조건을 달아 놓으신 이유는 사람이 구원받는 여부를 신자들에게 걸어 놓기 위해서가 아니라 순종을 통해 하나님을 경험하도록 하기 위해서다.

그러나 이 언약의 조건은 인간의 눈에 보이지 않기에 각 언약에 대한 증표를 주셨다. 창조 언약에는 에덴동산, 노아 언약에는 무지개, 아브라함 언약에는 할례와 땅, 모세 언약에는 율법 그리고 다윗 언약에는 성전과 제사다.[5] 이처럼 하나님은 언약의 증표를 주면서까지 언약을 체결했는데 구약성경의 결론은 이 모든 언약이 실패했다는 것이다.

손석태의 표현을 빌리면 그들은 "그들은 언약의 피가 마르기도 전에 금송아지를 만들고, 그것이 자기들을 이집트에서 구원한 신이라고 말하며 그것에 제사를 지냈다."[6] 다시 말해서, 하나님과 하나님의 백성 사이에 언약의 실패, 즉 더는 언약이 작동하지 않는 상황이 발생했다. 그 언약의 실패란 첫째는 한 몸이 되는 것의 실패이고, 둘째는 마음이 없는 행동을 하는 것이었다.

이 문제를 해결하기 위해서 하나님은 예레미야를 통해 새 언약을 주시겠다고 약속하셨다. 하나님은 다시는 실패가 발생하지 않을 새로운 언약

---

4 G. I. Williamson, *The Shorter Catechism*, 최덕성 옮김, 『소교리문답강해』 (서울: 개혁주의신행협회, 1997), 64-69, 92-97.
5 성주진, "언약신학과 한국 교회 – 구약의 언약을 중심으로", 합동신학대학원대학교, 『신학정론』 36/1 (2018): 19-23.
6 손석태, "옛 언약과 새 언약", 개신대학원대학교, 『개신논집』 15 (2015): 19.

을 맺으실 것이라고 하셨다.

언약 체결은 하나님이 주도하여 맺으신 것임에도 불구하고 그 언약이 실패한 원인은 다음의 두 가지다.

첫째, 언약을 맺으려면 언약 당사자의 수준이 서로 같아야 하는데 하나님과 인간은 수준이 같지 않기 때문이다. 수준이 전혀 다른 하나님과 사람이 서로 한몸이 되는 것은 불가능했고, 이 문제를 해결하기 위해서 하나님은 성자를 인간이 되게 하여 이 세상에 보내셨다. 그리고 그 성자를 인간의 대표자로 하여 성부와 성자 사이에 언약을 맺으심으로 하나가 되는 것에 다시는 실패하지 않게 만드셨다.

둘째, 하나님과 인간은 마음 중심으로부터 연합이 되지 못한 것이 문제였다. 이 문제를 위해 새 언약에서는 하나님께서 성령을 인간의 마음에 보내셔서 마음 중심에 성령의 도장을 찍어 버리셨다.[7] 다시는 언약이 깨어지지 않도록 하기 위해서 예수님과 신자가 상호 동거(Mutual Indwelling) 하겠다는 것이 새 언약의 핵심이며 이를 위해 예수께서는 보혜사를 약속하신 것이다.[8]

신약 시대는 하나님이 계획하고 약속하신 새 언약이 성취된 시대다. 하지만, 청중이 이런 사실을 충분히 알지 못한다면 여전히 인본주의적인 생활을 하다가 절망에 빠질 수 있다. 그러므로 설교자의 역할과 사명은 청중에게 새 언약의 내용을 잘 말해 줌으로 언약 안에서의 자아 정체성을 확립하도록 도와주는 것이다.

---

7 박윤선 옮김, 『웨스트민스트 신앙고백서』(서울: 영음사, 1989), 84. 신앙고백서 제12장 "양자 됨"에는 "구속의 날까지 인치심을 받아"라는 표현이 있다.

8 손석태, "옛 언약과 새 언약", 26.

구약에 계시된 새 언약과 그 성취를 바르게 이해함으로써 자아 정체성이 회복된 예는 신약성경에서도 발견할 수 있는데 바로 세례 요한의 경험이다. 세례 요한은 예수님과 요한의 제자들의 역할로 정체성이 회복되었는데 이것은 오늘날 설교자들의 역할을 잘 보여 주는 사건이다.

2) 세례 요한의 정체성 회복 사건

세례 요한은 사역 초기에 예수님이 바로 하나님이 보내신 메시아임을 믿고 증언했던 사람이다. 성령이 임하여 머물러 있는 그 예수님이 성령으로 세례를 베푸는 자라고 확신하며(요 1:33), 예수님에게 세례를 줄 당시 요한은 자기 자신을 선지자로 인식했다.[9] 예수님이 이루시는 메시아 왕국이 곧장 임할 것을 믿었기에 세례 요한은 선지자적 사명감으로 분봉왕 헤롯(Herod Antipas)이 동생의 아내 헤로디아와 결혼한 패륜을 책망했다가 옥에 갇혔다(눅 3:19).

그런데 요한이 의로운 일을 하다가 부당하게 옥에 갇혀 있음에도 예수님은 하나님 나라를 선포하기는커녕 요한을 구출하러 오지도 않았다. 이런 상황에서 요한은 자기 제자들을 보내어 예수님께 질문했다.

"오실 그 이가 당신이 맞습니까? 우리가 다른 사람을 기다려야 합니까?"(눅 7:19).

여기서 요한은 과연 예수님이 메시아가 맞는지, 또 자신은 그의 길을 예비하는 선지자가 맞는지 정체성에 혼란이 왔음을 드러낸 것이다.

요한의 제자들이 찾아왔을 때 예수께서는 그들이 보고 들은 것을 요한에게 전하라고 하셨는데 그 대답을 전해 들은 요한은 예수님이 자기가 원하는 방식으로 일하는 분이 아니지만, 메시아가 확실하다는 것을 깨달았

---

[9] 이복우, "요한복음의 세례자 요한의 정체와 역할", 한국성경신학회, 「교회와 문화」 29 (2012): 146-147.

다. 다시 정체성이 확고해진 요한은 기꺼이 감옥 생활을 감당했고, 순교까지 할 수 있었다.

예수님이 요한을 위해 사용하신 방법은 바로 성경 말씀을 인용하여 그 말씀이 자신을 통해 성취되고 있다고 해설한 것이었다. 예수님이 인용하신 말씀은 이사야 35장에 기록된 메시아 예언이었는데 그때 맹인의 눈이 밝을 것이며, 못 듣는 사람의 귀가 열릴 것이며, 저는 자는 사슴같이 뛸 것이며, 말 못 하는 자의 혀는 노래할 것이라는 이사야의 예언이 예수님 자신을 통해 성취되고 있다는 것이었다(사 35:5-6).

예수님과 마찬가지로 설교자 역시 하나님의 말씀을 인용하고 해석하여 설명함으로 청중의 자아 정체성을 확고하게 만들어 줄 수 있다. 또한, 요한의 제자들이 성경(느비임 נביאים)이 예수님을 통해 성취되고 있다고 요한에게 전해 줌으로 요한이 자아 정체성을 회복하게 했는데 그것이 바로 설교자의 역할이다.

3. 설교자의 관점과 청중의 정체성

1) 설교자의 관점이 청중에게 미치는 영향

우리가 사는 세계는 어떤 원리로 움직이며 그 가운데에서 살아가는 사람은 환경으로부터 어떤 영향을 받는가?

인지 언어학자 조지 레이코프(George Lakoff)는 세계는 "우리가 그 세계에 대한 프레임을 구성하고 그 프레임에 의거해 행동하는 방식의 반영이다"라고 설명한다.[10] 다시 말해 우리는 세계가 객관적이고 독립적으로 존재

10　George Lakoff, *The all new don't think of an elephant!*, 유나영 옮김, 『코끼리는 생각하지 마』 (서울: 미래엔, 2015), 80.

하고 움직인다고 생각할 수 있지만, 사실은 세계에 대한 우리의 이해는 세계 안에서 우리가 하는 행동의 영향을 받는다는 것이다.

이런 측면에서 생각하면 설교자가 성경 해석과 메시지를 전달할 때 구속사의 전체 과정에 대해 이해하는 설교자 자신의 신학적인 관점은 결국 그 설교자가 청중을 이해하는 데 많은 영향을 미친다는 것을 알 수 있다.

또한, 양자 역학 분야에서 일반화된 사실에 의하면 소립자의 운동 과정과 방향은 소립자가 관찰자의 개입 여부에 따라 지대한 영향을 받는다. 물리학자 마쓰바라 다카히코(まつばら たかひこ)에 의하면 두 개의 슬릿(slit)을 통과하는 소립자들이 관찰자가 개입하지 않을 때는 파동처럼 자유롭게 움직여 마치 파동이 두 개의 슬릿을 통과했을 때와 같은 간섭무늬(干涉무늬, interference fringe)를 형성한다. 하지만, 그 소립자들이 관찰자가 개입하는 것을 인지할 때는 파동처럼 자유롭게 움직이지 않고 입자와 같이 질서 정연하게 움직여 슬릿과 같은 모양의 무늬를 만드는 것이 확인되었다.[11]

이러한 양자 역학 이론을 설교 현장에 적용해서 생각해 보면 설교자가 청중을 이해하고 바라보는 관점이 장기적인 목회 이후의 빚어질 청중의 모습까지 결정하게 된다. 그러므로 이승진 교수는 설교자가 가지고 있는 청중에 대한 나름대로의 관점은 그 설교자의 설교행위와 사역에 영향을 미치게 되고 결국 그 설교를 듣게 되는 청중의 신앙생활의 모습과 형태를 빚어내게 된다고 설명한다.[12]

---

[11] 마쓰바라 타카히코(松原隆彦 송원륭언), 目に見える世界は幻想か?, 이인호 옮김, 『물리학은 처음인데요』 (서울: 행성비, 2018), 153-157.
[12] 이승진, "청중에 대한 설교학적 이해", 60.

2) 기대의 법칙과 청중의 변화

교육학자 브루스 윌킨슨(Bruce H. Wilkinson)에 의하면 교사가 학생을 바라보는 시각은 학생에게 크게 영향을 미친다고 한다. 윌킨슨이 초임 교사일 때 자기가 우수반을 맡은 것으로 오해한 경험을 이야기한다. 그해에 우수반 프로그램이 취소되었는데 그 사실을 몰랐던 윌킨슨은 자신이 우수반을 맡은 것으로 생각하고 지도한 결과 그 반이 다른 반에 비해 월등한 성적을 거두게 되었다는 것이다. 이러한 경험을 토대로 윌킨슨은 '기대의 법칙'이라는 이론을 정립하게 되었다. 즉, 학생들을 바라보는 교사의 시각에 의하여 결국 교사가 기대하는 그런 학생으로 만들어져 간다는 것이다.[13]

교육학자가 말하는 '기대의 법칙'은 설교 현장에서도 똑같이 적용되어 설교자가 기대하는 청중 이해가 결국은 그런 청중을 빚어내는 동인이 될 수 있을 것이다. 한 예로 다니엘 쇼(R. Daniel Shaw)와 찰스 벤 엥겐(Charles E. Van Engen)은 다음과 같이 말했다.

> 특정 상황에 처한 특정 신앙공동체가 그들이 속해 있는 특정한 상황으로부터 얻은 해석학적 관점은 하나님의 복음 전달 방식을 이해하는 데 영향을 미친다.[14]

결국, 설교자가 생각하는 청중 이해는 장기적인 설교 사역 이후에 그가 생각하는 것과 같은 모습의 청중 모습을 형성하기에 이르게 된다고 할 수 있다.

---

13 Bruce Wilkinse, *(The) 7 laws of the learners*, 홍미경 옮김, 『배우는 이의 7가지 법칙(상)』 (서울: 도서출판디모데, 1995), 101-106.

14 R. Daniel Shaw & Charles Edward van Engen, *Communicating God's Word in a complex world : God's truth or hocus*, 이대헌 옮김, 『기독교복음전달론』 (서울: CLC, 2007), 50.

그렇다면 청중에 대하여 이런 이해와 기대를 가진 설교자는 청중에게 어떻게 영향을 미치는가?

설교자가 사용하는 수단은 언어다. 그러므로 설교자가 언어를 사용하여 자기가 이해한 성경적인 청중 이해를 전달할 때 청중이 자기를 인식하는 인문학적 관점을 동원하면 보다 원활한 소통이 이루어질 수 있다. 인문학은 청중이 일상에서 접할 수 있는 익숙한 이론이다. 설교자가 이해하고 있는 언약 신학을 설명할 때 신학적인 개념을 청중에게 익숙한 인문학 개념으로 표현하면 더욱 원활한 소통이 이루어질 수 있다. 그러므로 다음으로 설명할 것은 발터 벤야민의 언어 철학에 근거한 언어의 기능과 사르트르의 존재론 및 후드의 인식론이다.

4. 설교자의 이해와 청중의 정체성

1) 발터 벤야민의 언어 철학

인간의 말은 어떻게 사람을 변화시키고 자아 정체성을 확립하는 수단이 될 수 있는가?

발터 벤야민(Walter Benjamin)은 언어가 정신적 본질을 전달할 뿐 아니라 사물의 언어적 본질도 전달한다고 한다. 다시 말하면, 사물의 본질은 바로 사물의 언어라는 것이다.[15]

인간은 다른 사물들에 이름을 붙임으로 자신의 정신적 본질을 전달한다.

---

15 Walter Benjamin, *Uber Sprache uberhaupt und uber die Sprache des Menschen*, 최성만 옮김, 『언어 일반과 인간의 언어에 대하여 - 번역자의 과제』 (서울: 길, 2008), 71-75.

> 여호와 하나님이 흙으로 각종 들짐승과 공중의 각종 새를 지으시고 아담이 무엇이라고 부르나 보시려고 그것들을 그에게로 이끌어 가시니 아담이 각 생물을 부르는 것이 곧 그 이름이 되었더라(창 2:19).

아담이 사물(동물)들의 이름을 부른 것은 그 사물 속에 이미 들어있는 사물들의 언어를 이름으로 표현한 것이다. 결국, 인간은 이름을 부여하는 존재다.[16]

이런 사상은 김춘수의 시(詩) 〈꽃〉에서도 볼 수 있다.

> 내가 그의 이름을 불러주기 전에는
> 그는 단지 하나의 몸짓에 지나지 않았다.
> 내가 그의 이름을 불러 주었을 때
> 그는 나에게로 와서 꽃이 되었다.[17]

창세기 1장에서 하나님의 창조는 "말씀하시고-만드시고(그대로 됨)-부르시는(칭하시는)" 3단계의 리듬으로 이루어졌다. 하지만, 하나님이 말씀으로 창조하지 않은 존재가 있는데 바로 창세기 2장에 묘사된 인간이다.

벤야민은 하나님의 인간 창조에 대해 이렇게 서술한다.

> 신은 인간을 말씀으로 창조한 것이 아니고, 또한 인간을 명명하지 않았다. 신은 인간을 언어의 지배 아래 두고자 하지 않았고, 인간에게 신은 자기에게 창조의 매체로 쓰인 언어를 방출했다. 신은 인간에게 자신의 창조성을 위임하고 쉬었다.[18]

---

16 Benjamin, 『언어 일반과 인간의 언어에 대하여 - 번역자의 과제』, 78.
17 김춘수, 『그는 나에게로 와서 꽃이 되었다』, (양평: 시인생각, 2013), 14.
18 Benjamin, 『언어 일반과 인간의 언어에 대하여 - 번역자의 과제』, 84.

벤야민의 서술처럼 말이란 원래 하나님의 영역에 속한 것이다. 그런데 하나님은 손수 만드신 인간에게 하나님의 영역에 속한 말을 부여해 주심으로 창조주께서 피조물을 신(神)의 영역으로 초대해 들이신 것이다. 하나님으로부터 말의 능력을 부여받은 아담은 온갖 사물과 동·식물에 이름을 붙여 줌으로 그것들 속에 내재한 언어적 본질을 끌어냈다.

사물이나 동물만이 아니라, 하나님이 돕는 배필을 만드셨을 때, 아담은 돕는 배필에게 '여자'라는 이름을 붙여 주었다. 이처럼 사물의 특징, 즉 그 사물 속에 있는 '사물 언어'에 이름을 붙여서 부름으로 '구술 언어'로 표현하는 작업을 벤야민은 "번역하는 일"이라고 규정한다.[19]

인간이 사물과 사건 그리고 상황을 규정하고 이름을 붙이는 것은 인간이 자기를 드러내는 행위다. 벤야민에 의하면 "한 존재의 언어는 그 속에서 자기의 정신적 본질을 전달하는 매체다. 인간은 그가 자연과 동류 인간에게 부여하는 이름을 통해 자기를 신에게 전달한다."[20] 즉, 사물과 사건 그리고 각종 상황을 무엇으로 정의하느냐 하는 것은 자신이 어떤 사람인지를 드러내어 보이는 것이다.

이러한 사실에 근거하여 이승진 교수는 설교자들은 구술 언어와 사물 언어를 연결해 주는 사람이라고 설명한다. 다시 말하면, 구속 역사 속에서 말씀이신 성자 예수 그리스도께서 행하신 구속 계시에 관한 구술 언어를 지금 청중의 눈앞에 구현된 상황, 즉 사물 언어와 연결해 주는 작업을 하는 사람이 바로 설교자다.[21]

이처럼 설교자는 성경 본문의 구술 언어와 청중이 살고 있는 현재 세계에 펼쳐진 사물 언어, 즉 사건과 상황들 속에 내재한 하나님의 임재하심을

19　Benjamin, 『언어 일반과 인간의 언어에 대하여 - 번역자의 과제』, 87.
20　Benjamin, 『언어 일반과 인간의 언어에 대하여 - 번역자의 과제』, 95.
21　이승진, "해석학적 실재론에 근거한 성경 해석과 설교 메시지의 전달 과정에 관한 연구," 「복음과 실천신학」 54(2020): 223.

서로 연결해 주는 사람들이기에 설교자의 말은 사람을 변화시키고 정체성을 확립하는 수단이 될 수 있는 것이다.

목회 사역의 핵심은 신자들 앞에서 구술 언어와 사물 언어를 서로 연결하는 것인데 구술 언어와 사물 언어를 연결하는 대표적인 두 사건을 예로 들자면 말씀 선포와 성례 시행이다. 벤야민의 언어철학 관점에서 보면 말씀 선포는 구술 언어에 해당하며 성례 시행은 사물 언어에 해당한다.

설교자는 목회 사역을 통해 한편으로는 복음을 전파하고 다른 한편으로는 세례와 성만찬을 시행함으로 청중에게 '들리는 말씀'을 '보이는 말씀'으로 성취할 수 있다.

2) 사르트르의 존재론과 설교자의 영향

설교자가 설교 메시지를 준비하고 전달하는 과정에서 청중을 어떤 시각으로 이해해야 할까?
사람이 자기 자신에 대해 인식하는 자아 정체성은 사람의 마음속에 있는 것인가?
혹은 마음 바깥, 즉 외부와의 관계로부터 정립되는 것인가?

청중의 영적인 정체성에 관한 설교자의 인식은 실존철학의 존재론과 비교하여 설명할 때 선명하게 드러난다.

프랑스의 철학자 장 폴 사르트르(Jean-Paul Sartre)는 그의 명저(名著) 『존재와 무』에서 존재를 '즉자존재'와 '대자존재' 그리고 '대타존재'의 세 가지 영역으로 설정하여 설명한다.

- **즉자존재**(卽自存在 l'être en soi): 사람이 지각하는 대상인 탁자, 의자, 나무, 책 등의 사물은 '그 자체로 존재' 하는 것을 말한다.[22]
- **대자존재**(對自存在 l'être pour soi): 자기와 자기의 두 겹 분리가 가능한 것이 특징을 가지고 있는 인간의 의식, 즉 '자기에 대해서 있는 존재'인 인간을 말하며, "대자는 의식으로 자기를 근거 세우기 위해서 즉자로서의 자기를 상실하는 즉자이다"라고 설명한다.[23]
- **대타존재**(對他存在 l'être pour autrui): 인간은 타인을 바라보기도 하며 또 타인의 시선으로 평가받는 '다른 사람에 대하여 존재'하는 인간을 말하는 것으로, '나'라는 존재는 타자의 시선과 대면함으로써 나의 주체성이 타자의 주체성 앞에서 객체화되는 상황에 놓이게 된다.[24]

사르트르의 세 가지 영역 가운데 필자는 청중을 향한 하나님의 관점과 언약 신학의 관계를 고려하여 '즉자존재'와 '대자존재'로만 나누어 생각해 보려 한다.

사르트르는 사물과 인간을 비교하면서 존재에 대하여 설명했지만, 가장 완벽한 즉자존재이신 신(하나님)에 관한 설명은 하지 않는다. 또한, 인간은 즉자로는 존재하지 못한다는 사르트르의 설명과는 달리 인간은 자기 스스로 존재할 뿐 아니라 외부로부터의 관계에서도 자아를 정립할 수 있는 존재다.

사람은 스스로 자기 존재 가치와 정체성을 가지는 존재이면서 동시에 타인의 시선과 평가를 의식하는 존재다. 그 결과 사람은 자기에 대한 다른 사람의 평가가 좋으면 존재감이 충만해지고 그 평가가 나쁠 경우 낙심하는 존재다. 바로 이 사실에서 설교자의 역할이 부각된다.

22　Jean-Paul Sartre, *L'Être et le néant : Essai d'ontologie phénoménologique* 정소성 옮김, 『존재와 무』 (서울: 동서문화사, 2009), 36.
23　Sartre, 『존재와 무』, 167.
24　Sartre, 『존재와 무』, 437.

청중에게 있어 설교자는 가장 영향력이 큰 타자(他者)다. 설교자는 자기의 말을 통해 청중의 믿음이 도약하게도 만들 수 있고, 좌절과 절망에 빠지게도 만들 수 있다. 그러므로 청중은 설교자가 말하는 내용을 통해 성도의 정체성이 확고해진다. 설교자가 청중에게 정체성을 잘 심어줄 때 청중은 하나님의 말씀을 잘 적용하여 그 믿음이 도약하게 될 수 있다.

그러므로 청중에게 하나님의 말씀을 들려주고 말씀을 적용하게 하는 것이 설교자의 사명이며 역할이다. 하지만, 때로는 설교자가 청중과의 소통에 실패하여 영적인 변화와 도약 대신 좌절하게 만들기도 한다.[25]

그렇다면 설교자는 어떻게 성도의 믿음이 도약하게 하는 역할을 감당할 수 있을 것인가?

이 문제는 브루스 후두의 자아 개념으로 접근할 때 설명이 가능할 것이다.

3) 브루스 후드의 인식론과 설교자의 영향

자아란 무엇인가?

사람은 누구나 자신이 누구인지 인식하고 있다. 하지만, 뇌 과학에서는 자아의식이라는 것이 다만 '착각'일 뿐이라고 한다.[26]

뇌 과학에서는 왜 사람의 자아의식을 착각이라고 하는가?

영국 브리스톨대학교(University of Bristol) 사회발달심리학 교수 브루스 후드(Bruce Hood)에 의하면, 자아란 자기 안에서 고유한 것이라기보다는 주위의 사람들이 만들어낸 산물일 뿐이다. 브루스 후드는 쿨리의 말을 인용하여 자아를 이렇게 설명한다.

---

25   이승진, "반전의 깨달음을 위한 설교 플롯에 관한 연구", 한국실천신학회, 「신학과 실천」 46(2015): 122.
26   Bruce M. Hood, *(The) self illusion*, 장호연 옮김, 『지금까지 알고 있던 내 모습이 모두 가짜라면』 (서울: 중앙북스, 2012), 6.

"나는 내가 생각하는 내 모습도 아니며 당신이 생각하는 내 모습도 아니다. 나는 '당신이 생각하는 내 모습이라고 내가 생각하는 모습'이다."[27]

실제로는 존재하지 않음에도 우리가 늘 인식하면서 경험하는 자아의 모습을 브루스 후드는 〈그림 2〉와 같은 착시 현상으로 표현한다.[28] 〈그림 2〉에서 내부의 사각형은 우리 눈에 뚜렷하게 보이지만 실제로 사각형은 존재하지 않는다.

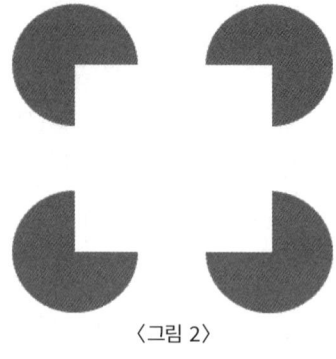

〈그림 2〉

물론, 자아 정체성 혹은 자아 인식이 실제로는 존재하지 않는다는 후드의 설명은 지나치게 극단적이다. 또한, 자아의식이 다만 '착각'일 뿐이라는 후드의 주장도 그대로 수용하기 어렵다.

하지만, 인간의 자아의식은 주변 환경에 의해 영향을 받아 왜곡될 수 있다는 면에서 후드의 설명은 설교자의 역할과 중요성을 잘 설명해 주고 있다. 〈그림 2〉에서 보이는 사각형의 모습처럼 사람은 가정 환경, 학교생활, 친구 관계, 문화 활동 등의 외부적 관계를 통해 한 사람의 자아 정체성 형성에 영향을 받는다.

후드는 자아 정체성을 형성하는 이 과정은 유아기에서 끝나는 것이 아니라 성인이 된 이후에도 계속 자아의식을 개발하고 다듬어 간다고 말한다.[29] 이렇게 사람은 외부적 관계를 통해 자아를 다듬어 가기에 외부 활동이나 타인과의 관계가 찌그러지면 자아 정체성도 찌그러진다. 인간은 자아를 둘러싸고 있는 타자와의 관계가 깨어질 때, 자아 정체성도 깨어지는

---

27 Hood, 『지금까지 알고 있던 내 모습이 모두 가짜라면』, 138.
28 Hood, 『지금까지 알고 있던 내 모습이 모두 가짜라면』, 12.
29 Hood, 『지금까지 알고 있던 내 모습이 모두 가짜라면』, 14.

상황이 발생한다.

5. 설교자의 해석과 청중의 정체성

이상에서 설명한 바와 같이 설교자는 청중의 자아 정체성 형성에 많은 영향을 미친다. 특히나 청중이 환경적으로 형통할 때는 크게 긴장할 일이 없지만, 청중이 감당하기 어렵고 이해할 수 없는 고난의 상황에 처했을 경우 설교자의 역할이 절실히 요구된다. 이 경우 청중에게 그 상황을 성경적으로 해석해 주어야 하는데 그러기 위해서는 설교자가 먼저 고난에 대한 바른 이해가 선행되어야 한다.

1) '하나님의 침묵' 가운데 처한 청중

세상에 사는 신자에게는 여러 가지 이해되지 않는 고난이 다가온다.
이런 고난의 문제에 대해 언약 백성은 어떤 관점으로 바라보아야 할 것인가?

남달리 많은 고통을 경험했던 C. S. 루이스(Clive Staples Lewis, 1898-1963)는 고난은 기본적으로 인간의 탐욕과 어리석음에서 온 것이라고 하면서도 다음과 같이 의문을 제기한다.

"어째서 하나님은 악한 인간들이 그 형제들을 그렇게 극심하게 고문하도록 허락하셨을까?"

우리는 그 이유를 묻고 싶다.[30]

---

30   C.S. Lewis, *(The) Problem of pain*, 『고통의 문제』 (서울: 크리스천서적, 2001), 129.

이런 의문은 루이스만이 아니라 대부분의 청중이 가지고 있는 질문이다. 직접 혹은 간접으로 경험하는 고난의 상황에 대해 인간들은 이렇게 고민하고 질문하지만, 하나님은 아무런 대답도 하지 않고 침묵하시는 것처럼 보인다. 켄 가이어(Ken Gire)의 표현을 빌리면 고통을 당하는 청중의 처지에서 하나님의 얼굴은 자비로운 아버지의 모습이 아니라, 에베레스트를 오를 때 등반가가 가장 오르기 힘든 북쪽 산비탈(The North Face)처럼 냉혹하다.[31] 성경 속에 등장하는 인물들의 경우 하나님의 침묵은 그들이 겪어야 했던 고난보다 더 혼란스러웠을 것이라고 가이어는 평가한다.[32]

이렇게 세상의 불합리함에 대해 고민하는 청중에게 설교자는 어떻게 청중이 겪는 현재의 고통에 대한 해답을 줄 수 있을 것인가?

내세에 누리는 천국만이 아니라 현실에서도 성령의 능력을 누리고 싶은 청중의 갈망에 대해 설교자는 어떻게 성경적 답을 제시할 수 있을 것인가?

사람이 고난 가운데 질문을 할 때 하나님은 북쪽 산비탈처럼 냉혹한 얼굴로 침묵하시는 것처럼 보이지만 사실은 이미 모든 해답을 성경에 담아 놓으셨다. 그러므로 성경으로부터 상황을 올바르게 해석하는 관점을 제공해 주는 것이 설교자의 역할이다.

불합리한 상황에 관한 올바른 관점의 해석은 어떻게 가능한가?

이 문제의 바람직한 해답은 빅터 프랭클의 '로고테라피' 개념으로부터 확보할 수 있다.

2) 로고테라피와 청중의 상황 해석

청중은 우선 본문의 의미를 바르게 해석할 줄 알아야 하지만 더 나아가

---

[31] Ken Gire, (The)north face of God: hope for times when God seems indifferent, 마영례 옮김, 『하나님의 침묵』 (서울: 디모데, 2006).
[32] Gire, 『하나님의 침묵』, 18.

서 그 본문의 빛에 비추어 자신이 경험하는 상황을 올바르게 해석하는 것이 중요하다. 그렇지 않으면 본문과 청중의 삶은 연관성을 가지지 못하고 설교를 듣는 것이 성경적 가치로 사는 것에 아무런 도움이 되지 않을 것이다.

그렇다면 성도의 삶에 찾아오는 고통스러운 상황을 설교자는 어떻게 해석해 줄 것인가?

청중이 당하는 고통의 문제에 대하여 옥한흠 목사는 "고통에도 값진 뜻이 있다"라고 평가했고,[33] '로고테라피'(Logotherapy) 개념을 창안한 빅터 프랭클은 "산다는 것은 고통스럽기 마련이며 살아남는다는 것은 고통 속에서 의미를 발견해야 하는 것이다"라고 설명했다.[34] 이를 종합하면 청중에게 중요한 것은 그가 당하는 상황이 하나님의 섭리 안에 있음을 인식하는 지혜라고 할 수 있을 것이다.

신경정신과 의사인 빅터 E. 프랭클(Viktor Emil Frankl, 1905-1997)은 악명 높은 나치(Nazi)의 아우슈비츠(Auschwitz) 강제수용소에서 생존한 사람이다. 『죽음의 수용소에서』 제1부에서 프랭클은 수용소에서 겪은 자신의 체험담을 간단히 기록했는데 이는 그가 창안한 로고테라피의 배경을 설명하기 위해서다.

프랭클은 가진 모든 소유물을 빼앗기고 알몸 상태에서 몸의 모든 털을 한 오라기도 남기지 않고 다 깎여서 그야말로 발가벗은 상태를 경험했는데 그런 과정에서 지금까지 살아온 모든 인생 자체가 송두리째 말살되는 느낌을 받았다고 회고한다.[35] 한 죄수가 쇠약하여 죽으면 다른 사람들이 모여들어 그 환자가 먹다 남긴 빵 부스러기나 끊어지지 않은 구두끈 같은

---

33 옥한흠, 『고통에는 뜻이 있다』, (서울: 국제제자 훈련원, 2010), 234.
34 Viktor E. Frankl, *Man's Search for Meaning : An Introduction to Logotherapy*, 정순희 옮김, 『죽음의 수용소에서』 (서울: 제일출판사, 2000), 10.
35 Frankl, 『죽음의 수용소에서』, 34.

것을 차지했다고 기뻐할 정도로 극한의 상황에서 프랭클은 무엇으로부터 삶의 의미를 찾을 수 있었을까?

오늘날 극단적인 선택을 하는 유명인 가운데 신앙생활을 한 것으로 알려진 사람들도 있다. 옥한흠에 의하면 "고통이란 그것을 직접 경험하지 못한 사람은 결코 느낄 수 없는 것이기에 다른 사람이 고통스러워하는 것을 함부로 평가할 수 없다"[36]라고 말한다. 하지만, 어떤 고통도 아우슈비츠 수감자들의 고통보다 더 힘들다고 말하기는 쉽지 않을 것이다.

"아직 살아있는 사람이라면 누구든지 희망을 가질 이유가 있다. 건강, 가족, 행복, 직업적 능력, 행운, 사회적 지위-이런 것들은 모두 다시 얻을 수 있거나 되찾을 수 있는 것들이다."

이것이 어떤 악몽보다 현실이 더 고통스러운 아우슈비츠의 수용소에서 무기한 수감되었다가 살아남은 프랭클의 주장이다.[37]

모든 사람이 우선으로 필요로 하는 것은 '긴장 없는 상태'라는 주장에 대해 프랭클은 오히려 정신 건강상 위험한 오해라고 한다. 왜냐하면, "인간이 정말로 필요로 하는 것은 가치 있는 목표와 자유의지로 선택한 일을 위한 노력과 투쟁"이기 때문이다.[38]

사람들은 고통에서 무슨 의미를 찾을 수 있는가?

"우리가 절망적인 상황에 직면했을 때, 바꿀 수 없는 운명을 만나게 되었을 때조차도 삶에서 의미를 찾아낼 수 있다는 사실을 결코 잊어서는 안 된다"라고[39] 단언한 프랭클은 "고통은 희생의 의미와 같은 어떤 의미를 찾는 순간부터 더 이상 고통이 아니며", "인간은 자신의 고통에 의미가 있다고 확신하면 기꺼이 그 고통을 받아들이기까지 하는" 존재라고 설명한다.[40]

---

36 옥한흠, 『고통에는 뜻이 있다』, 16.
37 Frankl, 『죽음의 수용소에서』, 112.
38 Frankl, 『죽음의 수용소에서』, 138.
39 Frankl, 『죽음의 수용소에서』, 146.
40 Frankl, 『죽음의 수용소에서』, 147.

프랭클은 "현대인의 실존적 진공(existentielles Vakuum) 상태와 무의미에 대한 고통, 즉 삶의 의미의 결여라는 정신성 신경증(noogenic neurosis)을 치료하기 위해 '마음을 보살피는 의료적 행위'라는 로고테라피를 창안했다."[41]

프랭클이 창안한 로고테라피 개념에 따르면, 삶에서 의미를 찾으려고 하는 이런 노력은 인간에게 동기를 부여하는 가장 중요한 힘이다.[42] 프랭클에 따르면 "로고테라피는 삶의 의미를 찾기 위한 독특한 치료 기법으로서 인간 존재의 의미는 물론 그 의미를 찾아 나가는 인간의 의지에 초점을 맞춘 이론이다."[43] 아우슈비츠 수용소에서조차 고통의 의미를 찾으며 삶의 의지를 가질 수 있었다면 누구든지 고통 속에서 잃어버린 것보다 더 큰 의미를 찾을 수 있을 것이다.

그렇다면 언약의 말씀을 가진 존재인 청중은 고통으로부터 어떤 의미를 찾을 수 있을 것인가?

불교에서는 욕망의 촛불을 끄면 모든 고통이 사라진다고 가르치는데 이것이 '열반' 교리다.[44] 그러나 살아있는 인간에게서 욕망의 촛불을 끈다는 것은 가능하지 않다. 그러므로 옥한흠은 고난을 "변장하고 찾아오는 하나님의 축복"이라고 정의하면서[45] 신자는 고난 배후에서 일하시는 하나님과 만나라고 권면한다.[46]

그렇다면 고난의 문제에 어떻게 접근하는 것이 올바른 자세인가?

옥한흠은 하나님께서 고난을 성도의 유익을 위해 선용하신다고 주장한다.

---

41 박정희, "불안·우울·자살에 대한 실존 의미치료-빅터 프랭클의 로고테라피 중심으로-", 새한철학회, 「철학논총」 63 (2011), 262.
42 Frankl, 『죽음의 수용소에서』, 131.
43 박정희, "불안·우울·자살에 대한 실존 의미치료", 263.
44 고정일 편, 『세계대백과사전 19』 (서울: 동서문화, 1993), 10922.
45 옥한흠, 『고통에는 뜻이 있다』, 11.
46 옥한흠, 『고통에는 뜻이 있다』, 16.

고난은 성도에게 어떤 유익이 있는가?

첫째, 우리를 깨닫게 하시는데 선용한다.
둘째, 하나님의 자녀다운 인격을 형성하는 데 절대적인 요소가 된다.[47]

마태복음 14장에서 예수님이 무리를 보내는 동안 제자들은 먼저 배를 타고 갈릴리 바다를 건너가게 하셨다. 그런데 밤중에 바람은 거세게 불고 제자들은 매우 곤란한 상황이 되었다. 그때 예수님이 바다 위를 걸어서 점점 다가오는 것을 보고 제자들은 혼비백산하여 "유령이다"라고 소리를 질렀다. 그러나 가까이 다가오신 예수님은 "나야 나(ἐγώ εἰμι), 두려워하지 말아라"라고 하셨다. 어두움과 거센 풍랑 속에서 공포에 사로잡힌 제자들은 그들에게 다가오신 예수님을 유령으로 오해했듯이 이 시대의 청중도 자신이 당하는 고난을 자기를 죽이려는 유령처럼 오해할 수 있다. 청중의 삶에 다가온 고난 속에서 찾아오신 주님은 "내니 두려워하지 말라"(막 6:50; 요 6:20)고 말씀하고 계신다는 사실을 설교자가 말로써 확증시켜 줄 수 있다.[48]

프랭클과 옥한흠의 설명을 종합해 볼 때 사람에게 고난은 의미가 있고 성숙한 성도가 되어 가는 데 유익하다. 그러나 신자가 막상 고난을 당할 때는 그 상황을 성경적 관점으로 받아들이지 못하는 경우가 많다.

리처드 아스머(Richard Robert Osmer)는 자신이 교수요 목사이면서도 모친이 교통사고로 갑작스럽게 사망했을 때 몹시 당황한 경험을 소개하면서 고향교회 목사님을 통해 안정을 찾았다고 회고하고 있다.[49]

---

47 옥한흠,『고통에는 뜻이 있다』, 18-19.
48 박윤선,『성경주석 마태복음』, (서울: 영음사, 1981), 415-416.
49 Richard Robert Osmer, *Practical theology : an introduction,* 김형애, 김정형 옮김,『실천신학의 네 가지 중심 과제』(서울, 예배와설교아카데미, 2012), 40-41.

고난을 경험할 때 청중은 고난의 의미를 찾기보다는 하나님의 언약이 자신의 삶에서는 왜 실현되지 않는지 회의(懷疑)하게 된다. 그러므로 청중이 고난을 당할 때는 상황을 성경적으로 해석할 수 있도록 설명해 주는 것이 설교자의 역할이다.

6. 나가는 말

이상으로 설교자의 청중 이해가 설교를 통해 청중의 자아 정체성 확립에 미치는 영향에 대해 간략히 고찰해 보았다. 청중은 하나님과 성경 앞에서 언약 백성이지만 설교자가 자신을 바라보는 시각에 따라 그 정체성에 영향을 받는 존재다. 그러므로 설교자가 청중을 언약적 관점으로 이해하고 설교하는 것이 매우 중요하다.

설교자는 청중에 대한 자기 이해를 언어로 전달하게 된다. 발터 벤야민의 언어 철학에서 말하는 '구술 언어'와 '사물 언어'의 개념으로 설교자는 들리는 말씀과 보이는 말씀을 연결해 주는 사역을 잘 설명할 수 있다. 설교자가 언어를 통해 신자는 언약적 존재라는 사실과 자신 안에 계시는 성령의 역할을 설명해 줄 때 신자는 새로운 삶을 살 수 있을 것이다.

설교자가 이해하고 있는 언약 신학의 내용을 청중에게 전달하기 위하여 사회 인문학의 개념을 동원할 때 청중과의 원활한 소통에 도움이 된다. 사르트르의 존재론과 브루스 후드의 자아 인식론을 통해서 생각할 때 인간은 주변 환경과의 관계가 원활할 때 자아 개념도 반듯하게 확립될 수 있다는 사실을 확인했다. 그런 면에서 설교자와 청중의 관계는 자아 정체성을 확립하는 데 큰 영향을 준다.

설교자는 성경을 통해 신자가 언약 백성이라는 것을 설명하지만, 청중이 경험하는 주변 환경에서는 이해되기 어려운 고난의 문제가 발생하고 있다. 이 고난의 문제가 해결되지 않을 때 청중은 설교자와 설교자가 소개하는 하나님의 속성까지 회의하게 된다. 그럴 때 청중의 자아 정체성 역시 왜곡될 수 있다.

그러므로 고난의 문제, 즉 켄 가이어가 말하는 '하나님의 침묵'에 관한 고민을 설명하기 위해 본 연구에서는 빅터 프랭클의 '로고테라피' 개념으로 바라볼 때 고난의 의미와 가치를 설명할 실마리를 마련했다.

참고 문헌

고정일 편. 『세계대백과사전 19』. 서울: 동서문화, 1993.
김춘수. 『그는 나에게로 와서 꽃이 되었다』. 양평: 시인생각, 2013.
마쓰바라 타카히코(松原隆彦). 目に見える世界は幻想か?. 이인호 옮김. 『물리학은 처음인데요』. 서울: 행성비, 2018.
박윤선 옮김. 『웨스트민스트 신앙고백서』. 서울: 영음사, 1989.
박윤선. 『성경주석 마태복음』. 서울: 영음사, 1981.
박정희. "불안·우울·자살에 대한 실존 의미치료-빅터 프랭클의 로고테라피 중심으로-". 새한철학회. 『철학논총』 63 (2011): 248-269.
박형용. 『신약개관』. 서울: 아가페, 1987.
성주진. "언약신학과 한국 교회 – 구약의 언약을 중심으로". 합동신학대학원대학교. 『신학정론』 36/1 (2018): 9-45.
손석태. "옛 언약과 새 언약". 개신대학원대학교. 『개신논집』 15 (2015): 5-33.
옥한흠. 『고통에는 뜻이 있다』. 서울: 국제제자 훈련원, 2010.
이복우. "요한복음의 세례자 요한의 정체와 역할". 한국성경신학회. 『교회와 문화』 29 (2012): 133-64.
이승진. "반전의 깨달음을 위한 설교 플롯에 관한 연구". 『신학과 실천』 46(2015): 117-145.
_____. "해석학적 실재론에 근거한 성경 해석과 설교 메시지의 전달 과정에 관한 연구." 『복음과 실천신학』 54(2020): 198-231.

_____. "청중에 대한 설교학적 이해." 「복음과 실천신학」 6(2003): 60-86.

Benjamin, Walter. *Uber Sprache uberhaupt und uber die Sprache des Menschen*. 최성만 옮김. 『언어 일반과 인간의 언어에 대하여 - 번역자의 과제』. 서울: 길, 2008.

Frankl, Viktor E.. *Man's Search for Meaning : An Introduction to Logotherapy*. 정순희 옮김. 『죽음의 수용소에서』. 서울: 제일출판사, 2000.

Gire, Ken. *(The)north face of God: hope for times when God seems indifferent*. 마영례 옮김. 『하나님의 침묵』. 서울: 디모데, 2006.

Hood, Bruce M. *(The) self illusion*. 장호연 옮김. 『지금까지 알고 있던 내 모습이 모두 가짜라면』. 서울: 중앙북스, 2012.

Lakoff, George. *The all new don't think of an elephant!*. 유나영 옮김. 『코끼리는 생각하지 마』. 서울: 미래엔, 2015.

Lewis, C. S.. *(The) Problem of pain*. 『고통의 문제』. 서울: 크리스천서적, 2001.

Osmer, Richard Robert. *Practical theology : an introduction*. 김형애, 김정형 옮김. 『실천신학의 네 가지 중심 과제』. 서울, 예배와설교아카데미, 2012.

Sartre, Jean-Paul. *L'Être et le néant : Essai d'ontologie phénoménologique*. 정소성 옮김. 『존재와 무』. 서울: 동서문화사, 2009.

ShawR. Daniel. & Charles Edward van Engen. *Communicating God's Word in a complex world : God's truth or hocus*. 이대헌 옮김. 『기독교복음전달론』. 서울: CLC, 2007.

Wilkinse, Bruce. *(The) 7 laws of the learners*. 홍미경 옮김. 『배우는 이의 7가지 법칙(상)』. 서울: 도서출판디모데, 1995.

Williamson, G. I.. *The Shorter Catechism*. 최덕성 옮김. 『소교리문답강해』 서울: 개혁주의신행협회, 1997.

제2장

본문의 세계와 신자의 세계를 연결하는 청중 이해

1. 들어가는 글

설교는 정당성(validity)이 있는 성경 해석을 통해 도출해 낸 메시지를 청중의 삶에 적실성(혹은 연관성, relevancy)이 있도록 전달해 주는 것이다.[1] 정당성이 있는 성경 해석을 통해서 도출된 하나님의 말씀이 오늘 청중의 삶 속으로 침투해 들어와서 그들의 삶을 하나님의 통치 아래로 끌어들이고 하나님의 뜻에 합당하게 변화시킬 때 그 설교를 효과적인 설교라고 할 수 있다.[2] 또한, 설교를 통해 청중의 삶에 이러한 변화가 나타나기 위해서는 설교와 청중 사이의 연관성이 필수적이다.[3]

그러므로 설교자가 성경 본문의 세계와 신자의 세계를 연결하는 연관성이 있는 설교를 하기 위해서는 청중에 대한 이해가 선행되어야 한다. 청중의 내면에는 자기 정체성에 대한 근본적인 질문이 있다. 그뿐만 아니라 청중은 교회에서 배운 기독교적인 가치관으로 사는 것이 이 세상을 사는 데 무엇이 유익한지도 고민한다. 성경과 모순되는 세상에 살면서 갈등하는 청중을 성경적 가치관으로 연결해 주기 위해서는 설교자가 먼저 청중에 대한 균형 잡힌 이해를 확보해야 한다. 왜냐하면, 설교자의 청중 이해

---

1 정창균, 『고정관념을 넘어서는 설교』 (수원: 합동신학대학원출판부, 2002), 9.
2 이승진, "설교의 적실성과 적용", 한국설교학회, 「설교한국」 4/2 (2012 가을): 28.
3 권호, 『본문이 살아있는 설교』 (서울: 아가페북스, 2018), 104.

는 청중의 자아 정체성 형성에 많은 영향을 끼치기 때문이다.[4]

그렇다면 균형 잡힌 청중 이해를 확보하기 위한 연구 방법은 무엇인가? 실천 신학자 리차드 R. 오스머(Richard R. Osmer)는 교회 안에서 일어나는 여러 가지 상황에 대하여 다음과 같은 질문을 통해 그 상황에 대한 이유와 원인을 파악할 수 있다고 말한다.

"무슨 일이 일어나고 있는가?"
"왜 이런 일이 일어나고 있는가?"

그리고 다음과 같이 질문함으로 문제의 대안을 제시할 수 있다고 한다.[5]

"앞으로 어떤 일이 진행되어야 하는가?"
"우리는 어떻게 반응할 수 있을까?"

이러한 오스머의 방법론으로 청중 이해를 탐구하기 위해서는 먼저 기존 설교학자들의 청중 이해를 파악하고 분석함으로 문제를 파악할 수 있다. 그런 후에 바람직하고 균형 잡힌 청중 이해의 방법과 대안을 제시하려고 한다.

기존 설교학자들은 청중을 어떻게 이해하고 있는가?

일부 설교학자의 청중 이해를 살펴보면 청중과의 효과적인 커뮤니케이션에 강조점이 있음을 발견할 수 있다. 하지만, 청중 이해에서 필요한 것은 커뮤니케이션 기법만이 아니라 청중에 대해 균형 있게 이해하는 것이다.

---

[4] 최광희, "설교자의 청중 이해가 청중의 자아 정체성 형성에 미치는 영향", 한국설교학회, 「설교한국」 12 (2020 가을): 82-84.

[5] Richard R. Osmer, *Practical theology : an introduction*, 김현애 옮김, 『실천신학의 네 가지 중심 과제』 (서울: 예배와설교아카데미, 2012), 27-28.

그렇다면 균형 있는 청중 이해란 무엇인가?

필자는 먼저 균형 있는 청중 이해란 청중을 다음과 같이 '삼중 관점'으로 이해하는 것임을 설명할 것이다.

- **신학적인 존재 관점**: 하나님과의 관계에서 하나님 앞에 서 있는 청중의 상태임을 이해해야 한다.
- **해석학적인 존재 관점**: 성경과의 관계에서 청중을 위해 성경을 어떻게 해석해 주어야 할지를 이해해야 한다.
- **의사소통적인 존재 관점**: 설교자와의 관계에서 의사소통적인 존재임을 이해해야 한다. 이는 청중에게 설교의 중심 사상을 전달하기 위해 '반전의 깨달음'의 구성을 갖춘 메시지를 전할 수 있게 한다.

이처럼 설교자가 삼중 관점으로 청중을 이해하고 접근할 때 성경 본문의 세계와 신자의 세계를 연결하는 설교를 할 수 있다.

2. 기존 설교학자들의 청중 이해와 삼중 관점

기존 설교학자의 청중 이해를 고찰하기에 앞서 설교학의 흐름을 구분할 기준을 확보하기 위해 몇몇 설교학자의 견해를 살펴보자. 먼저, 루시 앳킨슨 로즈(Lucy Atkinson Rose)는 설교학의 흐름을 전통적인 설교학, 케리그마 설교학 그리고 신설교학으로 구분하고 평가한다. 그 후 신설교학을 보완하는 자신의 대화 설교학을 제시했다.[6] 또한, 이승진 교수는 현대 설교학의 동향을 정리하면서, 70년대 이후 설교학은 신설교학 운동과 탈자유

6　Lucy Atkinson Rose, *Sharing the word*, 이승진 옮김, 『하나님 말씀과 대화 설교』 (서울: CLC, 2010), 179.

주의 설교학, 목회 리더십과 결합한 설교 그리고 성경적인 설교의 네 가지 흐름으로 발전해 왔다고 설명했다.[7] 권호 교수는 장르를 설교에 적용하려고 노력한 설교학에 대해 설명하면서 설교학의 흐름을 신설교학, 문예 접근적 설교학, 복음주의 설교학회 그리고 미국 남침례교단으로 구분했다.[8]

위에서 살펴본 세 설교학자들의 기준을 통해 필자는 설교학의 흐름을 전통적 설교학과 신설교학 그리고 신설교학 이후 성경의 권위를 회복하려는 움직임들을 '성경적 설교학'으로 명명하고 각 설교학을 대표하는 학자들의 청중 이해를 살펴보려고 한다.

1) 전통적 설교학자의 청중 이해

전통적 설교학의 대표자로는 먼저 마틴 로이드 존스(Martyn Lloyd-Jones)를 선정했다. 오늘날 일부 설교학자는 현대인들이 복음을 믿지 못하는 이유가 설교자가 어려운 기독교적인 용어를 사용하기 때문이라면서 설교자는 현대인들이 이해할 만한 친숙한 용어만 사용해야 한다고 주장한다. 하지만, 로이드 존스는 이런 주장에 대해 거짓된 생각이라고 지적한다. 오히려 복음에 사용되는 용어들을 선포하고 잘 설명해 주는 것이 설교자의 임무라고 강조한다.[9]

토니 서전트(Tony Sargent)에 의하면 로이드 존스는 청중을 배려한 탁월한 전달자였다. 서전트가 말하는 로이드 존스의 청중을 사로잡는 방법 다섯 가지는 다음과 같다.[10]

---

7 이승진, "말씀과 상황을 연결하는 설교학: 현대 설교학의 동향", 「기독교개혁신보」 (2017년 3월 8일), 2021년 10월 8일 접속, 해당싸이트: http://repress.kr/5381/
8 권호, "현대설교의 한 흐름: 장르가 살아있는 설교", 한국성경신학회, 「교회와 문화」 31 (2013): 147-72.
9 Lloyd-Jones, 『목사와 설교』, 145.
10 Tony Sargent, *The Sacred Anointing*, 황영철 옮김, 『위대한 설교자 로이드 존스』 (서울: IVP, 1996), 273-93.

첫째, 부정(negative)을 사용한 것이다.
둘째, 질문 기법을 많이 사용했다.
셋째, 예화 사용이 사람들을 놀라게 했다.
넷째, 설교에서 상상력 사용을 긍정적으로 평가했다.
다섯째, 탁월한 내러티브 설교자다.

서전트의 설명을 종합하면 로이드 존스는 설교에서 성령의 능력뿐 아니라 커뮤니케이션 기법을 중시했음을 알 수 있다.

다음으로는 존 스토트(John Stott)를 전통적 설교자의 대표로 선정했는데 스토트 역시 청중과의 커뮤니케이션을 중시했음을 볼 수 있다. 스토트는 설교자를 청지기, 반포자, 증인, 아버지, 종의 다섯 가지 이미지로 설명했는데 스토트가 말하는 설교자 상(像)의 상대적인 개념이 바로 그가 이해하는 청중이라고 할 수 있다.[11]

설교자의 다섯 가지 이미지에 따른 청중은 다음과 같은 대상으로 볼 수 있다.

① **청지기**(A Steward): 청중이란 필요를 채워주어야 하는 가족이다.
② **반포자**(A Herald): 청중은 알아들을 수 있도록 설득할 대상이다.
③ **증인**(A Witness): 청중은 길을 설명해 주기보다 길을 보여 주며 직접 데리고 가야 하는 대상이다.
④ **아버지**(A Father): 청중은 아버지의 모범을 따라 믿음의 삶을 출발할 수 있는 자녀다.
⑤ **종**(A Servant): 청중은 말씀을 잘 먹이고 하나님의 자녀답게 양육하여 주님께 돌려 드릴 존재다.

---

11 John Stott, *The Preacher's Portrait*, 문창수 옮김, 『설교자상』 (서울: 한국개혁주의신행협회, 1982), 8.

2) 신설교학자의 청중 이해

신설교학자들이 설교의 청중 전달을 중시했음은 더 설명이 필요 없는 사실이다. 신설교학의 대부 프레드 B. 크래독(Freed B. Craddock)은 『권위 없는 자처럼』(*As one without Authority*)과 『크래독의 설교 레슨』(*Preaching*)에서 청중을 다음 다섯 가지 대상으로 이해하고 있다.

① **설득의 대상**: 크래독은 오늘날의 청중은 능동적으로 진리를 추구하는 자들이라기보다는 설교자가 들을 수 있게 해 주어야 할 수동적 존재이며 설득의 대상이라고 한다.
② **설교에 참여하는 존재**: 한편으로 크래독은 청중이란 설교에 적극적으로 참여하는 자들이라고 본다. 그러므로 설교자는 결코 청중을 억압하거나 무시해서는 안 된다고 강조한다.
③ **설교의 컨텍스트를 가진 존재**: 설교는 특정한 청중 앞에서 말로 전하는 커뮤니케이션이기에 설교는 역사와 전통을 가지고 있으며 목회적인 컨텍스트를 가지고 있다.[12]
④ **관객과 동시에 회중**: 크래독은 초청 강사가 회중을 바라보듯이 청중을 '모르는 사람들'로 상상하는 것은 모든 사람에게 필요한 메시지를 생각하는 효과가 있다고 한다.[13] 그렇게 훈련한 후에는 청중에 대해 구체적으로 알아가는 훈련이 필요하다.
⑤ **본문 해석이 필요한 존재**: 크래독은 설교자는 먼저 성경 해석자가 되어야 한다고 강조하는데 이는 그가 청중을 본문을 '해석하여' 전해

---

[12] Fred B. Craddock, *As One without Authority*, 김운용 옮김, 『권위 없는 자처럼』 (서울: 예배와설교아카데미, 2003), 47-62.
[13] Fred B. Craddock, *Preaching*, 이우제 옮김, 『크래독의 설교 레슨』, (서울: 대서, 2007), 137-43.

줄 필요가 있는 존재로 인식하기 때문이다.

3) 성경적 설교학파의 청중 이해

성경적 설교(Biblical Preaching)학파는 신설교학이 청중 전달을 중시하다가 놓쳐 버린 본문의 권위를 회복하기 위한 설교학의 움직임에서 출발했다.

이러한 성경적 설교학파의 대부 해돈 로빈슨(Haddon W. Robinson)과 그의 제자들은 청중을 어떻게 이해하고 있을까?

로빈슨은 본문 강해를 매우 중시하면서도 청중 전달 역시 강조하고 있다. 예를 들어, 『강해 설교』(Biblical Preaching)에서는 주석적 아이디어를 한 문장으로 요약하라고 충고하는데 이는 메시지를 핵심 문장에 담을 때 청중에게 잘 전달되기 때문이다.[14] 또한, 로빈슨은 전달을 위해 예화 사용과 서론의 중요성을 강조하고 있다. 무엇보다 로빈슨은 설교자의 용모, 적절한 제스처(gesture), 시선 배분(eye contact) 그리고 말의 고저장단(tone)과 속도(speed) 및 볼륨(volume)까지 청중에게 잘 전달되도록 조절하고 연습하라고 충고한다.[15]

로빈슨의 제자 스티븐 D. 매튜슨(Steven D. Mathewson)은 사람들은 누구나 이야기를 좋아한다고 하면서, 이런 청중 앞에서 설교하기 위해서는 이야기를 잘 사용해야 한다고 한다.[16] 그러므로 강해 설교자들은 주해의 기술만 연마할 것이 아니라 반드시 이야기의 기술도 연마하라고 주문한다.[17]

14　Haddon W. Robinson, *Biblical Preaching*, 박영호 옮김, 『강해 설교 : 강해 설교의 원리와 실제』, (서울: CLC, 2011), 126.
15　Robinson, 『강해 설교』, 258-73.
16　Steven D. Mathewson, *Art of preaching old testament narrative*, 이승진 옮김, 『청중을 사로잡는 구약의 내러티브 설교』 (서울: CLC, 2004), 22.
17　Mathewson, 『청중을 사로잡는 구약의 내러티브 설교』, 46.

로빈슨의 또 다른 제자 제프리 아더스(Jeffrey D. Arthus)는 획일적인 형식으로 설교하지 말고 다양한 형식으로 설교를 시도할 것을 제안한다.

그가 다양한 형식으로 설교하라고 제안하는 이유는 다음과 같다.

첫째, 하나님께서 다양함을 사용하시기 때문이다.
둘째, 온종일 다양한 미디어에 노출되어 생활하는 현대인들의 상황을 이해하자는 의미다.
셋째, 현대인들은 간접적인 정보를 배척하고 직접 참여하는 상호 학습 방식을 원하기 때문이다.[18]

결국, 매튜슨과 아더스 역시 청중을 의사소통적인 존재로 인식하고 있음을 알 수 있다.

4) 삼중 관점의 청중 이해

이상의 연구를 통해 기존 설교학자들의 청중 이해는 주로 의사소통적 존재로 인식하고 있음을 확인했다. 하지만, 하나의 영역에 대한 규범을 세우려고 할 때 한 가지 관점으로만 접근하면 균형을 잃고 편중될 위험성이 있다.

그렇다면 균형 잡힌 청중 이해의 방법은 무엇인가?

존 프레임(John M. Frame)은 윤리학에 접근하는 방식에는 실존론적 윤리학, 목적론적 윤리학 그리고 의무론적 윤리학 등 세 가지 방식이 있다고 설명한다.[19]

18　Jeffrey D. Arthus, *Preaching With Variety*, 박현신 옮김, 『목사님 설교가 다양해졌어요』 (서울: 베다니출판사, 2008). 48-49.
19　John M. Frame, *God*, 김재성 옮김, 『신론』 (서울: 개혁주의신학사, 2014), 291.

프레임이 말하는 윤리학의 삼중 관점을 청중 이해에 적용한다면 청중 이해는 어떻게 삼중 관점으로 접근할 수 있을까?

요한 H. 실리에(Johan H. Cilliers)에 따르면 "설교에는 임재하시는 하나님의 음성과 성경 본문의 음성, 청중의 음성 그리고 설교자의 음성이 설교 강단에서 신비스럽게 합류하고 있다."[20] 실리에의 말에서 발견되는 설교의 구성 요소는 곧 하나님, 성경, 청중 그리고 설교자다.

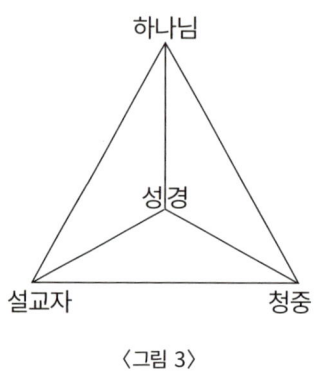

〈그림 3〉

이승진 교수는 실리에가 말하는 설교의 구성 요소를 〈그림 3〉과 같은 도표에 대입하고 각 구성 요소의 상호 관계 속에서 청중 이해를 설명한다.[21] 즉, 하나님과의 관계에서 청중은 신학적인 존재이며, 성경과의 관계에서 청중은 해석학적인 존재이며, 설교자와의 관계에서 청중은 의사소통적인 존재로 이해할 수 있다. 이상과 같이 세 가지 관점으로 청중을 이해할 때 "균형 잡힌 청중 이해"에 도달할 수 있다.

3. 신학적 존재로서의 청중 이해

청중은 하나님과 영생의 언약 관계를 맺고 있으며 이 땅에서 사는 동안 하나님의 은혜를 체험하고 하나님의 뜻에 순종하고자 하나님의 말씀 앞에

20　Johan H. Cilliers, *The living voice of the gospel : Revisiting the basic principles of preaching*, 이승진 옮김, 『설교 심포니』 (서울: CLC, 2014), 62.
21　이승진, "청중에 대한 설교학적 이해", 한국복음주의실천신학회, 「복음과실천신학」 6 (2003): 84.

서 있는 존재이다. 동시에 청중은 하나님에 대한 믿음이 공격을 당하는 세상 속에서 신앙의 역설적인 긴장(paradoxical tension)을 느끼며 살아가는 존재이다.[22]

그렇다면 설교자는 하나님 앞에서 역설적 긴장을 느끼는 청중을 어떤 관점으로 보아야 하는가?

이는 언약 신학의 관점에서 접근해 보자.

1) 언약 신학과 청중의 정체성

예수님은 제자들이 열매를 맺게 하려고 그들에게 성령을 보내어 주겠다고 하셨다(요 16:8). 예수님이 성령을 보혜사로 보내시겠다고 하신 이유는 언약 신학의 관점으로 접근할 때 선명하게 설명될 수 있다. 하나님의 언약은 무조건적인 언약인데 무조건적 언약에 인간이 이행할 조건을 달아 놓으셨다. 이는 사람이 구원받는 여부를 신자들에게 걸어 놓겠다는 의도가 아니라 순종을 통한 축복을 경험하면서 사람은 마땅히 하나님께 순종해야 하는 존재임을 인식시키기 위함이다. 이처럼 하나님이 언약 및 언약의 증표까지 주셨음에도 인간들은 순종에 실패했고, 하나님과 그의 백성 사이의 언약은 깨어지고 말았다.

거룩하신 하나님이 친히 주도하면서 체결한 언약이 왜 이렇게 실패로 끝나게 되었을까?

또한, 이 문제에 대한 하나님의 해결책은 무엇인가?

첫째, 언약 당사자의 수준 차이가 문제이다.

---

22 이승진, "청중에 대한 설교학적 이해", 63.

언약을 맺으려면 언약 당사자의 수준이 서로 같아야 하는데 수준이 전혀 다른 하나님과 사람이 한 몸이 되는 것은 불가능했다. 하나님은 이 문제를 해결하기 위해서 하나님과 수준이 같은 인간 대표자를 보내 주셨다.

둘째, 마음으로 연합하지 못한 것이 문제이다.

하나님은 이 문제를 위해 성령을 보내셔서 인간의 마음에 성령의 인(印)을 쳐 주셨다. 하나님과 인간이 상호 동거(Mutual Indwelling)하는 새 언약에서 신자는 "내 안에 거하여라. 나도 너희 안에 거하겠다"(요 15:4)라고 하신 예수님과 떼려고 해도 뗄 수 없는 신비한 연합을 이루게 되었다.[23]

하나님께서 이렇게 두 가지 문제를 모두 해결해 주셨지만, 청중 가운데는 새 언약이 자신의 신앙생활에 미치는 효과에 대해 충분히 알지 못하는 신자들이 있다. 그러므로 설교자의 역할은 성경을 통하여 새 언약의 내용을 청중에게 충분히 인식시키는 것이다. 그래서 청중에게 자신이 구속사의 연장선에 서 있는 주인공임을 인식하도록 잘 설명해 주는 것이다.

그렇다면 이미 구원을 받고 성령의 인도를 받는 청중이 여전히 신앙의 역설적 긴장을 느끼는 이유가 무엇인가?

이 문제는 안토니 A. 후크마(Anthony A. Hoekema)의 설명을 통해 설명할 수 있다. 후크마에 의하면 현세대는 그리스도께서 초림(初臨) 하심으로 천국이 '이미 임하였으나' 그리스도께서 재림하기까지는 '아직 완성되지 않은' 상태이다.[24] '이미' 그러나 '아직'(Already but Not Yet)의 세상에서 천국의 법으로 살려고 하는 신자에게 신앙의 역설적 긴장이 발생하는 것은 자연스러운 일이다.

---

23 손석태, "옛 언약과 새 언약", 개신대학원대학교, 「개신논집」 15 (2015): 26.
24 Anthony A. Hoekema, *The bible and the future*, 류호준 옮김, 『개혁주의 종말론』 (서울: CLC, 1998), 36.

이러한 청중에게 설교자가 신앙의 역설적 긴장에 대한 의미와 가치를 인식하면서 살 수 있도록 정체성을 정립해 줄 때, 청중이 그 긴장을 감당해 낼 힘이 생길 것이다.[25] 그러나 '이미'와 '아직' 사이에 사는 신자 중에는 신앙의 역설적 긴장을 묵묵히 감내하는 성숙한 신자도 있지만 수시로 신앙의 바닥을 드러내는 사람도 있다. 그렇다면 신자들은 왜 이런 차이를 드러내는 것인지 그리고 이런 청중을 어떻게 이해하고 설교해야 할 것인지에 대해 '구원의 서정'(Ordo Salutis)을 통해 청중의 차이를 이해할 수 있다.

2) 구원의 서정에 대한 인식과 청중 이해

한 개인이 성령의 효력 있는 부르심에 반응하여 신자가 되어 가는 과정을 구원의 서정이라고 한다. 루이스 벌코프(Louis Berkhof)는 개혁주의 구원의 서정을 '소명-중생-회심-신앙-칭의-양자-성화-견인-영화'의 아홉 단계로 나누어 설명한다.[26]

그렇다면 구원의 서정 각 단계에 처한 청중과 설교는 어떤 상관관계가 있는가?

① **소명(calling)**: 한 사람이 신자가 되는 것은 반드시 하나님의 효력 있는 부르심으로부터 시작된다. 하나님의 부르심에는 외적 부르심과 내적 부르심이 있는데 설교자가 한 인생의 심령 밖에서 복음을 전할 때 성령님은 그 사람 안에서 내적 부르심의 사역을 하신다. 그러므로 설교자는 성령께서 사람의 심령 속에서 내적으로 부르실 것을 기대

---

25 '이미'와 '아직'의 시대를 사는 신자의 유익에 대해서는 『개혁주의 종말론』 102-112를 참고하라.
26 Louis Berkhof, *Manual of Christian Doctrine*, 신복윤 옮김, 『기독교 신학 개론』 (서울: 성광문화사, 1974), 211-57.

하는 마음으로 설교할 수 있다.

② **중생(regeneration)**: 구원의 서정 두 번째 단계는 중생(重生)이다. 설교자라면 누구나 성령님께서 자신이 전하는 메시지를 사용하여 중생하지 못한 영혼 살리시기를 기대한다. 그렇지만 설교자는 한 사람의 중생에 대해 지나친 부담을 느끼지 않아도 된다. 다만, 계속해서 설교를 듣는 회중은 언젠가는 분명히 중생하고 또 성화할 것이라는 확신으로 청중을 바라보고 청중을 부담감 없이 사랑하면 된다. 그런 확신은 청중에게도 자연스럽게 전달되어 결국에는 설교자가 바라보는 청중의 모습이 실현될 것이다.

③ **회심(conversion)**: 중생 다음으로 경험하는 구원의 서정은 회심이다. 회심은 중생과 달리 본인이 뚜렷이 느낄 수 있는 것과 반복될 수 있다는 것이 특징이다.[27] 퇴보된 신자를 새롭게 하는 의미에서 회심이 반복될 수 있다는 사실은 두 가지를 시사한다.

첫째, 설교자가 퇴보된 청중을 불신자나 가라지로 보지 않아도 된다.

둘째, 설교자는 회심이 반복해서 일어날 수 있도록 말씀을 공급하고 회심을 촉구할 사명이 있다.

④ **신앙(faith)**: 신앙은 구원의 서정 가운데 개인의 의지가 가장 두드러지는 단계이다. 예수님도 "회개하고 복음을 믿어라"(막 1:15)라고 하셨듯이 대부분 설교에서의 핵심은 믿으라는 것이다. 믿게 하는 것은 성

27　Louis Berkhof, *Manual of Christian Doctrine*, 박희석 옮김, 『벌코프 조직신학 개론』 (고양: 크리스챤 다이제스트, 2001), 216.

령의 일이지만 설교는 믿음의 동인이 된다. 그러므로 설교자는 성실하게 말씀을 전파함으로 신자가 확신하게 만드는 성령님의 동역자가 될 수 있다.

⑤ **칭의**(justification): 칭의는 구원의 서정의 다른 단계와는 달리 죄인의 바깥에서 발생한다. 수동적 칭의는 죄인의 마음에서 발생하지만, 능동적 칭의는 하나님의 법정에서 발생한다. 또 칭의의 요소에는 소극적 요소와 적극적 요소가 있는데 소극적 요소에는 죄의 용서가 있고 적극적 요소에는 양자 됨과 영생의 권리가 포함된다. 그러므로 청중이 법적으로 칭의와 양자 됨의 정체성(identity)이 가져다주는 복이 무엇인지 깊이 인식하도록 설교자가 지속해서 정체성을 인식시켜 주는 것이 필요하다.

⑥ **양자**(adoption): 회개하고 믿음을 가진 신자에게는 칭의와 동시에 양자가 되는 신분 변화가 일어난다. 그런데 우리는 하나님의 자녀이지만 더 높은 완성을 기다리고 있다.[28] 벌코프의 말처럼 "부모가 양자로 택하는 행위만으로는 아이의 내면을 변화시킬 수는 없는 것처럼 양자 됨이 죄인의 내면을 변화시키지는 않는다."[29] 하지만, 설교자가 청중에게 칭의와 양자 됨의 정체성을 지속해서 인식시켜 줌으로 성화를 향해 적극적으로 나아갈 동기를 부여할 수 있다.

양자가 된 신자는 하나님의 집에 충성할 즐거운 의무도 생긴다. 청중이 이러한 사실을 깨달을 때 개인의 성화와 함께 그가 속한 신앙공

28　John M. Frame, *Systematic theology : an introduction to Christian belief*, 김진운 옮김, 『존 프레임의 조직신학』 (서울: 부흥과개혁사, 2017), 994.

29　Louis Berkhof, *Systematic Theology*, 권수경 · 이상원 옮김, 『벌코프 조직신학』 (고양: 크리스찬 다이제스트, 2001), 768.

동체가 함께 세워져 가게 될 것이다. 설교자는 청중이 새로운 신분의 특권을 인식하고 누리도록 계속해서 인식시켜 줄 사명이 있다.

⑦ **성화**(sanctfication): 성화는 구원의 서정 가운데 독특한 특징을 가진다. '소명'부터 '양자'는 논리적 단계일 뿐 거의 동시에 발생하는 사건들이다. 반면에 성화는 일평생 계속 이루어진다. 그러므로 대부분 신자는 이 단계에 머물러 있다.
그렇다면 설교자는 성화 단계에 있는 청중들을 어떻게 이해하고 설교해야 하는가?
성화는 자연스럽게 선한 삶으로 귀결되지만, 여기서 말하는 선행이란 하나님께서 요구하는 조건들에 부응하는 영적 의미의 선행을 의미한다. 만일, 설교자가 청중에게 성화의 노력을 지나치게 강조하면 자칫 율법주의 설교가 될 수 있다. 그러므로 모든 신자는 하나님의 은혜가 필요함을 인식하고 그 은혜를 추구해야 한다.

⑧ **견인**(perseverace): 성화 단계에 있는 모든 성도는 하나님의 은혜로 말미암아 성령의 역사(役事)에 따라 견인(堅忍)되고 있다. 한번 선택되고 구원받은 신자는 다시는 그리스도에게서 단절될 수 없다는 이 사실은 청중의 역설적 긴장을 어떻게 해결할 것인지에 대하여 해답을 제공하며 설교자가 청중에게 담대히 설교할 근거를 제공한다. 견인은 청중을 나태하게 만드는 교리가 아니라 청중에게 신앙의 역설적 긴장을 견디어 내도록 용기를 주며 은혜에 합당하게 반응할 근거를 제공한다. 이것이 바로 역설적 긴장 사이에 있는 청중에게 전할 설교의 핵심 주제다.

3) 청중의 역설적 긴장과 설교의 방향

청중이 느끼는 역설적 긴장을 이해하는 설교자는 그 긴장을 해소하는 것을 설교의 핵심적 이슈로 삼는다. 그러기 위해서는 설교자가 지식을 자랑하거나 유희를 추구하기보다는 역설적 긴장 때문에 파생할 수 있는 실제적인 문제를 다루는 것을 설교의 이슈로 삼아야 한다.

설교의 적용 역시 신앙생활에서 승리할 수 있다는 확신을 심어줌으로 흔들리지 않도록 격려하는 것이 올바른 방향이다. 스텔렌보스대학교의 실천 신학자 다니엘 로우(Daniël Johannes Louw)에 의하면 설교자는 청중을 인간론(anthropology)이나 기독론(Christology)으로만 바라볼 것이 아니라 성령론(Pneumatology)과 종말론(Eschatology) 관점으로 바라보아야 한다.[30] 설교자가 청중을 성령론의 관점으로 바라보면 비록 지금은 역설적 긴장 상태에 머무르고 있으나 성령님의 역사로 말미암아 점점 더 하나님께 가까이 나아가는 존재로 볼 수 있다.

4. 해석학적 존재로서의 청중 이해

신학적 존재로서의 청중 이해에 이어 두 번째로 생각할 것은 성경과 청중의 관계를 통한 청중 이해이다. 청중은 성경을 해석하는 과정을 통해 하나님과의 긴장을 해소해 나간다. 이런 면에서 성경과의 관계를 맺고 있는 청중을 '해석학적인 존재'라고 말할 수 있다.

해석학적인 존재인 청중은 성경과 어떤 관계를 맺고 있는가?

---

[30] Daniël Johannes Louw, *A Pastoral Hermeneutics of Care and Encounter* (Cape Town: Lux Verdi, 1999), 170.

해석학적인 존재인 청중에게 설교하기 위해서 설교자는 어떤 해석학적 관점을 가져야 그 설교의 정당성을 확보할 수 있을 것인가?

1) 성경과 청중의 관계

청중은 하나님과 직접 관계를 맺고 있으면서 동시에 성경을 매개로 간접적인 관계를 맺고 있다. 성경은 하나님과 청중 사이에 위치하면서 하나님과 청중 사이의 역설적 긴장 관계를 해소하는 중재적 역할을 담당한다.[31] 그런데 청중은 성경을 통해 하나님과의 관계에서는 긴장을 해소할 수 있지만, 성경과의 관계에서는 여전히 어느 정도의 긴장이 남아 있다. 그 이유는 청중이 이해한 성경과 그가 마주하는 세상이 서로 모순되어 보이기 때문이다. 이처럼 청중과 성경의 관계에서 여전히 남아 있는 긴장 관계는 '5단계 로고스의 맥락화' 이론으로 해결을 시도할 수 있다.

2) 로고스의 맥락화와 구속사에 참여하는 청중

해석학적인 존재인 청중은 구속사의 연장선에 참여하고 있는 존재이다. 구속사적 관점에서 보면 성경 인물들이 하나님을 경험한 이야기들은 신앙 위인들의 이야기가 아니라 청중 자신들의 이야기임을 깨닫게 되는데 이것이 성경을 해석하는 궁극적 목적이다. 설교자가 청중에게 그들이 성경의 주인공들과 동일한 구속사의 연장선에 서 있음을 설명하기 위해서는 5단계에 걸친 로고스의 맥락화의 과정을 이해해야 한다.

이승진 교수는 "로고스의 맥락화(logos contextualization)란 영원한 하나님의 말씀이 특정한 시대적 환경에 속한 하나님 나라 백성들에게 선포되고

---

31 이승진, "청중에 대한 설교학적 이해", 70.

그 과정에 성령의 감동과 조명으로 말미암아 말씀의 수용자들 내면에 하나님의 말씀을 진리로 받아들이는 믿음이 형성되고 그리스도의 성품을 닮아서 거룩함을 추구하는 성화의 삶을 살아가는 전체 과정을 의미한다"[32]고 말한다.

'5단계 로고스의 맥락화'는 다음과 같다.[33]

- 1단계: 삼위 하나님에 의한 구속 사건과 말씀을 통한 계시
- 2단계: 성령의 감동에 의한 선지자들과 사도들의 성경 기록
- 3단계: 성령의 조명에 의한 성경 본문에 대한 해석과 설교자의 추체험[34]
- 4단계: 설교 메시지를 통한 말씀 선포와 성령의 조명을 통한 청중의 추체험
- 5단계: 교회의 표지를 통한 말씀의 가시적 성취

'5단계 로고스의 맥락화'에 비추어 볼 때 기록된(2단계) 성경 말씀을 대하는 청중을 해석학적인 존재로 이해할 수 있다. 해석학적인 존재인 청중이 과거에 발생한 구속 사건을 추체험하기 위해서는 설교자가 먼저 성령의 조명에 의하여 성경 본문을 해석함으로 과거의 구속 사건을 먼저 추체험해야 한다(3단계). 그리고 설교자가 추체험한 성경 말씀을 청중에게 선포할 때 청중도 똑같은 구속 사건을 추체험하게 된다(4단계).

---

32 이승진, "해석학적인 실재론에 근거한 성경 해석과 설교 메시지의 전달 과정에 관한 연구", 한국복음주의실천신학회, 「복음과 실천신학」 54 (2020): 207, (https://doi.org/10.25309/kept.2020.2.15.198)

33 이승진, "해석학적인 실재론에 근거한 성경 해석과 설교 메시지의 전달 과정에 관한 연구", 207-225.

34 추체험(追體驗, re-enactment)이란 심리학에서 말하는 감정이입(感情移入)과 같은 개념으로서 다른 사람의 체험을 자기의 체험처럼 느끼거나, 이전의 체험을 다시 체험하는 것처럼 느끼는 것을 의미한다.

이러한 추체험을 위하여 설교자에게는 어떠한 성경 해석의 원리가 필요한가?

3) 설교학적 상호본문성 관점의 성경 해석

더글러스 스튜어트와 고든 D. 피(Douglas Stuart & Gordon D. Fee)는 『성경 해석 방법론』에서 성경 해석의 3대 지침을 역사적, 문법적(혹은 문학적, 문맥적), 신학적 관점의 해석으로 설명한다. 그런데 이 책에서 말하는 3대 지침 가운데 신학적 해석 이론을 설교로 연결하기 위해서는 설교학적 관점의 설명이 아쉬움을 느낀다.[35] 한편, 『강해 설교』(Biblical Preaching)의 저자 로빈슨은 강해 설교에 대한 정의에서 '신학적 연구'라는 개념을 생략해 버린 것을 확인할 수 있다.[36] 이런 상황에서 설교를 위한 성경 해석에 관한 대안으로 필자는 "설교학적 상호본문성" 관점의 성경 해석 원리를 도입하려고 한다.

이승진 교수에 의하면, "성경 본문 안에는 수신자의 상황과의 필연적인 상관성이 이미 선행하고 있다"[37]라고 한다. 설교학적 상호본문성 관점으로 본문(text)에 접근할 때 텍스트(text) 기록자들이 수신자의 상황(context)적 필요에 따른 소통 행위를 함에 있어 수사적인 목적에 따라 이전에 존재하는 선행 자료(pre-text)를 사용하고 있으며 그러한 의사소통으로 말미암

---

[35] Douglas Stuart & Gordon D. Fee, *Old and New Testament Exegesis*, 김의원 옮김, 『성경 해석 방법론』(서울: CLC, 1987), 38-40.
[36] Haddon W. Robinson, *Biblical Preaching: The Development and Delivery of Expository Messages* (Grand Rapids: Baker Academic, 2001), 21. 박영호 옮김, 『강해 설교』, 23쪽에는 "신학적으로 연구하여"라는 표현이 있지만 로빈슨의 원문에는 'theological'이라는 표현은 존재하지 않는다. 원문에 충실한 번역은 다음을 참고하라. 대니얼 애킨(Daniel Akin) 외 2인, *Text-driven preaching : God's word at the heart of every sermon*, 김대혁·임도균 옮김, 『본문이 이끄는 설교』(서울: 베다니출판사, 2016), 237.
[37] 이승진, "안식일 논쟁 내러티브에 대한 설교학적 상호본문성 관점의 해석과 설교", 합신대학원출판부, 「신학정론」 38/1 (2020/06): 351.

은 후속 결과(post-text)까지도 종합적으로 고려했음을 알 수 있다.

결국, 설교학적 상호본문성 관점의 성경 해석은 성경 해석자가 본문을 해석할 때 본문 그 자체는 물론이거니와 당시 수신자가 처한 상황과 수사학적 목적에 따라 기록자가 사용한 선행 자료 및 그가 의도한 후속 결과까지, 네 가지 텍스트를 해석 대상으로 삼아 종합적으로 해석하는 해석 방법이다. 이렇게 설교학적 상호본문성 원리로 해석할 때 본문 자체는 문법(학)적으로 해석하고, 선행 자료와 상황의 관계에서는 역사적으로 해석하며, 기록자가 의도한 후속 결과까지 고려하여 종합적으로 해석할 때 신학적 해석이 가능하다.

그런 종합적인 시각을 가지고 설교학적 상호본문성 관점으로 본문을 해석할 때, 그 과정에서 해석자는 과거의 구속 사건을 추체험할 수 있게 된다. 설교자가 자신이 추체험한 과거의 구속 사건을 설교를 통해 전달할 때 청중도 설교자와 같은 추체험을 하면서 구속사의 흐름의 연장선에 있는 자신들의 정체성을 인식하게 된다.

5. 의사소통적 존재로서의 청중

앞의 연구를 통해 다음의 두 가지 사실을 확인했다.

첫째, 설교자가 설교학적 상호본문성 관점으로 성경을 해석할 때, 그 과정을 통해 본문에 나타난 말씀 사건을 추체험할 수 있다.

둘째, 설교자가 자신의 추체험을 청중 앞에서 설교할 때 청중 역시 설교자와 같은 추체험을 할 수 있다.

이런 사실을 통해 청중은 설교자와의 관계에서 의사소통적 존재라고 할 수 있다. 그렇다면 이제 설교자가 청중에게 자신의 추체험을 전할 수 있는 근거와 방법에 관하여 고찰해 보자.

1) 하나님이 부여하시는 설교의 근거

인간 설교자는 무슨 근거로 하나님의 말씀을 전할 자격이 생기는가?

설교자는 사람의 필요성과 열심 때문이 아니라 하나님이 친히 부여하신 권위에 의해 설교하는 것이다. 마태복음 28:18에서 부활하신 예수님은 하늘과 땅을 다스릴 권세가 자신에게 있음을 선포하셨다.[38]

이어 19-20절에서 하늘과 땅의 모든 권세를 가지신 예수님은 사도들에게 모든 족속을 제자로 삼으라는 분부를 내리셨다. 바로 이러한 대위임 명령에 따라 설교자는 하나님의 말씀을 가지고 하나님에 대해 설교할 권위와 의무를 부여받았다.

또한, 설교자가 설교할 때 하나님은 그 자리에 임재하여 인간 설교자와 '공동 설교자'가 되어 주심으로 설교자의 설교에 권위를 부여하신다. 독일의 설교학자 루돌프 보렌(Rudolf Bohren)은 누가복음 24:36의 사건을 예로 들면서 설교의 대상이신 하나님은 설교자가 설교하는 그 시간, 그 자리에 임재하여 계신다고 한다. 그러면서 하나님이 인간 설교자와 공동 설교자가 되어 주신다고 설명한다.[39]

한편, 설교자는 보이는 청중만이 아니라 눈에 보이지 않는 또 다른 청중 앞에서 설교한다. 보이지 않는 '그 청중'은 그 자리에 있는 어떤 청중보다 먼

---

38 Herman N. Ridderbos, *The Bible Student's Commentary – Matthew*, 오광만 옮김, 『마태복음(하)』 (서울: 여수룬, 1990), 861.

39 Rudolf Bohren, *Predigtlehre*, 박근원 옮김, 『설교학원론』 (서울: 대한기독교서회, 1979), 169.

저 주목받기를 원하는 삼위 하나님이시다. 보렌은 설교자가 설교할 때 하나님이 첫 번째 청중이 되시기에 그 설교는 "하나님도 듣고 계시는 설교"라고 주장한다.⁴⁰ 이런 과정을 통하여 설교자가 청중 앞에서 말하는 것은, 공동 설교자이시며 첫 번째 청중이신 하나님에 의하여 정당화되는 것이다.

이렇게 하나님으로부터 설교의 권위를 부여받은 설교자는 청중을 어떤 관점으로 바라보아야 할까?

2) 설교자의 청중관과 언어의 기능

사람은 누군가가 자기를 지켜본다는 사실에 영향을 받는 존재이다. 교육학자 브루스 윌킨슨(Bruce H. Wilkinson)은 자신의 경험을 토대로 "기대의 법칙"을 정립했다.⁴¹ 이 이론에서 윌킨슨은 교사가 가진 기대는 학생에게 영향을 미쳐 그 기대에 부응하는 결과를 도출하게 된다고 한다. 이런 기대의 법칙 현상은 교육 현장만이 아니라 설교 현장에서도 적용되어 청중을 향한 설교자의 기대는 청중에게 긍정적이거나 부정적인 영향을 미칠 수 있을 것이다.

한편, 뇌 과학자 브루스 후드(Bruce Hood)는 한 사람의 자아 인식이 주변 환경과 사람들의 시각에 의해 형성되고 인식된다고 설명한다. 후드는 이것을 〈그림 4〉와 같은 관계도를 통해서 설명한다.⁴² 〈그림 4〉에서 가운데에 보이는

〈그림 4〉

40　Rudolf Bohren, *Predigtlehre*, 박근원 옮김, 『설교학 실천론』(서울: 대한기독교서회, 1980), 151-52.
41　Bruce H. Wilkinson, *The 7 laws of the learners*, 홍미경 옮김, 『배우는 이의 7가지 법칙 (상)』(서울: 도서출판디모데, 1995), 101-106.
42　Bruce Hood, *The self illusion*, 장호연 옮김, 『지금까지 알고 있던 내 모습이 모두 가짜라면』(서울: 중앙북스, 2012), 12.

사각형은 둘러싼 네 개의 원의 영향을 받아 형성된다. 만일, 주변 원의 모양이 왜곡된다면 사각형의 모양도 찌그러져 보일 것이다. 후드는, 바로 이 사각형처럼 한 사람의 자아 인식이 주변 환경과 사람들의 시각에 의해 형성되고 인식된다고 설명한다. 청중의 자아 정체성 형성에 영향을 미치는 존재 가운데 설교자는 특히 영향력이 큰 존재이다. 왜냐하면, 설교자는 말로서 청중에게 가치관을 전달하기 때문이다.

그렇다면 설교자는 청중이 올바른 자아 정체성을 형성할 수 있도록 말로서 어떻게 도울 수 있을까?

설교자가 사용하는 말은 청중과의 관계에서 어떤 능력과 중요성이 있는가?

이것은 독일의 언어 철학자 발터 벤야민(Walter Benjamin)의 언어관을 통해 설명할 수 있다. 하나님은 엿새 동안 모든 것을 말씀으로 창조하셨다. 그러나 인간은 말씀으로 만드시는 대신 직접 만드셨다. 그리고 세상을 만드실 때 사용한 그 말씀을 인간에게 방출함으로 자신의 창조성을 위임하셨다.

그렇다면 인간은 하나님으로부터 부여받은 그 말로써 무엇을 해야 할까?

벤야민에 의하면, 인간의 사명은 그 말로써 하나님이 만들어 놓으신 사물의 속성을 드러내는 것이다. 사람은 사물들의 속성을 파악하고 하나님이 부여하신 언어를 사용해서 사물의 이름을 부름으로 사물 언어(事物言語, Language of things)를 구술 언어(口述言語, Oral language)로 드러내는 존재이다.[43]

사람이 말로 사물의 속성을 드러내고 사건의 의미를 설명하는 이 역할은 곧 설교자의 역할로 연결된다. 설교자는 말로써 하나님이 행하신 구속 역사를 규정하고 설명할 수 있다. 다시 말하면, 청중의 눈 앞에 펼쳐지는

---

43 Walter Benjamin, *Philosophie und Sprache. Problemkritik und System*, 최성만 옮김, 『언어 일반과 인간의 언어에 대하여 - 번역자의 과제』 (서울: 길, 2008), 78.

상황, 즉 청중의 인생을 말씀으로 규정하고 구속사와 연결해 주는 것이 설교자의 중요한 역할이다. 설교자는 청중이 경험하는 사건들의 구속사적 의미를 설명해 줌으로 청중이 구속사의 연장선에 있음을 인식하도록 할 수 있다.

이상으로 인간 설교자가 말로써 하나님의 말씀을 대언(代言)하고 청중의 상황을 구속사와 연결해 줄 수 있는 근거와 자격이 무엇인지 설명했다. 그렇다면 이제 효과적인 메시지 전달을 위한 반전과 깨달음에 대해 생각해 보자.

3) 반전의 깨달음을 통한 메시지 전달

성경은 전체가 대반전의 드라마로 이루어져 있다. 아담과 하와의 범죄로 인류가 하나님을 대적하는 비극이 시작되었으나 하나님은 메시아를 보내어 주신 것은 첫 번째 반전이다. 하지만, 메시아로 오신 예수께서 십자가에 처형되어 버린 것은 아담 타락에 이은 더 큰 비극이고 절망이다. 그런데 그 죽음은 대속의 죽음이었고 예수 그리스도는 부활하심으로 승리하셨다. 부활하여 승천하신 예수님은 모든 믿는 자에게 성령을 보내어 주셔서 새 생명의 삶을 살도록 하셨다. 이처럼 성경의 구속사는 대반전의 드라마다.[44] 성경의 구조가 이처럼 대반전으로 구성된 것을 볼 때 효과적인 설교 메시지 전달에도 반전과 깨달음의 플롯이 필요하다는 것을 알 수 있다. 내러티브의 흐름 속에서 결정적인 순간에 반전과 깨달음이 발생하면 청중에게 강한 호소력이 발휘될 수 있다.

반전과 함께 일어나는 깨달음을 끌어내는 설교 구성의 좋은 예는 유진 라우리(Eugene Lowry)의 내러티브 설교 형식에서 발견할 수 있다.

---

44 이승진, "반전의 깨달음을 위한 설교 플롯에 관한 연구", 한국실천신학회, 「신학과 실천」 46 (2015): 129-30.

라우리의 내러티브 설교 형식은 다음과 같다.

- Oops: 청중의 마음속에 평형감각을 무너뜨리는 서론 단계부터 시작하여
- Ugh: 모순을 심화시키는 문제점 분석 과정과
- Aha: 문제 해결의 실마리를 암시하는 단계를 거쳐서
- Whee: 복음을 선포하는 단계로 진행되고
- Yeah: 복음 선포 이후의 긍정적 결과를 기대하는 단계에서 종결된다.[45]

이 가운데 라우리가 가장 중요하게 생각하는 것은 두 번째 단계인데, 내러티브 설교가 성공하기 위해서는 문제점에 대한 근본적인 원인과 답변을 끈질기게 추적해 들어가야 한다. 이 단계를 올바로 밟아가는 방법은 첫 번째 단계에서 제기된 문제점이나 모순의 원인에 대한 피상적인 답변을 계속해서 거부하는 것이다. 문제점에 대한 답변을 찾아가는 과정에서 막연하고 피상적인 인과율 식의 답변을 거부하다 보면 마침내 다른 대답들과는 전혀 다른 관점에서, 거의 '계시 차원에서' 얻어지는 답변에 도달하게 된다고 한다.

이상으로 설교 메시지 전달을 위한 수사적인 전략으로 반전과 깨달음이 발생할 수 있는 설교의 플롯에 대하여 살펴보았다. 이제 이러한 설교 플롯을 구성하기 위한 메시지는 어떻게 확보해야 하는가를 생각해 보자.

4) 해석 관점에 부합되는 설교문 작성

설교자가 설교문을 작성할 때는 성경을 해석할 때와 동일한 관점을 사용

45　Eugene Lowry, *The homiletical plot : The Sermon as narrative art form*, 이연길 옮김, 『이야기식 설교 구성』 (서울: 한국장로교출판사, 1996), 39-98.

하는 것이 설교의 교집합 모델에 부합한다.[46] 해석과 전달에서 같은 관점을 사용하기 위해서는 앞에서 설명한 설교학적 상호본문성 관점의 성경 해석을 다시 생각해 보자. 설교학적 상호본문성 관점의 성경 해석은 본문(text)보다 먼저 저자가 사용한 선행 자료(pre-text)를 살핀 후 그 선행 자료와 독자의 컨텍스트(context) 속에서 성경 저자가 의도하는 목표, 즉 후속 본문(post-text)을 도출해 내는 방식의 성경 해석 관점이다.

성경을 해석할 때 설교학적 상호본문성 관점으로 해석하여 설교의 중심 사상을 획득한 설교자는 설교문 역시 같은 관점으로 작성해야 한다.

그렇다면 설교자는 어떻게 설교학적 상호본문성과 같은 관점의 설교문을 작성할 수 있을까?

앞서 설교학적 상호본문성 관점의 성경 해석에서 네 종류의 텍스트(text)를 통해 해석했는데 이제 설교자는 성경 본문(text)을 해석하는 해석자의 자리에서 설교문(text 2)을 기록하는 저자의 자리로 옮겨 앉아야 한다.

상호본문성 관점의 설교문 작성을 위해 설교자가 사용할 수 있는 선행 자료(pre-text 2)는 다음 네 가지이다. 성경 저자가 사용했던 그 선행 자료(pre-text)와 성경 저자 앞에 있던 청중의 상황(context), 성경 본문(text) 자체 그리고 성경 저자가 의도했던 후속 본문(post-text)이 모두 설교문(text 2) 작성을 위한 선행 자료(pre-text 2)이다.[47] 이제 설교자는 자기 앞에 펼쳐져 있는 각종 선행 자료(pre-text 2)와 청중의 상황(context 2) 및 설교자가 의도하는 설교 목적(post-text 2)을 고려하여 설교문(text 2)을 작성할 수 있다. 이상과 같은 상호본문성 관점의 설교문 작성을 도표로 표현하면 〈그림 5〉와 같이 나타낼 수 있다.

---

46 "설교의 교집합 모델"에 관하여는 다음을 참고하라. 이승진, "언약 신학과 설교", 합동신학대학원대학교 출판부, 「신학정론」, 34/2 (2016): 350-51. 이승진, 『설교를 위한 성경 해석』 (서울: CLC, 2008), 45-51.

47 이승진, "삼위일체 중심의 설교학 방법론과 설교학적 상호본문성에 관한 연구", 한국설교학회, 「설교한국」 11 (2020 봄): 75.

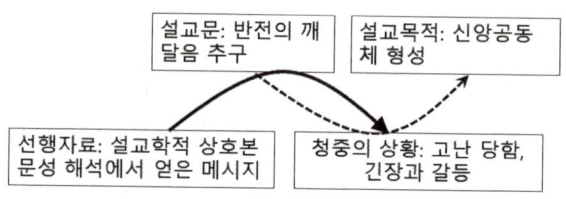

〈그림 5〉 상호본문성 관점의 설교문 작성

6. 나가는 글

지금까지 성경 본문의 세계와 신자의 세계를 연결하기 위한 설교자의 청중 이해를 삼중 관점 구조로 살펴보았다. 본 연구를 통해서 발견한 핵심적인 내용은 다음과 같다.

기존 설교자들의 청중 이해는 주로 효과적인 전달에 강조점이 있음을 볼 수 있다. 하지만, 청중 전달이라는 한 가지 면만 강조하는 것은 균형 잡힌 청중 이해가 되지 못한다. 균형 잡힌 청중 이해를 위해서는 청중을 다중 관점으로 바라보아야 하는데, 청중은 하나님과의 관계에서 신학적인 존재이고 성경과의 관계에서 해석학적인 존재이고 설교자와의 관계에서 의사소통적인 존재이다.

한편, 설교를 위한 본문 해석을 위해서는 "역사적, 문학적, 신학적" 해석이라는 설명만으로 아쉬운 점을 보완하기 위해 설교학적 상호본문성 관점의 해석을 대안으로 제시했다. 그리고 해석의 관점에 부합하는 설교문 작성 역시 상호본문성 관점으로 할 것을 제안했다. 설교자가 설교학적 상호본문성 관점으로 본문을 해석할 때 추체험한 것을 5단계 로고스의 맥락화를 통해 청중에게 전달할 때 청중 역시 설교자와 동일한 추체험을 하게 되고 자신이 구속사의 연장선에 서 있는 존재임을 인식하게 된다.

이상과 같이 설교자가 균형 잡힌 청중 이해를 확보하고, 정당성과 연관성을 모두 갖춘 메시지를 준비하여 효과적으로 전달할 때, 성경 본문의 세계와 신자의 세계를 연결하는 설교를 할 수 있다.

참고 문헌

권　호. "현대설교의 한 흐름: 장르가 살아있는 설교". 한국성경신학회. 「교회와 문화」 31 (2013): 143-78.
_____. 『본문이 살아있는 설교』. 서울: 아가페북스, 2018.
손석태. "옛 언약과 새 언약". 개신대학원대학교. 「개신논집」 15 (2015): 5-33.
이승진. "말씀과 상황을 연결하는 설교학: 현대 설교학의 동향". 「기독교개혁신보」 (2017년 3월 8일자)
_____. "반전의 깨달음을 위한 설교 플롯에 관한 연구". 한국실천신학회. 「신학과 실천」 46 (2015): 117-145.
_____. "삼위일체 중심의 설교학 방법론과 설교학적 상호본문성에 관한 연구". 한국설교학회. 「설교한국」 11 (2020 봄): 45-80.
_____. "설교의 적실성과 적용". 한국설교학회. 「설교한국」 4/2 (2012 가을): 27-55.
_____. "안식일 논쟁 내러티브에 대한 설교학적 상호본문성 관점의 해석과 설교". 합신대학원출판부. 「신학정론」 38/1 (2020/06): 349-87.
_____. "언약 신학과 설교". 합동신학대학원대학교 출판부. 「신학정론」 34/2 (2016): 324-60.
_____. "청중에 대한 설교학적 이해". 한국복음주의실천신학회. 「복음과실천신학」 6 (2003): 60-86.
_____. "해석학적인 실재론에 근거한 성경 해석과 설교 메시지의 전달 과정에 관한 연구". 한국복음주의실천신학회. 「복음과 실천신학」 54 (2020): 198-231. https://doi.org/10.25309/kept.2020.2.15.198
_____. 『설교를 위한 성경 해석』. 서울: CLC, 2008.
정창균. 『고정관념을 넘어서는 설교』. 수원: 합동신학대학원출판부, 2002.

최광희. "설교자의 청중 이해가 청중의 자아 정체성 형성에 미치는 영향". 한국설교학회. 『설교한국』 12 (2020 가을): 77-102.

Akin, Daniel 외 2인. *Text-driven preaching : God's word at the heart of every sermon*. 김대혁·임도균 옮김. 『본문이 이끄는 설교』. 서울: 베다니출판사, 2016.

Arthus, Jeffrey D. *Preaching With Variety*. 박현신 옮김. 『목사님 설교가 다양해졌어요』. 서울: 베다니출판사, 2008.

Benjamin, Walter. *Philosophie und Sprache. Problemkritik und System*. 최성만 옮김. 『언어 일반과 인간의 언어에 대하여 - 번역자의 과제』. 서울: 길, 2008.

Berkhof, Louis. *Manual of Christian Doctrine*. 박희석 옮김. 『벌코프 조직신학 개론』. 고양: 크리스챤 다이제스트, 2001.

_____, Louis *Manual of Christian Doctrine*. 신복윤 옮김. 『기독교 신학 개론』. 서울: 성광문화사, 1974.

_____, Louis *Systematic Theology*. 권수경·이상원 옮김. 『벌코프 조직신학』. 고양: 크리스챤 다이제스트, 2001.

Bohren, Rudolf. *Predigtlehre*. 박근원 옮김. 『설교학 실천론』. 서울: 대한기독교서회, 1980.

_____, Rudolf. *Predigtlehre*. 박근원 옮김. 『설교학원론』. 서울: 대한기독교서회, 1979.

Cilliers, Johan H. *The living voice of the gospel : Revisiting the basic principles of preaching*. 이승진 옮김. 『설교 심포니』. 서울: CLC, 2014.

Craddock, Fred B. *As One without Authority*. 김운용 옮김. 『권위 없는 자처럼』. 서울: 예배와설교아카데미, 2003.

_____, Fred B. *Preaching*. 이우제 옮김. 『크래독의 설교 레슨』. 서울: 대서, 2007.

Frame, John M. *God*. 김재성 옮김. 『신론』. 서울: 개혁주의신학사, 2014.

_____, John M. *Systematic theology : an introduction to Christian belief*. 김진운 옮김. 『존 프레임의 조직신학』. 서울: 부흥과개혁사, 2017.

Hendriksen, William. *New Testament commentary*. 김만풍 옮김. 『핸드릭슨 성경주석 마태복음(상)』. 서울: 아가페북스, 1989, 개정판 2016.

Hoekema, Anthony A. *The bible and the future*. 류호준 옮김. 『개혁주의 종말론』. 서울: CLC, 1998.

Hood, Bruce. *The self illusion*. 장호연 옮김. 『지금까지 알고 있던 내 모습이 모두 가짜라면』. 서울: 중앙북스, 2012.

Lloyd-Jones, Martyn. *Preaching and preachers.* 서문강 옮김. 『목사와 설교』. 서울: CLC, 1977.

Louw, Daniël Johannes. *A Pastoral Hermeneutics of Care and Encounter.* Cape Town: Lux Verdi, 1999.

Lowry, Eugene. *The homiletical plot : The Sermon as narrative art form.* 이연길 옮김. 『이야기식 설교 구성』. 서울: 한국장로교출판사, 1996.

Mathewson, Steven D. *Art of preaching old testament narrative.* 이승진 옮김. 『청중을 사로잡는 구약의 내러티브 설교』. 서울: CLC, 2004.

Osmer, Richard R. *Practical theology : an introduction.* 김현애 옮김. 『실천신학의 네 가지 중심 과제』. 서울: 예배와설교아카데미, 2012.

Ridderbos, Herman N. *The Bible Student's Commentary – Matthew.* 오광만 옮김. 『마태복음(하)』. 서울: 여수룬, 1990.

Robinson, Haddon W. *Biblical Preaching : The Development and Delivery of Expository Messages.* Grand Rapids: Baker Academic, 2001.

_____, Haddon W. *Biblical Preaching.* 박영호 옮김. 『강해 설교 : 강해 설교의 원리와 실제』. 서울: CLC, 2011.

Rose, Lucy Atkinson. *Sharing the word.* 이승진 옮김. 『하나님 말씀과 대화 설교』. 서울: CLC, 2010.

Sargent, Tony. *The Sacred Anointing.* 황영철 옮김. 『위대한 설교자 로이드 존스』. 서울: IVP, 1996.

Stott, John. *The Preacher's Portrait.* 문창수 옮김. 『설교자상』. 서울: 한국개혁주의신행협회, 1982.

Stuart, Douglas & Fee, Gordon D. *Old and New Testament Exegesis,* 김의원 옮김. 『성경해석 방법론』. 서울: CLC, 1987.

Wilkinson, Bruce H. *The 7 laws of the learners.* 홍미경 옮김. 『배우는 이의 7가지 법칙(상)』. 서울: 도서출판디모데, 1995.

제3장

고난 중의 신자에 대한 설교자의 청중 이해

1. 들어가는 말

청중은 하나님과 영생의 언약 관계를 맺고 있으며 이 땅에 사는 동안 하나님의 은혜를 체험하고 하나님의 뜻에 순종하고자 하는 존재다.[1] 청중이 언약 백성으로서의 자아 정체성을 확립하기 위해서는 이러한 사실을 말해 주는 설교자의 설명이 중요한 역할을 한다.

그런데 청중은 종종 자신이 하나님과의 사랑의 언약 관계를 맺은 언약 백성이라는 설교자의 설명에 따라 자아 정체성을 확립하기가 곤란한 상황에 부닥칠 수 있다. 그것은 자신이 경험하는 사건이 자신이 들은 말씀과 모순되게 느끼는 현실 때문인데 그 가운데에서도 특히 까닭을 알 수 없고 감당하기 어려운 고난을 경험할 때다.

고난의 정체는 무엇인가?

팀 켈러는 고난은 '풀리지 않는 수수께끼'라고 하면서도 많은 이들이 고통과 고난을 통해 하나님을 떠나게 되기는커녕 도리어 하나님께 다가가게 된다고 한다.[2]

---

[1] 이승진, "청중에 대한 설교학적 이해", 한국복음주의실천신학회, 「복음과 실천신학」 6 (2003), 63.
[2] Timothy Keller, *Walking with God through pain and suffering*, 최종훈 옮김, 『팀 켈러, 고통에 답하다』 (서울: 두란노서원, 2018), 25, 16.

따라서, 설교자는 고난과 관련하여 다음과 같은 네 가지 측면을 고려하여 설교해야 한다.

첫째, 여러 가지 까닭 모를 고난을 경험할 때 언약 백성인 청중은 그 고난을 어떤 관점으로 바라보게 할 것인가?
둘째, 고난을 겪고 있는 청중이 그 고난을 통해서 하나님께 더 가까이 다가가게 하기 위해서 설교자는 고난을 어떻게 이해하며 설명할 것인가?
셋째, 설교자는 고난을 겪는 청중이 하나님의 변함없는 은혜를 발견하도록 돕기 위해서 어떤 태도로 접근해야 할 것인가?
넷째, 때로 감당할 수 없을 것 같은 고통 속에서 마치 하나님이 침묵하시는 것처럼 느껴질 때 설교자는 어떻게 신자들이 여전히 하나님의 사랑과 은혜의 섭리 안에 있음을 설명할 것인가?

이 문제점에 대하여 필자는 먼저 로고테라피 개념으로 고통의 의미를 생각해 본 다음, 대재앙과 고난에 접근하는 각각의 모델을 살펴보려고 한다. 이어 리스본 대지진으로 말미암아 라이프니츠의 신정론이 부닥친 한계를 극복하는 방안을 마련하기 위해 '타인의 얼굴'과 '대속의 고통' 개념을 제안하고자 한다.

2. 하나님의 침묵과 로고테라피

1) 고통의 문제와 하나님의 침묵

20세기 뛰어난 문호(文豪) 가운데 한 사람인 C. S. 루이스(1898-1963)는 남달리 많은 고통을 경험한 사람이다. 그가 열 살 되던 해에는 어머니가

암으로 별세했고, 그 후 그의 형은 술을 위안으로 삼다가 알코올 중독자가 되어 버렸다. 그런 상황을 겪은 루이스 자신도 대학에 진학한 후 신앙을 잃어버렸지만, 다행스럽게도 오랜 방랑 후에는 다시 회심하게 되었다. 그는 59세의 늦은 나이에 한 불행한 여인과 결혼하여 크나큰 행복을 느꼈지만, 그 행복은 오래가지 못했다. 그의 부인은 3년 반 만에 세상을 떠나고 말았다.[3]

이런 많은 고통을 경험한 루이스는 자신만이 아니라 인류가 겪는 고난에 대해서도 많은 관심을 가지고 고민하게 되었다.

루이스는 하나님의 전능하심에 대한 고민을 다음과 같이 표출했다.

> 만일, 하나님이 선하시다면 그는 자신의 피조물이 완전히 행복해지기를 소원하실 것이며, 하나님이 전능하시다면 그가 원하시는 무슨 일이나 가능할 것이다. 그런데 피조물들은 행복하지 않다. 그런고로 하나님은 선이 부족하든지, 능력이 부족하든지, 그렇지 않으면 두 가지 다 부족한 것이다.[4]

이렇게 의문을 던진 루이스는 하나님의 선에 대해서는 다음과 같이 정리하고 있다.

> 인간의 고통과 사랑하시는 하나님의 존재를 조화하는 문제는 인간 중심의 사고를 가지고 사랑이라는 글자에 통속적인 의미를 부여하는 한 불가능하다. 하나님은 사람 때문에 존재하시는 것이 아니다.[5]

---

3 홍치모, "C. S. 루이스의 생애와 사상 – 루이스의 작품과 신념 세계", 「신학지남」 65/3 (1998/09), 206-10.
4 C. S. Lewis, *(The) Problem of pain*, 김남식 옮김, 『고통의 문제』 (서울: 크리스천서적, 2001), 33.
5 Lewis, 『고통의 문제』, 63.

하지만, 루이스는 "고난들은 기본적으로 인간들의 탐욕과 어리석음에서 온 것을 인정하면서도 어째서 하나님은 악한 인간들이 그 형제들을 그렇게 괴롭히도록 허락하셨는지 의문을 제기한다"라고 말하면서 인간 고통의 문제에 대해 고민했다.[6]

사람이란 타인의 고통보다 자신이 당하는 고통을 크게 느끼는 존재이다. 이런 사실에 대하여, 큰 고통을 겪었던 강정훈 목사는 이렇게 표현한다. "사람은 남의 배에 커다랗게 남은 수술 흔적보다 내 손톱에 낀 가시 자국이 더 아프다고 한다."[7]

이처럼 청중은 각자가 누구보다 쓰라린 고통을 경험했다고 생각한다. 그리고 그들은 하나같이 고통에 대하여 루이스와 같이 의문을 제기한다.

하지만, 우리 하나님은 사람들의 이런 질문에 대해 아무런 답을 주지 않고 침묵하시는 것처럼 보인다. 그래서 켄 가이어(Ken Gire)는 인간 고통의 문제를 다루는 그의 책에 『하나님의 침묵』(The North Face of God)이라고 제목을 붙였다. 이는 고통 중에 있을 때 하나님의 얼굴은 자비로운 아버지가 아니라 에베레스트산을 오르는 등반가가 가장 오르기 힘든 북쪽 능선(the north face)처럼 냉혹하게 느껴진다는 의미이다.

켄 가이어에 의하면, 에베레스트산은 여러 개의 능선이 있는데 그 가운데 북쪽 능선이 등반하기 가장 어렵다. 그런데 고통을 겪는 사람들이 하나님께 나아가는 것이 마치 에베레스트산의 북쪽 능선을 타고 등반하는 것처럼 느껴진다.[8]

성경 인물 가운데도 고통을 겪은 인물이 많다. 그 가운데 대표적으로 요셉이나 다윗은 긴 기간 동안 까닭도 모르고 그 끝도 모르는 고난을 겪어야

6　Lewis, 『고통의 문제』, 129.
7　강정훈, 『내게 왜 이러세요?』 (서울: 두란노, 2021), 77.
8　Ken Gire, (The) north face of God: hope for times when God seems indifferent, 마영례 옮김, 『하나님의 침묵』 (서울: 디모데, 2006), 20-21.

했다. 다윗은 "내 하나님이여 내 하나님이여 어찌 나를 버리셨나이까 어찌 나를 멀리하여 돕지 아니하시오며 내 신음 소리를 듣지 아니하시나이까"(시 22:1)라고 부르짖으며 "내 하나님이여 내가 낮에도 부르짖고 밤에도 잠잠하지 아니하오나 응답하지 아니하시나이다"(시 22:2)라고 탄식했다.

모세는 요셉이나 다윗보다 더 긴 기간 동안 '버림받음'을 경험했다. 그 결과 모세는 자신의 꿈을 완전히 버리게 되었으며 여호와 하나님이 그를 찾아왔을 때 환영하기는커녕 오히려 그 소명을 거절할 정도였다. 켄 가이어의 말처럼, 성경 인물들은 그들이 겪어야 했던 고난보다 그들이 당한 '하나님의 침묵'이 더 고통스럽게 느껴졌을 것이다.[9]

2) 언어의 기능과 설교자의 사명

하나님은 이처럼 청중이 당하는 고난의 상황에서 침묵하신다. 하지만, 하나님은 침묵하셔도 설교자는 침묵해서는 안 된다. 아니, 하나님께서 침묵하시기에 설교자는 고난을 통해서 말씀하시는 하나님의 의도를 말로 밝히고 설명해 주어야 한다. 그것이 사람에게 언어를 주신 하나님의 의도이며 설교자가 부여받은 사명이다.

하나님께서 인간에게 부여하신 언어의 기능에 대해서는 발터 벤야민이 잘 설명해 주고 있다. 발터 벤야민에 의하면 하나님은 엿새 동안 지으신 모든 것을 말씀으로 창조하셨지만, 사람은 말씀으로 만드는 대신 손수 만드셨다. 그리고 하나님은 만드신 사람에게, 하나님이 세상을 창조하실 때 사용하신 그 말씀을 방출하심으로 사람에게 자신의 창조성을 위임하셨다.[10]

---

9   Gire, 『하나님의 침묵』, 18.
10 Walter Benjamin, Uber Sprache uberhaupt und uber die Sprache des Menschen, 최성만 옮김, 『언어 일반과 인간의 언어에 대하여 – 번역자의 과제』(서울: 길, 2008), 84.

하나님으로부터 말의 권세를 부여받은 사람의 사명은 이 언어를 통해 '사물 언어'(language of things)를 '구술 언어'(oral language)로 드러내는 것이다.[11] 설교자의 사명은 우선 성경 속에 나타난 하나님의 구속사를 청중에게 설명하는 것이다. 그뿐만 아니라 청중이 경험하는 사건들과 고통 속에 하나님이 숨겨 놓으신 의도를 구속사적 관점으로 설명하는 것 역시 설교자의 중요한 사명이다. 이런 면에서 이승진 교수는 목회 사역의 핵심을 "구술 언어와 사물 언어를 신자들 앞에서 서로 연결하는 것"이라고 명쾌하게 표현한다.[12]

그렇다면 청중이 겪는 고통의 문제에 대해 설교자는 어떻게 해답을 줄 수 있을까?
내세에 천국의 영광을 누릴 성도가 현실에서는 이렇게 고통을 겪어야 하는지 궁금해하는 청중에게 설교자는 무엇이라고 답을 제시할 수 있을까?
'하나님은 왜 침묵하시는가?' 하는 청중의 질문에 설교자는 어디에서 해답을 확보하여 청중에게 제공할 수 있을까?

사람이 고통 가운데 있을 때 하나님은 침묵하시는 것 같지만 사실은 그렇지 않다. 하나님은 이미 모든 해답을 성경에 담아 놓으셨기에 매번 새로운 말씀을 주지 않으시는 것뿐이다. 하지만, 사람은 두 가지 이유로 그 해답에 접근하지 못한다.
우선, 고통이 없는 사람은 고통의 문제에 대해 깊이 생각하지 않기에 고통을 주시는 하나님의 의도에 관심을 가지지 않는다. 팀 켈러의 말처럼 인

---

11 Benjamin, 『언어 일반과 인간의 언어에 대하여 - 번역자의 과제』, 78.
12 이승진, "해석학적 실재론에 근거한 성경 해석과 설교 메시지의 전달 과정에 관한 연구", 「복음과 실천신학」 54권 (2020), 223.

간은 "고난이 닥치면 그제야 비로소 자신이 제 삶을 마음대로 할 수 없으며, 그렇게 해본 적도 없다는 사실을 절감하게 된다."[13]

그러다가 막상 고통을 당하게 되면 그 순간에 너무나 큰 충격을 받아 하나님이 제공하시는 의미를 깨닫지 못한다. 리처드 아스머는 자신이 목사요 실천신학 교수이면서도 모친이 교통사고로 갑작스럽게 사망했을 때 몹시 당황했다고 한다. 그런 상황에서 아스머는 고향 교회 목사님의 설교를 통해 안정을 찾을 수 있었노라고 회고하고 있다.[14] 아스머의 사례에서 볼 수 있는 것처럼 청중이 고통스러운 상황에 부닥쳤을 때 스스로 고통의 의미를 깨달을 마음의 여유가 없다. 그럴 때 성경적 관점에서 고통을 설명해 주어 고통으로부터 다시 일어서도록 하는 것이 설교자의 역할이다.

3) 고통의 의미와 로고테라피

까닭 모를 고통 속에는 무슨 의미가 있으며, 성도에게 어떤 유익이 있는가? 성도의 삶에 찾아오는 고통스러운 상황을 설교자는 어떻게 해석해 줄 수 있는가?

이 문제에 대해 필자는 우선 고통에도 값진 뜻이 있다고 한 옥한흠 목사로부터 해답의 실마리를 확보하고자 한다. 옥한흠 목사는 고난을 겪을 때 우리를 괴롭히는 고난 그 자체가 아니라 그 고난을 가지고 우리를 다루시는 하나님의 뜻이 무엇인지 보아야 한다고 한다. 덧붙여 고통은 거룩한 것이며 대단히 신비스러운 것이라고 한다.[15]

---

13 Keller, 『팀 켈러, 고통에 답하다』, 16.
14 Richard Robert Osmer, *Practical theology : an introduction*, 김형애, 김정형 옮김, 『실천신학의 네 가지 중심 과제』 (서울, 예배와설교아카데미, 2012), 40-41.
15 옥한흠, 『고통에는 뜻이 있다』 (서울: 국제제자훈련원, 2010), 234, 15-16.

그렇다면 우리는 고통 가운데서 어떻게 의미를 발견할 수 있으며 하나님의 뜻을 볼 수 있을까?

이와 관련하여 빅터 E. 프랭클의 예를 들어보자.

프랭클은 유대인 신경정신과 의사로서 악명 높은 나치(Nazi)의 아우슈비츠(Auschwitz) 수용소의 생존자다. 그는 가진 모든 소유물을 빼앗기고 알몸 상태로 발가벗기는 경험을 하면서 자신의 인생이 **송두리째** 말살되는 경험을 했다. 그는 아우슈비츠 수용소에서는 "아무리 무서운 악몽일지라도 그 수용소의 현실보다 더 나쁠 수 없었다"고 회상한다.[16]

이런 일을 경험한 사람으로서 프랭클은 "산다는 것은 고통스럽기 마련"이라면서 "살아남는다는 것은 고통 속에서 의미를 발견해야 하는 것이라"라고 한다.[17] 프랭클이 창안한 로고테라피(logo therapy) 개념에 따르면, 삶에서 의미를 찾으려고 하는 이런 노력은 인간에게 동기를 부여하는 가장 중요한 힘이다. 그래서 프랭클은 고통이란 그 의미를 찾아내는 순간 절대 고통이 아니라고 주장한다.

> 우리가 절망적인 상황에 직면했을 때, 바꿀 수 없는 운명을 만나게 되었을 때조차도 삶에서 의미를 찾아낼 수 있다는 사실을 결코 잊어서는 안 된다. 고통은 희생의 의미와 같은 어떤 의미를 찾는 순간부터 절대 고통이 아니며 인간은 자신의 고통에 의미가 있다고 확신하면 기꺼이 그 고통을 받아들이기까지 하는 존재이다.[18]

---

16 Viktor E. Frankl, *Man's Search for Meaning : An Introduction to Logotherapy*, 정순희 옮김, 『죽음의 수용소에서』 (서울: 제일출판사, 2000), 34.
17 Frankl, 『죽음의 수용소에서』, 10.
18 Frankl, 『죽음의 수용소에서』, 147-48.

그렇다면 언약의 말씀을 가진 존재인 청중은 고통으로부터 어떤 의미를 찾을 수 있을 것인가?

옥한흠 목사는 고난을 "변장하고 찾아오는 하나님의 축복"이라고 정의하면서 신자는 고난 배후에서 일하시는 하나님과 만나라고 충고한다.[19] 또한, 하나님께서 고난을 성도의 유익을 위해 선용하신다고 주장한다. 그 선용이란 첫째로 우리를 깨닫게 하시는데 선용하시며, 둘째로 하나님의 자녀다운 인격을 형성하는 데 고난이 절대적인 요소가 된다.[20]

옥한흠 목사와 빅터 E. 프랭클의 설명을 종합해 볼 때 고통에는 고통보다 더 큰 의미가 있고 성숙한 성도가 되어 가는 데 유익하다. 그러나 신자가 막상 고난을 겪을 때는 그 상황을 성경적 관점으로 받아들이지 못하는 경우가 많다. 고난을 경험할 때 청중은 고난의 의미를 찾기보다는 하나님의 언약이 자신의 삶에서는 왜 실현되지 않는지 회의(懷疑)하게 된다. 그러므로 청중이 고난을 겪을 때 그 상황을 성경적으로 해석할 수 있도록 설명해 주는 것이 설교자의 역할이다.

그렇다면 설교자는 청중이 당하는 고통의 의미를 어떻게 설명해 줄 것인가?

3. 대재앙과 고난에 접근하는 모델들

1) 재난을 바라보는 설교자의 관점

신자가 당하는 고난 가운데는 개인적으로 당하는 고난도 있지만 때로는 온 국가적으로 함께 당하는 대재앙도 있다. 2020년에는 코로나19 팬데믹

19　옥한흠, 『고통에는 뜻이 있다』, 11, 16.
20　옥한흠, 『고통에는 뜻이 있다』, 18-19.

(Pandemic)으로 여러 가지 정상(正常)이 비정상(非正常)이 되어 버렸을 뿐만 아니라 이제까지 비정상(Ab-normal)이었던 것 가운데 어떤 것이 새로운 정상(New-normal)의 자리를 차지하기도 했다. 또 장기간의 사회적 거리 두기로 인하여 예배드리지 못하고 경제가 무너지며 코로나 우울증(Corona Blue) 현상을 경험하고 있다. 게다가 코로나19를 해결하기 위한 백신(vaccine)에서조차 부작용 사례들이 보고되기도 했다.[21]

이런 때에 신자들은 왜 이런 일이 왔으며, 하나님은 어디에 계시는지 묻고 싶어 한다. 코로나 팬데믹 외에도 세상에는 종종 대재앙이 발생할 수 있는데 이러한 문제에는 어떤 방식으로 접근하며 설교할 것인가?

역사적으로 볼 때, 대재앙의 의미를 해석하여 설명하는 논의가 본격화된 것은 리스본 대지진 사건부터였다. 1755년, 전 유럽을 깜짝 놀라게 한 리스본 대지진으로 말미암아 대재앙에 대한 하나님의 뜻을 어떻게 설교할 것인지 많은 논의와 패러다임의 변화가 발생했다. 특히, 당시 대지진이 의인 욥이 당한 고난처럼 다른 도시에 비해 상대적으로 경건하게 살았던 도시 리스본을 중심으로 발생한 사건이기에 성경적 설명이 더욱 절실히 요구되었다.

그러면 대재앙에 대해 어떻게 접근하고 설교하는 것이 바람직할까?

먼저, 2004년 인도네시아 지진 사건과 2011년 동일본에 지진 사건이 발생했을 때의 설교 사례를 살펴보자.

2004년 12월 26일, 인도네시아 수마트라 북부에서 모멘트 규모 9.1의 해저 지진과 15미터 높이의 쓰나미 재앙이 발생하여 28만 명 이상의 사망 및 실종자가 발생했다. 이 사건 발생 직후 한국 교회의 한 설교자는 성탄절과 주일이 연속되는 거룩한 날에 쾌락을 즐기러 간 사람들 위에 하나님의 징벌이 임했다는 관점으로 설교를 했다. 하지만, 이런 부정적인 관점

---

21 곽성순, "코로나19 백신 부작용으로 인한 사망 '1건' 추가", 「청년의사」 인터넷신문 (2021.07.26.) 접속 2021.08.05.

의 설교는 공감대를 형성하기는커녕 교계 안팎에서 많은 질타를 받게 되었다.[22]

한편, 2011년 3월 11일에 일본 도호쿠 지방 태평양 해역에서 지진과 쓰나미가 발생했을 때 여의도순복음교회 조용기 목사와 강남교회 김성광 목사가 지진의 원인이 일본 국민의 우상 숭배와 무신론, 물질주의에 대한 하나님의 경고라고 설교해서 역시 파문이 일기도 했다.[23]

이 두 사례를 통해 발견하는 것은 결국 대재앙을 섣불리 하나님의 징벌이라고 해석하여 설교하는 것은 바람직한 접근이 되기 어렵다는 것이다.

2) 고난을 설명하는 여섯 가지 모델

그러면 대재앙에는 어떻게 접근하는 것이 바른 관점인가?

이승진 교수는 재앙과 고난에 접근하는 모델로서 징벌적인 고난의 모델, 하나님의 계획과 섭리 모델, 교육적인 고난의 모델, 대속적인 고난 모델, 신비적인 합일 모델, 종말론적 전망 모델 등 여섯 가지를 소개하고 있다.

신자의 고난에 접근하는 여섯 가지 모델을 간략히 살펴보면 다음과 같다.[24]

(1) 징벌적인 고난의 모델

우선, '징벌적인 고난의 모델'의 관점은 고난의 중요한 원인을 당사자의 죄악에 대한 하나님의 징벌로 보는 것이다. 욥의 친구들도 이런 인과응보

---

[22] 이승진, "대재앙에 대한 신정론 관점의 설교", 한국복음주의실천신학회, 「복음과실천신학」 29 (2013): 37.
[23] 허호익, "리스본 대지진과 자연재해에 대한 신학적 쟁점", 대전신학대학교, 「신학과문화」 21 (2012): 119.
[24] 이승진, "고난과 하나님의 섭리에 관한 설교," 「복음과실천신학」 35 (2015), 267-76.

의 관점을 가지고 있었기에 집요하게 욥에게 회개를 요구했다.

물론, 고통에 대한 이런 관점도 필요하다. 공의로우신 하나님은 고집스럽게 죄를 범하는 백성에게 진노하시고 징벌하시는 것이 사실이다. C. S. 루이스는 고통을 죽어 있는 세계를 깨우치는 하나님의 확성기로 본다. 루이스에 의하면 고통은 악인에게 개선의 기회를 제공해 줌으로써 하나님을 거역하고 있는 영혼의 요새 안에 진리의 깃발을 꽂는 것이다.[25] 그런데 오늘날 지성인 가운데는 보응 사상이나 징벌 관념을 말소해 버리고 범인의 개과천선이나 바라는 사람들이 있다고 하면서 그들은 그렇게 함으로 모든 징벌을 부당한 것으로 만들고 있다고 지적한다.[26]

하지만, 모든 고난을 징벌로 해석하는 것은 곤란하다. 최후 심판이 오기 전에 하나님은 모든 범죄에 대하여 합당하게 징벌하시기보다 심판을 유보하시면서 인간에게 회개의 기회를 주신다. 예수님은 실로암 망대가 무너져서 죽은 사람들이 예루살렘 주민들보다 죄가 많아서가 아니며 그들이 당하는 재난 사건을 교훈 삼아 회개하고 하나님께 돌아오는 것이 현명하다고 말씀하셨다. 이처럼 징벌적 고난의 모델은 모든 고난에 대한 적절한 설명이 되지 못하는 한계가 있다.

(2) 하나님의 계획과 섭리 모델

징벌적 고난 모델이 형평성과 일관성에서 모순점을 보이는 것을 보완하기 위해 등장한 대안은 '하나님의 계획과 섭리 모델'이다. 이는 지금 당하는 고난을 반드시 자신의 죄악과 결부시킬 수는 없지만, 고난 저변(底邊)에 하나님의 선한 계획이 있다고 보는 시각이다.

하지만, 이 모델은 고난의 의미나 가치가 무엇인지 알지 못한 채 막연한 미래의 가치로 무책임하게 희석한다는 약점이 있다. 이런 방식의 설명은

---

25 Lewis, 『고통의 문제』, 137.
26 Lewis, 『고통의 문제』, 134-35.

청중의 불평을 막는 효과는 있겠지만 고난 중에 처한 신자를 만족시키는 설명이라고는 하기는 어렵다는 한계가 있다.

(3) 교육적인 고난의 모델

징벌 모델과 섭리 모델의 한계점을 보완하는 방법으로 고난의 목적이 교육 혹은 연단을 위해서라고 설명하는 '교육적인 고난의 모델'이 있다. 고난을 좋아하는 사람은 아무도 없지만 신자는 고난을 통과함으로 신앙이 발전하고 성장하는 것이 사실이다. 또한, 이런 연단 후에는 죄에 빠질 가능성도 줄어들어 그에 따른 징벌을 미연(未然)에 방지하는 효과까지 생겨난다.

C. S. 루이스에 의하면, 만일 우리가 원하는 만큼의 평안을 얻고 나면, 우리는 이 세상에서의 안식을 배울 것이며, 주님께 돌아가는 길을 망각하고 말 것이다.[27] 그러므로 고난을 통해 영적인 훈련을 받음으로 천국 백성답게 성숙해 간다는 이 설명은 하나님의 선하심을 드러낼 수 있는 모델이다.

하지만, 이 모델 역시 모든 고난을 설명하기에는 한계가 있다. 예를 들어, 욥처럼 남달리 훌륭한 신자가 오히려 남보다 모진 고난을 받는 경우나, 고난을 통한 연단이 오히려 역효과를 낼 것 같은 유아들이 당하는 고난 등은 이 모델로는 설명하기 곤란하다.

(4) 대속적인 고난 모델

'대속적인 고난 모델은' 모든 종류의 고난에 대해 설명하기보다는 다른 사람을 살리기 위해 수고하다가 희생을 당한 경우, 혹은 자발적으로 고난을 자취(自取)한 경우에 대한 설명에 동원된다. 예를 들면, 화재를 진압하

---

[27] Lewis, 『고통의 문제』, 169.

던 소방관이나 물에 빠진 사람을 구조하던 사람이 오히려 사고를 당해 희생되는 경우를 생각할 수 있다.

그런가 하면 아버지를 위해서, 베냐민을 대신해 벌을 받겠다고 자청한 유다의 경우처럼(창 44:33) 자발적으로 자신을 희생한 경우는 그리스도의 모형이 된다.

하지만, 대속적 고난 모델은 다른 사람의 죄나 실수로 피해를 본 사람이 당하는 고난의 경우 이 모델로 설명하기에는 한계가 있다. 다만 이 모델은 특수한 사건이 발생했을 때 적절히 사용하면 좋은 효과를 나타낼 수 있을 것이다.

(5) 신비적인 합일 모델

'신비적인 합일 모델'은 고난의 의미를 설명하기보다는 인간이 고난을 겪을 때 하나님은 무엇을 하시는가에 대한 대답이라고 할 수 있다. 신비적인 합일 모델에 의하면 전능하신 하나님은 사랑을 선택하기 위해 전능을 포기하셨다. 그러나 역설적으로 전능을 포기하고 사랑을 택한 하나님이야말로 진정으로 전능하시다는 것이다.

루터의 십자가 신학에 의하면 하나님은 오직 고난과 십자가에서만 발견될 수 있다. 그러므로 하나님은 오직 예수 그리스도의 십자가와 연관해서만 생각되어야 한다.[28] 이러한 십자가 신학을 수용한 학자 가운데는 우선 본회퍼와 한스 요나스(Hans Jonas) 등이 있다. 본회퍼는 하나님을 전능자가 아니라 우리를 위해 무력하게 고난당하는 분으로 설명한다.[29] 한스 요나스 역시 하나님을 무능력한 하나님, 무저항의 하나님, 피조물로 인해 고통받

---

28 박영식, "나는 전능하신 하나님을 믿습니다", 한국기독교학회, 「한국기독교신학논총」 88/1 (2013/07): 93.

29 박영식, "나는 전능하신 하나님을 믿습니다", 94.

는 하나님으로 설명한다.³⁰

팀 켈러 역시 다음과 같이 십자가 신학을 옹호한다.

> 예수님이 이 땅에 오셨을 때, 고통과 악의 근원을 쳐부술 칼과 권세를 움켜쥐셨다면 인간이라고는 단 한 사람도 살아남지 못했을 것이다. 예수님은 정의를 실현하는 대신 악을 견뎌내셨다. 예수님이 우리가 받아야 할 징계를 대신 받으셨으므로 언젠가는 이 땅에 다시 오셔서 인간을 완전히 멸하시지 않고도 악을 심판하실 수 있다.³¹

팀 켈러에 의하면 "크리스천들이 역경의 한복판에서 하나님을 온전히 신뢰할 수 있다고 주장하는 주요한 이유는 하나님이 친히 앞장서 고난을 겪으셨기 때문이다"라고 말한다.

하지만, 팀 켈러는 "주님의 고난을 강조하는 데 너무 몰두한 나머지 거룩한 주권이라는 개념을 놓쳐 버리고 하나님을 무능력한 분으로 설명하는 신학자들도 갈수록 늘고 있다"라고 하면서 십자가 신학에 대한 우려도 표명하고 있다.³²

십자가 신학의 관점에서 생각할 때 하나님은 신자가 고난을 겪을 때 거기에서 함께 고난을 겪고 계시는 분이다. 하나님은 지금 당장 고난을 제거하기보다는 인간과 함께 고난을 겪으시면서 새 하늘과 새 땅의 목적지를 향해 점진적으로 피조물을 인도하신다.³³ 그러므로 인간은 우리와 함께 고난 속에 계시는 하나님과 온전한 합일을 이루는 신비적 경험을 할 수 있다는 것이 신비적 합일 모델의 설명이다.

---

30   박영범, "신정론과 하나님의 고난: 신정론 문제의 응답으로써 하나님 고난이 주는 의미," 한국조직신학회, 「한국조직신학논총」 33 (2012), 262.
31   Keller, 『팀 켈러, 고통에 답하다』, 196.
32   Keller, 『팀 켈러, 고통에 답하다』, 233, 240.
33   이승진, "고난과 하나님의 섭리에 관한 설교", 274.

이 모델은 고난 속에서 신음하는 신자에게 위로의 메시지가 될 수 있다. 하지만, '하나님이 전능하심을 포기하고 무력하고 힘없는 하나님이시라면 고난을 겪는 사람들을 어떻게 도우며 구원할 수 있느냐' 하는 문제가 제기된다. 신비적 합일 모델은 고난 속에 동참하시는 하나님의 내재성을 지나치게 강조한 나머지 하나님의 초월성을 배제해 버린 약점이 있다.

(6) 종말론적 전망 모델

지금까지 시도한 고난에 대한 신학적인 해명들은 고난의 원인과 의미를 다 설명하지도 못할 뿐 아니라 고난의 문제를 해결해 주지 못한다. 신자의 모든 문제와 고난은 그리스도께서 재림하시는 최후의 날에 일순간에 해결될 것이다. 바로 이런 면에서 독일의 정치 신학자 요한 밥티스트 메츠(Johann Baptist Metz)는 '종말론적 전망 모델'을 주장했다.

이승진 교수는 메츠의 입장을 다음과 같이 소개한다.

> 메츠에 따르면 구원은 단순히 죄로부터 벗어나는 것이 아니라 고난의 상황에서 벗어나는 것이다. 그리하여 메츠는 예수가 십자가에 달리신 성금요일로부터 부활절의 아침으로 가볍게 넘어가는 것을 부정한다. 아직 인간의 세계는 십자가의 현실이 끝나지 않았기에 부활로 넘어가는 것을 승리자의 신화에 빠지는 것이라고 지적한다.[34]

하지만, 종말론적 전망 모델로는 현재의 고난을 통해 미래의 소망을 공고히 할 수 있다는 면에서 유의미한 설명이지만, 고난 자체의 이유를 설명하거나 고난 문제를 해결해 주지는 못한다는 한계를 여전히 가지고 있다.

---

34 이승진, "대재앙에 대한 신정론 관점의 설교", 53-54.

3) 고통의 불가피성과 고난의 유익

앞에서는 고난을 설명하는 여섯 가지 모델을 살펴보았는데 각각의 모델들은 타당성을 가지고 있으면서도 하나같이 한계점이 있는 설명이다. 고통을 당하는 청중은 개인마다 혹은 그들이 경험하는 사건마다 상황이 다르다. 그러므로 설교자는 청중이 당하는 고통의 정황을 살펴서 각각의 경우에 적절한 모델로 고통의 의미를 적용함으로 청중이 지불한 고통이라는 대가보다 더 큰 유익을 누리도록 이끌 수 있을 것이다.

이를 위하여 필자는 '교육적인 고난의 모델'을 중심으로 고난의 유익을 좀 더 자세히 살피고자 한다. 이런 관점은 우선 신약 저자들로부터 지지를 받을 수 있으며 탁월한 설교자 중 한 사람인 팀 켈러로부터도 동의를 받을 수 있다.

환난과 고통의 의미를 설명하는 신약 저자 가운데 우선 야고보를 생각해 보자. 야고보는 여러 가지 시험을 만날 때는 언제나(ὅταν, whenever) 온전히 기쁘게 여기라고 격려한다. 왜냐하면, 믿음의 시련은 신자를 온전하게 만들어 주기 때문이다(약 1:2-3). 이와 같은 야고보의 설명에 따르면 신자가 온전하게 되는 데 있어 시련은 불가피한 것이 된다.

베드로 역시 신자를 연단하려고 오는 불 시험을 이상한 일을 당한 것처럼 이상하게 여기지 말라고 한다. 즉, 고난은 신자에게 없어야 하는 것인데 운 나쁘게 고난을 당한 일처럼 여기지 말라는 뜻이다. 오히려 그리스도의 고난에 참여하는 것으로 여기고 즐거워하라고 한다(벧전 4:12-13).

한편, 사도 바울은 고난이 신자를 연단하여 온전하게 만들어 주는 유익만이 아니라 천국의 영원한 영광을 이루게 해 준다고 설명한다. 그 영광을 생각하면 우리가 잠시 받는 고난은 가벼운(혹은 견디기 쉬운, ἐλαφρός) 것이라고 표현했다(고후 4:17). 고난이 천국의 영광을 이룬다면 신자에게 있어 고난은 불가피하다는 의미로 이해할 수 있다.

성경이 이렇게 말하고 있기에 종교 개혁자와 설교자들 역시 고난의 유익에 대해 역설(力說)하기를 주저하지 않는다. 팀 켈러는 고난이 이중적인 역할을 한다는 루터의 관점을 다음과 같이 소개한다.

> 고난에 맞서 이겨 내도록 도와줄 기쁨과 사랑을 얻기에 앞서, 고난은 우선 우리의 교만을 비워내게 해 준다. 무에서 유를 만드시는 것이 하나님의 속성이다. 그러므로 아직 완전히 비어 있지 않다면 주님은 거기서 아무것도 빚어내실 수 없다.[35]

그러므로 악과 고통이 존재함을 근거로 하나님의 존재와 선하심을 부정해서는 안 되며 오히려 고난의 유익을 바라보아야 한다.[36]

고난의 유익은 매우 다양하겠지만 팀 켈러가 소개하는 고난의 유익은 다음의 다섯 가지다.[37]

첫째, 고난은 자기 자신을 바라보는 시선을 바꿔 놓는다. 고난을 겪으면서 인간은 겸손하게 자신을 바라보게 된다. 그 결과 자기의 흠을 적극적으로 바꾸는 작업을 시작하게 된다.

둘째, 고난은 우리 삶의 여러 좋은 것을 대하는 태도를 완전히 바꾼다. 그 결과 고난을 당하기 전에는 알지 못했던 새로운 기쁨을 발견하게 해 준다.

셋째, 고난은 무엇보다 하나님과의 관계를 탄탄하게 만든다. C. S. 루이스도 말했듯이 형통할 때 하나님은 속삭이시지만, 고난 속에 있을 때는 확성기로 소리치시기 때문이다.

---

35 Keller, 『팀 켈러, 고통에 답하다』, 82-83.
36 Keller, 『팀 켈러, 고통에 답하다』, 142.
37 Keller, 『팀 켈러, 고통에 답하다』, 300-303.

넷째, 고난은 출구를 찾을 수 없는 막다른 길로 우리를 몰아 하나님께 기도할 수밖에 없게 만든다. 고난을 통해 우리는 하나님께 단단히 붙는 경험으로 상상을 뛰어넘는 주님의 사랑과 기쁨을 맛보게 된다.

다섯째, 고난을 통과하지 않고는 고통스러운 누군가를 위로할 수 없다. 어려움을 겪어보지 않으면 고난을 당하는 자의 슬픔을 완전히 이해할 수 없다. 하지만, 몸소 고난을 경험하면서 고통당하는 다른 사람에게 깊은 연민을 품게 된다.

이상으로 청중에게 설명할 고난의 의미와 유익을 살펴보았다. 그런데 설교자에게는 고통당하는 청중에게 고통의 의미를 해석해 주는 것뿐 아니라 고통을 당하는 청중(신자)에게 접근하는 태도와 방식 또한 매우 중요하다. 청중이 고통당하는 때에 설교자가 어떻게 다가가느냐 하는 것은 결국 그 청중이 그 설교자를 신뢰하고 그의 설교에 경청(傾聽)할 여부(與否)를 결정하게 한다.

그렇다면 설교자는 고통당하는 청중에게 어떻게 접근해야 할 것인가? 우선, 신정론에 대한 설명의 한계점을 확인한 후에 그 대안을 마련해 보기로 하겠다.

4. 신정론의 한계점과 타인의 얼굴

1) 신정론의 의의(意義)와 평가

앞에서 살펴본 고난을 이해하고 설명하는 여섯 가지 모델의 공통점은 고난에 대해 신정론(神正論) 혹은 변신론(辯神論)의 관점으로 접근한다는 사실이다. 신정론으로 번역되는 theodicy는 헬라어로 하나님을 뜻하는 θεός

와 의로움을 뜻하는 δίκη의 합성어로서 하나님의 정당함을 주장하는 이론이다. 다시 말하면, 신정론은 때로 무고한 자의 까닭 모를 고통이 존재함에도 불구하고 하나님은 여전히 선하시다고 설명하려는 논리이다. 신정론의 관점으로 볼 때 고통은 선을 더 두드러지게 하고 더 큰 선에 이바지하므로, 부분으로서의 고통은 전체로서는 선이 된다.

독일의 철학자 라이프니츠(G. W. Leibniz, 1646-1716)는 고통은 하나님의 심판 혹은 하나님의 섭리라는 입장에서 신정론을 주장했다. 라이프니츠는 어거스틴의 전통적인 입장에 서서, 하나님에 의해 창조된 세계를 "모든 가능한 세계 가운데 최상의 세계"로 이해했다. 그러므로 비록 세상에 고통과 불합리한 악이 존재함에도 불구하고 하나님은 선하시다는 신정론을 피력하려고 노력했다.[38]

선하신 하나님이 이 세상을 창조했음에도 이 세상에는 왜 악이 존재하는가?

이 질문에 대해 라이프니츠는 『변신론』에서 "악은 선의 허용된 결핍"이라는 해결책을 내어놓았다.[39] 라이프니츠가 『변신론』에서 표방하는 것은 "고통과 죄악이 존재하는 세계와 최선의 조화와 행복으로 구성된 세계는 양립 가능하다는 것이다. 신의 계산에 따르면 현존하는 악은 최선에 이르기 위한 수단일 뿐이다."[40]

그러나 이런 변신론의 설명에 대해 비판의 목소리도 있다. 강영안은 "변신론의 맥락에서는 인간의 고통이 실제로 절실한 현실적 문제로 취급되기보다는 신적 섭리와 계획의 한 부분으로 설명되어 버렸다"라고 지적

---

38 Gottfried Wilhelm Leibniz, *Essais de theodicee*, 이근세 옮김, 『변신론: 신의 선, 인간의 자유, 악의 기원에 관하여』(서울: 아카넷, 2014), 28-31, 441-50.
39 이상명, "라이프니츠: 변신론과 인간의 자유", 한국철학회, 『철학』 106 (2011/02): 55-56.
40 이상명, "라이프니츠: 변신론과 인간의 자유", 62-63.

하고 있다.⁴¹

프랑스의 한 비평가는 라이프니츠의 신정론에 대해 '낙관주의'라는 신조어를 만들어 평가했다. 그런데 막상 그 '낙관주의'에 대해 의심하게 된 계기는 학술적인 토론보다는 오히려 앞에서 언급한 리스본 대지진 때문이다.⁴²

2) 리스본 대지진과 신정론의 한계

리스본은 대서양에 면한 항구 도시로 포르투갈의 최대 도시이며 수도(首都)이다. 15세기 리스본은 해외 식민지에서 흘러 들어오는 재화로 인해 대도시로 급성장하여 서유럽에서 가장 아름다운 도시로 불렸으며 16세기에 전성기를 맞이했다. 그러나 이렇게 아름다운 리스본의 시가지와 건축물은 1755년 11월 1일 '리스본 대지진'으로 6일간 도시 전체가 불바다로 변하면서 도시의 3분의 2가 파괴되어 사라지게 되었다.⁴³

리스본 대지진 사건으로 말미암아 믿음이 좋은 신자에게 왜 다른 사람보다 더한 불행이 찾아오느냐 하는 의문과 함께 신정론이 비판에 직면했다. 그 이유는 리스본이 여타의 도시에 비해 상대적으로 경건한 도시였기 때문이다. 니콜라스 시라디(Nicholas Shrady)는 당시 리스본의 경건함을 다음과 같이 묘사한다.

> 12세기에 지어진 주교좌성당 외에도 교구 성당이 40군데가 넘었고, 공소가 121곳, 수도원이 90곳, 다양한 수도회들이 150곳이나 있었다. 리스본에

---

41 강영안, 『타인의 얼굴-레비나스의 철학』(서울: 문화과지성사, 2005), 210.
42 Nicholas Shrady, *(The)Last day : wrath, ruin, and reason in the great Lisbon Earthquake of 1755*, 강경이 옮김, 『운명의 날-유럽의 근대화를 꽃피운 1755년 리스본 대지진』(서울: 에코의서재, 2009), 142.
43 이문원, "옛 해양대국의 자취가 남아 있는 리스본", 국토연구원, 「국토」 340 (2010/02): 71.

서는 한 걸음 뗄 때마다 성당이나 노변의 십자가, 성모마리아를 볼 수 있었다. 그리고 당시 리스본 인구 25만 명 중 10퍼센트가 수도사였다.[44]

특히나 대지진이 발생한 1755년 11월 1일은 만성절(All Saints' Day)로서 교회력에서 엄격하게 지키는 축일로 이날 하루 모든 경제 활동은 중단되었다. 이날 아침 종소리가 울리자, 미사를 위해 길을 나선 인파로 리스본 거리가 북적이고 있었다.[45]

이처럼 경건했던 도시가 오전 9시 30분경에 시작된 첫 지진에 이어 몇 차례의 여진이 발생하자 25분이 채 안 되는 사이에 몇 세기에 걸쳐 건립된 리스본이 폐허로 변했다.[46] 그리고 오전 11시경, 지진이 발생한 지 90분 뒤에 발생한 해일은 채 5분도 되지 않는 짧은 시간에 모든 것을 휩쓸어갔다.[47] 대지진 사건으로 한순간에 사망한 인구는 약 4만 명에서 6만 명 정도로 추정되고 있다.[48]

리스본이 대지진 사건으로 충격적인 재난을 당한 이후 라이프니츠의 신정론에 상당히 우호적인 입장을 지니고 있던 볼테르까지도 생각을 완전히 반전시키는 결과를 가져왔다.[49]

이처럼 고난의 문제를 신정론만으로 설명하기에 곤란하다면 고난을 어떻게 이해하며 고난을 당하는 사람에게 어떻게 다가갈 수 있을까?

---

44 Shrady, 『운명의 날』, 18-19.
45 Shrady, 『운명의 날』, 21,
46 허호익, "리스본 대지진과 자연재해에 대한 신학적 쟁점," 122.
47 Shrady, 『운명의 날』, 30.
48 민병원, "재난의 정치학: 리스본 대지진과 근대국가에 대한 21세기적 성찰", 고려대학교 평화와민주주의연구소, 「평화연구」 28/2 (2020.10): 8.
49 민병원, "재난의 정치학: 리스본 대지진과 근대국가에 대한 21세기적 성찰", 11-12.

3) 타인의 얼굴과 대속의 고통

고통을 당하는 사람에게 설교자는 어떤 태도로 접근해야 하는가?
이 문제에 대하여 레비나스의 철학 "타인의 얼굴"과 "대속의 고통" 개념은 고통당하는 자에게 다가갈 한 돌파구를 열어 준다.

우선, 한 개인의 경험을 통해 고통당하는 청중에 접근하는 태도에 대해 생각해 보자. 강정훈 목사는 사랑하는 아내가 골수암으로 시작한 병이 난소암으로 전이되고 악화되어 5년간 투병하다가 '죽기에는 너무 아까운' 41세에 세상을 떠나는 슬픔을 경험했다. 수십 년이 지난 후에야 마음을 정리해서 입을 연 강정훈은 '아직도 아픈' 사람들을 위로하기 위해 당시 심정을 이렇게 전한다.

그가 슬픔에 빠졌을 때 믿음 좋은 사람들이 와서 사모님이 좋은 데 갔으니 슬퍼하지 말라고 말해 준 것은 도움이 되기는커녕 너무나 비인간적인 태도였다는 것이다. 그 외에도 울고 있는 미망인들에게 울지 말라고 비정하게 요구하는 것을 교회 안에서 흔히 볼 수 있는데 그것은 기독교가 아니라고 강정훈은 단호하게 말한다.[50]

그러면 고통당하는 청중에게 접근하는 바람직하고 성경적인 태도는 무엇인가?

프랑스의 유대교 철학자 에마뉘엘 레비나스(Emmanuel Levinas, 1906-1995년)는 두 차례의 세계 대전, 아우슈비츠 대학살 등 비극적인 사건들을 경험하면서 고통 가운데서도 하나님의 선한 뜻을 설명하려는 변신론은 그 설득력을 잃었다고 본다.

레비나스가 보기에 고통은 고통 그 자체로는 어떠한 쓸모도 없는 부정적인 경험에 불과하다. 레비나스는 나의 고통이나 타자의 고통 자체는 쓸

---

50 강정훈, 『내게 왜 이러세요?』, 78-80.

모없고 의미가 없으며 타자의 고통을 위한 나의 고통만이 의미가 있다고 주장한다.[51]

물론, 고통은 아무 쓸모없으며 그 속에 하나님의 선한 뜻을 찾을 수 없다는 레비나스의 주장은 다소 과격한 면이 있다. 하지만, 레비나스의 주장은 고통을 당하는 청중에게 어떻게 다가가야 하는지에 대해 설교자에게 중요한 통찰력을 제공한다.

고통받는 자가 '외부의 폭력'에 무력하게 노출된 채 나에게 도덕적 호소력으로 다가오는 윤리적 사건을 레비나스는 '타인의 얼굴'이라고 부른다. '타인의 얼굴'은 존재 자체를 통해 나에게 호소하고 윤리적 의무를 일깨운다.

이처럼 타인의 얼굴이 자기 스스로 내보이는 방식을 레비나스는 '계시'라고 부른다.[52] 레비나스가 여기서 '계시'라는 종교적 언어를 사용한 까닭은, 얼굴의 현현은 나 자신의 노력을 통해 나타나는 것이 아니라 자기 스스로 나타나는 절대적 경험이라는 것을 강조하기 위한 것이다.

얼굴은 나의 입장과 위치와 상관없이 스스로 자기를 표현하는 가능성이다. 이처럼 타인의 얼굴이 계시로 다가올 때 필요한 것은 대속의 고통을 나눌 의무가 있다는 것이 레비나스의 주장이다. 이때 중요한 것은 타인에 대한 나의 이성적 판단이 아니라 감성이라는 사실을 레비나스는 다음과 같이 표현한다.

> 나에게 질책하고 호소하는 타자의 저항을 대할 때, 나는 누구로부터도 침해받을 수 없는 나의 행복을 스스로 포기하지 않을 수 없다. 그것은 타자에 대한 나의 책임이며 나의 의무이기 때문이다.[53]

---

51 강영안, 『타인의 얼굴-레비나스의 철학』, 227.
52 강영안, 『타인의 얼굴-레비나스의 철학』, 148.
53 강영안, 『타인의 얼굴-레비나스의 철학』, 152.

고통받는 자는 감당할 수 없는 고통으로 인해 신음하고 울부짖게 되는데, 여기서 타인의 도움에 대한 근원적 요청이 발생한다는 것이다. 이러한 요청에 응답하여 그 사람을 위해 자기의 향유를 포기할 때, 비로소 타인에 대한 관계, 즉 인간 상호 간의 윤리적 전망이 열리게 된다. '나'는 이러한 의무를 기꺼이 받아들이고, '그'를 환대해야 한다. 심지어 레비나스는 '나'는 내가 기억할 수도 없는 먼 과거에 벌써 타자를 위한 책임적 존재로 세워졌다고 한다.

마치 예수 그리스도가 그러했던 것처럼, 내가 타인을 대신해서 타인의 자리에 세워지는 일을 레비나스는 대속이라고 한다. 대속은 문자 그대로 '자리 바꿔 세움 받음'이다. 여기서 나의 위치가 수동적이라는 것이 중요하다.[54]

이처럼 레비나스는 고통이 담긴 타인 얼굴의 현현 앞에서 타인의 고통을 자신의 고통으로 수용함으로써 고통의 문제에 대해서 합리적인 추론에서 벗어나 인간 상호 간의 책임의 윤리적인 접근을 강조한다. 이런 면에서 레비나스는 고통당하는 청중에게 다가가는 중요한 접근 방법을 제공하고 있다.

이상으로 고통당하는 청중을 위한 설교자의 태도에 대해 알아보았다.

그렇다면 설교자는 고통당하는 청중에게 어떻게 설교해야 하는가?

설교자는 먼저 청중이 당하는 고통이 어떤 모델에 해당하는지 세심하게 분석하여 접근할 필요가 있다. 그리고 고통은 그 누구도 원하지 않지만, 고통을 통해서 받을 수 있는 유익을 청중이 놓치지 않도록 고통의 의미를 설명할 필요가 있다.

하지만, 이때 설교자는 욥의 친구들과 같이 훈계하는 자의 자리에 아닌 고통당하는 청중과 '자리바꿈'의 과정을 통해 고통 중에 있는 청중을 체휼(體恤)하고 위로할 필요가 있다. 그럴 때 청중이 고통을 통해 신앙 성숙의

---

54 강영안, 『타인의 얼굴-레비나스의 철학』, 186.

자리로 나아가고 그리스도 재림으로 완성될 고통 없는 나라에 대한 소망을 든든히 세우는 유익을 얻을 수 있을 것이다.

5. 나가는 말

이상으로 고통의 문제를 어떻게 이해할 것이며 또 고난을 겪고 있는 청중에게 설교자가 어떻게 다가갈 것인가에 관하여 살펴보았다.

청중이 고난을 겪을 때 그리고 그 고난이 스스로 감당하기 힘들거나 장기화할 때, 다윗처럼 하나님이 왜 응답하지 않으시는지 궁금해하거나 모세처럼 소망을 잃어버릴 수도 있다. 하지만, 이럴 때 하나님은, 침묵하시는 하나님을 대신하여 말하라고 설교자에게 사명을 주신 것이다. 예컨대 아스머 교수가 경험했듯이 설교자가 고난의 의미를 설명하며 하나님의 섭리를 일깨워주면 신자는 잠시 방황하던 자리에서 돌아와 언약 백성의 정체성을 회복할 수 있다.

설교자가 이런 역할을 잘 감당하기 위해서는, 고난을 해석하는 여러 모델을 잘 이해하고 있어서 신자가 겪고 있는 개별적인 고난 사건을 설명하는데 어느 유형이 적절할지 잘 분별하여 적용할 수 있어야 한다. 그렇게 할 때 당장은 고난이 아프고 힘들지만, 신자의 성숙에 고난이 불가피함과 결국에는 고난이 유익임을 받아들여 하나님께 한 걸음 더 다가갈 수 있게 될 것이다.

이런 사역을 감당하는 설교자에게 고난을 설명하는 모델들을 잘 이해하는 지식 못지않게 중요한 사실은 고난을 겪고 있는 청중에게 다가가는 태도다. 우리 하나님은 언제나 옳으시다는 신정론의 주장을 강조하느라 자칫 고난을 겪는 신자를 더 고통스럽게 하는 실수를 범하지 않기 위해서는 체휼(體恤)하는 마음이 중요하다. '타인의 얼굴'이 '계시'라고 하는 레비나스의 설명은 설교자가 청중을 향해 체휼하는 마음을 가지는 데 요긴한 조언이 될 수 있을 것이다.

참고 문헌

강영안. 『타인의 얼굴-레비나스의 철학』. 서울: 문화과지성사, 2005.
강정훈. 『내게 왜 이러세요?』. 서울: 두란노, 2021.
곽성순. "코로나19 백신 부작용으로 인한 사망 '1건' 추가". 「청년의사」 인터넷신문 (2021.7.26.) 접속 2021.08.05.
민병원. "재난의 정치학: 리스본 대지진과 근대국가에 대한 21세기적 성찰." 고려대교 평화와민주주의연구소. 「평화연구」 28/2 (2020.10). 5-38.
박영범. "신정론과 하나님의 고난: 신정론 문제의 응답으로써 하나님 고난이 주는 의미." 한국조직신학회. 「한국조직신학논총」 33 (2012), 243 - 279.
박영식. "나는 전능하신 하나님을 믿습니다." 한국기독교학회. 「한국기독교신학논총」 88/1 (2013/07). 85-112.
옥한흠. 『고통에는 뜻이 있다』. 서울: 국제제자훈련원, 2010.
이문원. "옛 해양대국의 자취가 남아 있는 리스본." 국토연구원. 「국토」 340 (2010/2), 70-75.
이상명. "라이프니츠: 변신론과 인간의 자유." 한국철학회. 「철학」 106 (2011/2),
이승진. "고난과 하나님의 섭리에 관한 설교". 한국복음주의실천신학회. 「복음과실천신학」 35 (2015), 70-75.
_____. "대재앙에 대한 신정론 관점의 설교". 한국복음주의실천신학회. 「복음과실천신학」 29 (2013), 70-75.
_____. "청중에 대한 설교학적 이해" 한국복음주의실천신학회. 「복음과 실천신학」 6 (2003), 60-86.
_____. "해석학적 실재론에 근거한 성경 해석과 설교 메시지의 전달 과정에 관한 연구." 한국복음주의실천신학회. 「복음과 실천신학」 54권 (2020), 198-231.
허호익. "리스본 대지진과 자연재해에 대한 신학적 쟁점". 대전신학대학교. 「신학과문화」 21 (2012), 119-144.

홍치모. "C. S. 루이스의 생애와 사상 – 루이스의 작품과 신념 세계". 「신학지남」 65/3 (1998/9), 203-216.

Benjamin, Walter. Uber Sprache uberhaupt und uber die Sprache des Menschen. 최성만 옮김. 『언어 일반과 인간의 언어에 대하여-번역자의 과제』. 서울: 길, 2008.

Frankl, Viktor E.. *Man's Search for Meaning : An Introduction to Logotherapy*. 정순희 옮김. 『죽음의 수용소에서』. 서울: 제일출판사, 2000.

Gire, Ken. *(The)north face of God: hope for times when God seems indifferent*. 마영례 옮김. 『하나님의 침묵』. 서울: 디모데, 2006.

Keller, Timothy. *Walking with God through pain and suffering*. 최종훈 옮김. 『팀 켈러, 고통에 답하다』. 서울: 두란노서원, 2018.

Leibniz, Gottfried Wilhelm. *Essais de theodicee*, 이근세 옮김. 『변신론: 신의 선, 인간의 자유, 악의 기원에 관하여』. 서울: 아카넷, 2014.

Lewis, C. S. *(The) Problem of pain*, 김남식 옮김. 『고통의 문제』. 서울: 크리스천서적, 2001.

Osmer, Richard Robert. *Practical theology : an introduction*, 김정형 김현애 옮김. 『실천신학의 네 가지 중심 과제』. 서울: 예배와설교아카데미, 2012.

Shrady, Nicholas. *(The)Last day : wrath, ruin, and reason in the great Lisbon Earthquake of 1755*, 강경이 옮김. 『운명의 날-유럽의 근대화를 꽃피운 1755년 리스본 대지진』. 서울: 에코의서재, 2009.

[고난 설교 샘플]

저한테 왜 이러세요?
히브리서 12:4-13

지난주에 귀한 부부와 식사를 했습니다. 식사 중에 대화를 나누다가 옛날에 제가 힘든 일을 겪었던 이야기가 나왔습니다. 제가 그 당시에 상당히 부당하고 억울한 대우를 받은 이야기며, 그런 상황을 잘 이겨낸 이야기를 하게 되었습니다. 그런데 이 이야기를 하는데 옆에서 듣던 부인이 눈물을 닦기 시작했습니다. 무슨 일인지 눈치를 살피는데 저와 대화하던 분이 대뜸 말했습니다.

"오늘 제가 목사님을 위로해 드리고 싶어서 만났는데 오히려 해답을 얻게 되었습니다."

제가 설교를 한 것도 아니고 그냥 이야기만 하고 있었는데 은혜 받고 해답을 얻었다는 것은 먼저는 하나님의 은혜이고, 그다음은 그분이 은혜받을 준비가 되어 있었던 것입니다. 대화 중에 성도가 해답을 얻는 이런 일은 목사로서 최고의 기쁨이고 감사한 일입니다.

제가 자주 그렇게 쓰임 받으면 얼마나 좋을까요?

또한, 여러분도 누구와 대화하는 중에 하나님의 음성이 들리고 문제를 해결 받는 은혜를 받기를 바랍니다. 특히, 오늘 말씀을 듣는 중에 여러분도 인생의 문제를 해결 받게 되기를 축원합니다.

[고난 설교 샘플]

사실 그분은 문제가 많은 분이 아니고 가정적으로나 사회적으로 모범적인 신자입니다. 부부의 금실도 좋고, 교회에서나 직장에서 인정받는 분입니다. 자녀의 믿음도 정말로 좋고 건실하게 자랐습니다. 이분의 인품을 보면 누구와 불편할 일이 없는 분이고 얼굴을 봐서는 어떤 문제로 고민할 것 같지 않은 분입니다.

그렇게 신실한 신자에게 왜 눈물을 흘릴 만큼 마음 아프고 힘든 일이 있을까요?

그런데 믿음 좋은 신자에게 각종 고난이 오는 것은 사실 이상한 일이 아닙니다. 베드로도 신자에게 찾아오는 불 시험을 너희를 연단하려고 오는 것이라고 규정하면서 이상한 일처럼 생각하지 말라고 했습니다. 오히려 예수님의 고난에 참여하는 것을 즐거워하라고 했습니다.

> 사랑하는 자들아 너희를 연단하려고 오는 불 시험을 이상한 일 당하는 것 같이 이상히 여기지 말고, 오히려 너희가 그리스도의 고난에 참여하는 것으로 즐거워하라. 이는 그의 영광을 나타내실 때에 너희로 즐거워하고 기뻐하게 하려 함이라(벧전 4:12-13).

믿음 좋은 신자가 당하는 고난에 대하여 히브리서는 상당히 독특한 관점으로 설명해 주십니다. 오늘의 본문, 히브리서 12장에서는 신자가 당하는 고난을 하나님의 징계라고 설명합니다. 본문에는 '징계'라는 말이 명사와 동사를 합쳐서 여덟 번 사용되었습니다.

제가 히브리서가 독특하다고 한 데는 따로 이유가 있습니다. 일반적으로 징계라고 하면 무엇인가를 잘못해서 벌을 받는 개념입니다. 물론, 때로는 우리가 죄를 짓고 징계를 받을 때도 있습니다. 그런 징계는 우리가 죄를 깨닫고 회개하게 합니다. 그러므로 어떤 징계가 올 때는 우선적으로 내가 무슨 죄를 지었는지 돌아보고 회개하는 것이 필요합니다.

하지만, 히브리서가 말하는 징계는 어떤 죄를 벌주는 것과는 다릅니다. 그 당시 히브리인 성도들은 유대교인 지도자의 박해를 받아 고통을 받고 있었습니다. 당시 크리스천들은 예수님을 버리고 유대교로 돌아오라는 압력을 받고 있었습니다.

이런 박해는 얼마 후에 하나님을 버리고 황제를 신으로 섬기라고 하는 박해로 이어졌습니다. 로마 시대에는 네로 황제나 도미티아누스 황제 같은 박해자들에 의해 많은 성도가 순교했습니다.

그 후 종교개혁 시대에는 개신교를 버리고 가톨릭으로 돌아오라는 박해가 있었습니다. 대표적으로 영국의 청교도들과 프랑스의 위그노들이 많은 박해를 당했습니다. 오늘날도 전 세계 이슬람 국가들과 공산당 치하에서 박해는 계속 이어지고 있습니다. 북한은 전 세계 1위 기독교 박해의 나라입니다. 우리나라처럼 자유로운 나라에는 박해는 없지만 예수 믿는다는 이유로 여러 가지 손해를 보고 있습니다.

그런데 히브리서는 이런 모든 박해와 고난을 특이하게도 '징계'라고 합니다. 혹시 이 단어가 번역이 잘못된 것은 아닐까요? 징계로 번역된 헬라어 단어는 파이데이아(παιδεία)인데 교육, 양육, 훈련, 훈계, 징계 등의 뜻을 가지고 있습니다. 똑같은 단어 파이데이아(παιδεία)가 에베소서에도 사용되었는데 여기서는 '교훈'으로 번역되었습니다.

또 아비들아 너희 자녀를 노엽게 하지 말고 오직 주의 교훈과 훈계로 양육하라(엡 6:4).

그러니까 여기서 말하는 징계는 어떤 잘못에 대하여 벌주는 것이 목적이 아니라 올바르게, 건실하게 세우는 훈련이 목적입니다. 만일, 여러분이 신앙생활을 잘하고 있고 딱히 잘못한 것도 없는데 고난을 겪는다면 "하나님, 저한테 왜 이러세요?"라고 말하고 싶을 것입니다. 하지만, 그 고난을

[고난 설교 샘플]

잘 이기면 복이 되는 줄 믿으시기를 바랍니다.

하지만, 그게 쉽지는 않습니다. 그래서 본문에서는 사람들이 징계를 감당하기 힘든 이유와 그 징계를 감당해 내면 주어질 유익을 함께 말씀하면서 우리에게 징계를 이겨내라고 격려하고 있습니다.

우리가 징계를 감당하기 힘들어하는 이유는 무엇일까요?

그 이유는 다음과 같습니다.

첫째, 죄와 싸우되 피 흘리기까지 대항하지 않기 때문입니다(4절).

피를 흘린다는 말은 순교를 의미합니다. 11장에서 나열한 믿음의 사람 가운데 여러 사람이 믿음을 따라 살기 위하여 때로는 목숨을 걸었고 때로는 인생을 던졌습니다. 또, 12:1에서 말한 구름같이 둘러싼 허다한 증인 가운데 수많은 사람 역시 순교를 당하면서 믿음을 지켰습니다. 이렇게 목숨을 거는 사람을 일컬어 세상이 감당하지 못하는 사람이라고 부릅니다(11:38).

세상에서 가장 무서운 사람이 목숨 걸고 덤비는 사람입니다. 故 옥한흠 목사님의 제자 훈련 세미나에 가면 첫 번째 강의가 바로 광인론(狂人論)입니다. 미치면 성공할 수 있고, 미친 사람은 아무도 감당하지 못한다는 뜻입니다.

그런데 광인론(狂人論)보다 강력한 것은 故 이중표 목사님의 별세(別世) 신학입니다. 목숨 걸고 주님을 따르면 세상이 감당하지 못할 뿐 아니라 세상의 모든 유혹이나 박해를 이겨낼 수 있다는 말씀입니다.

그러다 진짜 죽으면 어떻게 될까요? 제가 보니까 그렇게 안 해도 어차피 다 죽던데요. 그리고 그렇게 한다고 다 죽지 않던데요. 목숨 걸고 예수님 믿거나, 죽을까 봐 두려워서 피해 다니거나 사람은 죽을 때 되면 다 죽어요. 그리고 사람은 죽을 때가 되어야 죽어요.

믿음을 지키기 위해 목숨을 거는 사람에게 예수님은 "네가 죽도록 충성하라 그리하면 내가 생명의 관을 네게 주리라"(계 2:10)라고 약속하셨습니다.

그러므로 피 흘리기까지 싸우면 이길 수 있습니다. 믿음을 지키고 말씀대로 살기 위해 목숨을 걸면 유혹이든 박해든 다 감당할 수 있음을 믿으시기를 바랍니다.

둘째, 권면의 말씀을 잊었기 때문입니다(5절).

5-6절에 인용된 말씀은 잠언 3:11-12의 말씀입니다.

> 내 아들아 여호와의 징계를 경히 여기지 말라. 그 꾸지람을 싫어하지 말라. 대저 여호와께서 그 사랑하시는 자를 징계하시기를 마치 아비가 그 기뻐하는 아들을 징계함 같이 하시느니라(잠 3:11-12).

잠언은 구약성경이고 구약은 히브리어로 기록되었습니다. 신약에서 징계는 헬라어 파이데이아(παιδεία)가 쓰였고 그 뜻은 교육, 양육, 훈련, 훈계, 징계 이런 뜻인데 히브리어에서는 무슨 단어로 쓰였을까요? 잠언에서 징계는 무사르(מוּסָר)라는 단어가 쓰였는데 그 뜻은 훈계, 징계, 교훈 등을 의미합니다. 결국 구약과 신약에서 비슷한 단어를 사용했습니다.

히브리서 12:5에서 말하는 핵심은 이미 지혜의 책 잠언에서 징계에 관한 교훈을 주셨는데 그 교훈을 잊어버렸기에 지금 징계를 감당하기 힘들어한다는 말씀입니다. 우리에게는 잠언도 있고 히브리서도 있으므로 더욱 잘 기억할 수 있습니다.

자, 그렇다면 우리가 특별히 잘못한 것도 없으면서 목숨을 걸고 징계를 감당해야 하는 이유는 무엇일까요?

다시 말하면, 부당한 징계, 억울한 징계, 고통스러운 징계를 감당하면 무슨 유익이 있을까요?

이것을 대답하기 전에 먼저 여러분은 하나님을 믿으시기를 바랍니다. 선하시고 지혜로우신 하나님의 절대로 손해 되는 것은 주지 않는 것을 믿으시기를 바랍니다.

어릴 때 어머니가 종종 이런 말씀을 하셨습니다.

"내가 너한테 손해 되는 것 시키겠니?"

어떤 어머니도 아들에게 손해될 것을 시키지 않습니다. 그래서 우리는 어머니 말씀을 듣습니다. 아버지의 명령을 따릅니다. 물론, 부모님은 사람인지라 아들을 위해 좋은 것이라고 시켰다가 실수로 잘못될 수도 있습니다. 하지만, 우리 하나님은 우리에게 실수로 나쁜 것을 주시지 않습니다.

비록 인간적인 한계가 있어도 우리는 부모님을 공경하고 그 말씀에 순종합니다. 그런데 영의 아버지, 하나님의 명령에 복종하고 징계를 달게 받는 것이 마땅하지 않겠습니까? 그것이 바로 9-10절에서 하시는 말씀입니다.

그래서 예수님은 이렇게 말씀하셨습니다.

> 너희가 악한 자라도 좋은 것으로 자식에게 줄 줄 알거든 하물며 하늘에 계신 너희 아버지께서 구하는 자에게 좋은 것으로 주시지 않겠느냐?(마 7:11).

그러므로 여러분은 이렇게 고백하시기를 바랍니다.

"하나님이 주시는 것은 다 선합니다."

비록 그것이 징계일지라도 하나님이 주시는 것은 우리에게 필요하고 유익해서 주시는 것을 믿으시기를 바랍니다. 여러분이 생각할 때 자기 실수도 아니고 죄도 아닌데 억울하고 부당한 일을 당한다면 그것이 바로 하나님의 징계입니다. 그 징계는 유익하고 복된 것입니다.

이제 징계의 유익을 말씀드리겠습니다.

첫째, 징계는 하나님의 거룩함에 참여하게 하시는 것입니다(10절).
여러분의 가장 큰 소원은 예수님처럼 되는 것일 것입니다.
그래서 이렇게 노래하죠.

> 내 모든 소원 기도의 제목 예수를 닮기 원함이라.
> 예수의 형상 나 입기 위해 세상의 보화 아끼잖네.
> -찬송가 452장 〈내 모든 소원 기도의 제목〉 중에서-

그런데 예수님을 닮아 거룩하게 되는 방법이 바로 징계입니다.
둘째, 징계는 의와 평강의 열매를 맺게 합니다(11절).
사람은 누구나 의로운 열매 맺기를 원합니다. 하지만, 징계를 받지 않으면 불의의 열매를 맺게 됩니다.
다윗의 아들 가운데 다윗이 한 번도 '너 도대체 왜 그랬니?'라고 나무란 적이 없는 아들이 있었습니다. 그의 이름은 '아도니야'인데 뜻은 "나의 주님은 여호와이시다"입니다. 그런데 칭찬만 받고 자란 아도니야는 다윗이 늙자, 반란을 일으켰습니다. 압살롬에 이은 두 번째 왕자의 난이었습니다. 그 반란은 다윗이 솔로몬을 왕으로 세움으로 평정되었지만 아도니야는 끝내 야심을 버리지 못하다가 솔로몬에게 처형당했습니다. 이처럼 칭찬만 받고 징계를 받지 않은 아도니야는 의의 열매를 맺지 못하고 불의의 열매를 맺었습니다. 그러므로 여러분이 의의 열매 맺기를 원한다면 징계를 감사히 받고 당당히 이겨내시기를 바랍니다.

오늘 주신 4-13절의 말씀 가운데 핵심은 한가운데 있는 8절입니다. 8절을 한마디로 요약하면 '너희는 친아들이므로 징계를 잘 견디어라' 하는 말씀입니다. 이것이 바로 "하나님, 저한테 왜 이러세요?"라는 여러분의 질문에 대한 하나님의 대답입니다.

[고난 설교 샘플] 121

이제 우리는 이 믿음과 고백으로 이렇게 찬양합시다.

나의 등 뒤에서 나를 도우시는 주
나의 인생길에서 지치고 곤하여
매일처럼 주저앉고 싶을 때 나를 밀어주시네
일어나 걸어라 내가 새 힘을 주리니
일어나 너 걸어라 내 너를 도우리
-CCM 〈나의 등 뒤에서〉-

제4장

복음의 사사화 문제와 신앙공동체 활성화

1. 들어가는 말

설교는 반드시 청중을 대상으로 하며 설교자가 전하는 메시지는 반드시 청중의 변화를 목표로 한다.

그렇다면 설교자가 청중을 향해 기대하는 변화의 바람직한 목표는 무엇인가?

이는 다니엘 M. 도리아니(Daniel M. Doriani)가 말하는 적용의 네 가지 측면 가운데 '목표'의 차원에서 고찰해 볼 수 있다.

도리아니는 적용의 네 가지 측면을 다음 네 가지로 구분한다.

① **의무**: 나는 무엇을 해야 하는가에 대해 답한다.
② **성품**: 나는 어떻게 하면 옳은 일을 추구할 수 있는가에 대해 답한다.
③ **목표**: 우리가 무엇을 추구해야 하는가에 대해 답한다.
④ **분별력**: 우리가 어떻게 옳고 그름에 대해 판단할 수 있는가로 구분한다.[1]

---

[1] Daniel M. Doriani, *Putting the truth to work : The Theory and practice of biblical application*, 정옥배 옮김, 『적용, 성경과 삶의 통합을 말하다』 (서울: 성서유니온, 2011), 133.

도리아니가 말하는 적용의 네 가지 측면 가운데 의무와 성품은 '나'라는 개인이 주체자이지만 세 번째의 '목표'는 '우리'라는 공동체가 주체자들이다. 그러므로 설교의 목표는 개인의 성품이나 가치관의 변화만이 아니라 공동체의 변화와 성숙을 지향한다고 할 수 있다.[2]

정리하자면, 청중에게 설교 메시지를 전하는 궁극적인 목표는 청중의 성경 지식이 커지는 것이나 개인의 경건 생활을 추구하는 것에 머물지 않는다. 설교는 반드시 신앙공동체가 성숙하고 성장하는 것을 목표로 한다.

그렇다면 설교를 통하여 신자 개개인의 경건 생활만 추구하는 복음의 사사화가 아닌 신앙공동체의 활성화와 성숙을 이루는 효과적인 방안은 무엇인가?

설교를 통한 신앙공동체 활성화를 이루는 방안으로 필자는 '5단계 로고스의 맥락화' 가운데 제5단계인 "로고스의 공동체적 맥락화" 관점으로 설교의 목표로 설명하려고 한다. 왜냐하면, 현대의 청중이 하나님의 거대한 구속 역사의 연장선에 있는 존재라는 사실을 확신하도록 하기 위해서는 그러한 정체성을 담은 내러티브를 제공함으로 눈앞에 보이는 신앙공동체의 내러티브를 확보하도록 할 수 있기 때문이다. 그리고 그런 공동체의 내러티브는 공동체의 집단기억이 되어 청중이 '지금 여기에서' 하나님의 나라를 구현하도록 만들 것이다.

---

2   Doriani, 『적용, 성경과 삶의 통합을 말하다』, 149.

2. 복음의 사사화와 가현설적인 설교

1) 5단계 로고스의 맥락화와 신앙공동체

설교를 통한 신앙공동체 활성화 방안은 '5단계 로고스의 맥락화' 가운데 제5단계인 '로고스의 공동체적 맥락화' 관점으로 설명할 수 있다. 이를 위해서는 먼저 "5단계 로고스의 맥락화"가 무엇인지 살펴보자.

이승진 교수에 의하면 영원한 하나님의 말씀이 특정 상황에 속해 있는 독자와 청중에게 선포되고 성취되는 과정은 '5단계 로고스의 맥락화'로 설명할 수 있다. 로고스의 맥락화(logos contextualization)란 영원한 하나님의 말씀이 특정 시대에 속한 언약 백성들에게 선포될 때 청중이 그 말씀을 하나님의 진리로 받아들이는 과정을 통해 거룩한 삶을 살아가는 전체 과정을 의미한다.[3]

'5단계 로고스의 맥락화'는 다음과 같다.

- 제1단계: 과거에 발생한 구속 사건과 계시의 말씀이 주어지는 단계
- 제2단계: 성령의 감동을 통해 선지자와 사도들이 성경을 기록하는 단계
- 제3단계: 설교자가 성령의 감동을 통해 성경을 해석하는 단계
- 제4단계: 설교를 통해 메시지를 전달하며 청중이 그 메시지를 받아들이는 단계
- 제5단계: 선포된 말씀을 통해 청중이 말씀에 순종하는 삶을 살며 신앙공동체를 형성해 가는 단계[4]

---

3 이승진, "해석학적 실재론에 근거한 성경 해석", 「복음과실천신학」 54 (2020): 206.
4 이승진, "해석학적 실재론에 근거한 성경 해석", 207.

제1부 제4장 복음의 사사화 문제와 신앙공동체 활성화   125

이러한 '5단계 로고스의 맥락화' 가운데 가장 중요한 단계는 청중이 말씀에 순종하는 삶을 사는 마지막 단계이다. 왜냐하면, 이것이 성경 기록과 설교 메시지 선포의 궁극적인 목표이기 때문이다. 그런데 말씀에 순종하는 삶이란 신자 개개인만이 아니라 신앙공동체가 말씀에 순종하는 모습을 통해서 나타난다. 그러므로 설교자의 중요한 역할 가운데 하나는 회중의 귀에 '들리는 말씀'을 선포하여 그 말씀이 신앙공동체 안에서 회중의 눈에 '보이는 말씀'으로 성취되도록 하는 것이다.[5]

2) 개인주의의 출현과 개인주의적 설교 현상

앞에서 서술한 바와 같이, 선포된 말씀에 순종하는 삶이란 신앙공동체 안에서 실현되는 것이다. 그런데도 오늘날 교회의 상황을 보면 말씀 선포를 통해 공동체가 실현되기는커녕 공동체의 속성이 점점 희박해지고 개인주의가 팽배한 실정이다. 개인주의가 팽배한 오늘날의 교회에 대하여 랜지 프레지(Randy Frazee)는 신앙공동체가 아니라 개인들의 집합체가 되어버렸다고 묘사한다.[6] 프레지는 알렉스 토크빌(Alexis de Tocqueville)의 말을 인용하면서, 19세기 중엽까지는 개인주의라는 말조차 없었다고 한다. 하지만, 자신들의 필요를 위해 개인주의라는 표현을 만들어 낸 현대인들은 오늘날에는 어느 집단에도 속하지 않은 솔로 사피엔스(*solo sapiens*)가 되어 버렸다는 것이다.[7]

이와 같은 현대인들의 개인주의적 현상은 설교에도 영향을 미쳐 1970년대에 등장한 신설교학 운동에서는 설교 본문이나 설교자의 권위보다 설

---

5   이승진, "해석학적 실재론에 근거한 성경 해석", 221-22.
6   Randy Fraze, *The Connecting Chuech*, 차성구 옮김, 『21세기 교회 연구: 공동체』(서울: 좋은씨앗, 2003), 48.
7   Fraze, 『21세기 교회 연구: 공동체』, 47.

교를 받아들이는 개인을 더 중요시하는 결과를 초래했다. 1971년, 프레드 B. 크래독(Fred B. Craddock)의 『권위 없는 자처럼』(*As One Without Authority*)에서 촉발된 신설교학 운동의 관심사는 청중의 자발적인 청취를 가능케 하는 메시지 전달 방법이다. 크래독은 전통적인 설교의 문제점을 너무 권위적이고 청중이 설교에 동참하도록 초청하지 않는 것이었다고 지적한다. 그러므로 청중의 자발적인 청취가 가능하도록 설교해야 한다는 것이 크래독의 강조점이다.[8]

하지만, 그처럼 신설교학에서 청중의 실존적인 문제를 중시한 결과는 점점 더 개인주의 설교가 심화한 것이다. 이런 현상에 대하여 문상기는 청중 참여와 청중의 경험을 창출하는 데 치중한 신설교학으로 말미암아 기독교 신앙에서 자칫하면 하나님의 말씀은 사라지고 개인적 체험만 남게 될 위험성을 가진다고 지적한다.[9]

3) 복음의 사사화와 가현설적인 설교 현상

이상과 같이 기독교 신앙이 개인의 체험 영역에 머물게 된 결과 한국 교회는 어떤 상황이 되었는가?

이승진 교수는 21세기 한국 교회의 설교 사역에서의 가장 심각하고 치명적인 문제를 다음 세 가지로 압축한다.

첫째, 종교적인 세속화에 따른 설교의 사사화 문제이다.
둘째, 가현설적인 설교 메시지의 범람이다.

---

[8] Fred B. Craddock, *As One without Authority*, 김운용 옮김, 『권위 없는 자처럼』 (서울: 예배와설교아카데미, 2003), 110.
[9] 문상기, "신 설교학 이후에 나타난 현대설교의 동향과 과제", 침례신학대학교 출판부, 『복음과실천』 53/1 (2014. 05): 227.

셋째, 그에 따른 신자들의 영적 정체성 혼란, 또는 영적 정체성 상실의 문제이다.

이승진 교수가 말하는 가현설적인 설교(docetic sermon)란 무슨 의미인가? 이는 곧 가현설의 논리가 반영된 설교를 가리킨다. 가현설(docetism)이란 영지주의자 말시온(Marcion) 등의 주장으로서 순수한 영이신 예수 그리스도는 육체로 오신 것처럼 보일(δοκέω) 뿐이며 실제로는 참된 인간의 몸을 가지지 않았다는 주장이다.[10] 이러한 가현설의 논리가 반영된 가현설적인 설교란 설교자가 메시지를 선포할 때 그 적용점을 신자들이 살아가는 가정과 직장 등 삶의 자리에서 실천할 말씀이 아니라 신자들의 관념 속에만 적용하도록 선포하는 설교다. 이러한 현상은 복음의 사사화의 자연스러운 결과이다.

가현설적인 설교와 복음의 사사화의 문제는 국가의 필수 3요소와 비교해서도 설명할 수 있다. 하나의 국가가 존재하려면 반드시 국민과 영토 그리고 주권의 3요소가 필수적이다. 이 세상에서 통치의 주체인 주권과 통치의 대상인 국민만 있고 통치할 장소인 영토가 없는 나라는 생각할 수 없다. 하나님의 나라 역시 하나님의 주권적인 통치와 통치의 대상인 신자들 그리고 그 신자들이 하나님의 말씀을 실천하는 영역으로서의 신앙공동체라는 3요소가 필요하다. 하지만, 그동안 한국 교회는 하나님 나라의 3요소 가운데 하나님의 주권을 지나치게 강조해 온 경향이 있었다. 그러한 강조점이 생겨난 원인은 아마도 교회 성장을 목표로 가시적 지역교회에 관한 관심이 편중되었다고 판단하여 우주적 하나님의 통치가 중요함을 강조하려는 의도에서 나왔을 것이다.[11]

---

10 유태엽, "말시온의 초기 기독교에 대한 영향력 재고", 감리교신학대학교, 「신학과세계」 86 (2016/06): 20.
11 최동규, "참된 교회의 성장을 위한 선교적 교회론", 한국복음주의실천신학회, 「복음과

하지만, 그런 강조의 결과는 역으로 신앙공동체를 등한시하고 하나님과 신자의 1대 1의 관계에 몰두하는 가현설적인 설교에 치중하는 부작용을 불러왔다. 한국 교회가 긴 기간 가현설적인 설교에 몰두한 결과는 신자들이 선포된 말씀을 개인의 심리에만 적용할 뿐, 그 말씀을 신앙공동체에 실현하고 가정과 직장 등의 생활 현장에서 순종을 통해 하나님 나라를 실현하는 것을 등한히 하는 현상이다. 이것이 바로 개인주의 신앙 혹은 복음의 사사화의 문제이다.

복음의 사사화 문제는 코로나19 팬데믹으로 인해 일명 비대면 예배를 드리면서부터 더욱 심화되었다. 코로나 팬데믹 기간 동안 한국 교회는 목사가 친히 신자에게 교회당에 집합하지 말고 각 가정에서 영상을 통해 예배에 참여하도록 안내하는 슬픈 상황이 발생했다. 그 결과 신자들은 개인 예배에 익숙해져 버렸고 한번 시작된 영상 예배는 포스트 코로나 시대에도 사라지지 않고 대면 예배와 병행 운영되고 있다. 지용근 외 9인의 저자에 의하면 2022년 4월의 조사에서 온라인 예배를 드리고 있는 사람들에게 "출석교회가 온라인 예배를 중단할 경우 어떻게 하겠느냐?"고 질문했을 때 28.8퍼센트의 사람은 "다른 교회의 온라인 예배를 드리겠다"라고 대답했다.[12] 이 같은 현상은 복음의 사사화가 그만큼 진행된 결과물이다.

그렇다면 이와 같은 개인주의 신앙과 복음의 사사화 문제 그리고 가현설적인 설교 문제는 어떻게 해결할 수 있을까?

이 문제를 해결하는 방안으로 필자는 '설교를 통한 신앙공동체 활성화 전략'과 함께 '설교를 통한 신앙공동체의 집단기억 형성' 및 '공동체 정체성을 실현하는 목회 사역을 위해 정체성 내러티브' 개념을 적용하여 해결을 시도하려고 한다.

실천신학」 23 (2011): 286.
12   지용근 외 9인, 『한국 교회 트렌드 2023』 (서울: 두란노, 2022), 61.

3. 개인주의 설교의 문제점과 신앙공동체 활성화 방안

1) 개인주의 설교 현상과 설교의 목표

앞에서 필자는 신설교학 운동의 결과로 개인주의 설교가 심화했음을 설명했다. 그렇다면 이제 개인주의 설교란 무엇이며 이를 해결하기 위하여 설교를 통한 신앙공동체 활성화 방안에 대하여 생각해 보자.

우선, 개인주의 설교란 무엇을 말하는가?

이승진 교수에 의하면 개인주의 설교란 "설교의 목표가 설교의 선포를 통한 회중 전체의 공동체적 반응과 신앙의 활성화를 달성하지 못하고 신자 개개인의 지적인 이해와 내면적인 결단의 단계에 머무르기 때문에 청중의 지적인 이해와 정서적인 결단이 실제 행동의 변화와 공동체 전체의 윤리적인 성숙과 헌신으로 이어지지 않는 설교를 말한다."[13]

이런 개인주의 설교 혹은 설교의 사사화(prevatization of preaching)의 문제점은 무엇인가?

마이클 퀵(Michael J. Quicke)은 『전방위 리더십』(360-degree leadership)에서 무력한 설교의 첫 번째 특징은 공동체가 아닌 개인 신자의 상태와 필요에만 집중하는 설교라고 한다. 즉, 설교를 듣는 신자 개개인은 감동과 은혜를 받고 기뻐하지만, 그 신앙공동체가 변화하고 성숙하여 하나님 나라의 특징이 나타나지 않는다면 그 설교는 무력한 설교이며 신자에게 정신적인 환각제를 주입하는 설교가 된다는 것이다.[14]

---

13 이승진, "신앙공동체 활성화를 위한 설교 방안에 관한 연구," 한국복음주의실천신학회, 『복음과실천신학』 21 (2010): 102-03.

14 Michael J. Quicke, 360-degree leadership : bpreaching to transform congregations, 이승진 옮김, 『전방위 리더십 : 회중을 변화시키는 리더십 설교』 (서울: CLC, 2009), 49.

찰스 캠벨(Charles L. Campbell) 역시 교회의 사명이 신앙공동체 활성화에 있다고 주장한다. 캠벨에 의하면 이 세상에서의 하나님의 임재와 역사하심을 증언하는 예수님의 임재와 사역은, 성령의 임재와 역사하심을 통하여 교회 안에서 간접적으로 구현되고 있다고 한다. 그러므로 교회의 사명은 이 세상 속에서의 예수의 임재를 위한 시공간의 근거와 기초의 역할을 하는 것이다.[15] 결국, 설교 사역의 주된 목표는 개인의 지적인 만족이나 그들의 내면적인 결단에 머무르는 것이 아니라 교회라는 신앙공동체를 활성화하는 것이라고 할 수 있다. 이처럼 설교를 통해 신앙공동체가 활성화되는 것은 하나님도 원하시는 바이며 하나님이 인간 설교자에게 말씀의 능력을 주신 이유다.[16]

2) 설교를 통한 신앙공동체 활성화 전략

그렇다면 설교를 통하여 신앙공동체를 형성하고 활성화할 방안은 무엇인가?

이승진 교수가 제시하는 여섯 가지 세부 전략을 중심으로 설교를 통한 신앙공동체 방안을 살펴보기로 하자.

(1) 설교의 목표

먼저 설교의 목표를 공동체적 상황과 임무로 정하고 설교하는 것이다. 설교자는 청중을 바라볼 때 그들을 개인적인 문제를 가지고 모인 개개인의 집합체가 아니라 공동의 상황과 목표를 가진 공동체로 이해하면서 말씀을 전해야 한다. 그래서 회중 전체가, 공동체가 함께하는 특정한 사건들

15　Charles L. Campbell, *Preaching Jesus*, 이승진 옮김, 『프리칭 예수 : 한스 프라이(Hans Frei)의 탈자유주의 신학에 근거한 설교학의 새 지평』 (서울: CLC, 2001), 351.
16　이승진, "신앙공동체 활성화를 위한 설교 방안에 관한 연구", 107-08.

을 계기로 하나님의 뜻을 분별하고 그 속에서 공동체를 세우기 위한 자신의 사명을 확인하며 헌신하도록 설교할 필요가 있다.

(2) 하나님의 역할

하나님을 개인의 문제 해결자가 아니라 공동체 인도자로 선포하는 것이다. 퀵(Quick)이 진단한 것처럼 오늘날의 강단은 지나치게 개인적인 영적 문제에만 집착하는 경향이 강하다. 이처럼 개인 구원을 일차적인 목적으로 삼고 신자 개개인의 회개와 믿음을 통한 구원의 방법을 제공하는 데만 집중하면서 공동체의 나아갈 방향을 제시하지 않는 설교를 퀵은 '무력한 설교'로 규정한다.[17]

사도 바울이 에베소서와 빌립보서에서 강조했듯이 하나님은 개인들의 문제도 해결하는 분이시지만 그보다 먼저 신앙공동체 전체를 통해서 당신의 나라를 세워 가시는 분이시다. 그리고 하나님은 그런 사역을 감당하기 위해 공동체의 일원으로 쓰임 받기 위하여 개인에게 은혜를 주시는 분이시다(엡 4:4-6; 빌 2:1-5). 그러므로 신앙공동체의 활성화를 추구하는 설교를 하기 위해서는 하나님을 개인의 문제를 해결해 주시는 문제 해결자가 아니라 공동체에 독특한 사명을 주시고 그 사명을 이루는 과정에서 공동체를 목적지로 이끌어 가시는 분으로 선포할 필요가 있다.[18]

(3) 성경의 기능

성경을 개인의 내면적 문제 해결서가 아니라 하나님 나라 공동체 완성의 지침서로 해석하는 것이다. 앞에서 하나님을 공동체의 인도자로 선포하라고 했는데 그 사실을 성경 해석으로부터 지지받는다면 더욱 호소력 있는 선포가 될 수 있을 것이다. 설교자가 성경을 편협되게 보지 않고 전

17　Quicke, 『전방위 리더십 : 회중을 변화시키는 리더십 설교』, 39-40.
18　Fraze, 『21세기 교회 연구: 공동체』, 68-74.

체 성경(*tota scriptura*) 관점으로 바라보고 해석한다면 그 성경이 공동체의 주인이신 하나님께서 그 나라의 성취에 대한 청사진을 제공하고 있으며 이 나라에 헌신할 일꾼들을 불러들이는 초대장임을 알 수 있다. 성경이 개인 문제 해결서이기 이전에 공동체를 세우는 데 헌신하라는 초청장이라는 사실을 알게 될 때 청중은 자기를 부르신 이의 뜻에 따라 순종할 충분한 동기를 부여받게 될 것이다.

(4) 설교자/리더

설교자가 공동체 리더의 위치에 서는 것이다. 설교자는 일차적으로 영적인 진리를 신자 개개인에게 전수하는 교사다. 하지만, 공동체적인 설교를 위해서 함께 강조되어야 할 설교자의 모습은 하나님의 인도와 섭리를 따라 공동체를 이끄는 인간 리더다. 퀵(Quick)의 말처럼 성경은 설교자를 단순한 교사가 아니라 사사, 장군, 왕, 제사장 등 다양한 유형의 리더로 설명하고 있다.[19]

이처럼 설교자가 공동체 리더의 자리에 설 때 청중은 그 설교를 듣고 각각 은사를 받은 대로 리더를 따라 공동체를 세워 나가는 일원임을 인식하게 될 것이다. 그런데 안타깝게도 오늘날의 교회에서 설교자는 설교만 하고 리더십은 방치해 버렸는데 이런 현상을 두고 퀵은 "심각한 분열"이라고 지적하며 우려하고 있다.[20]

공동체 리더로서 설교자는 공동체가 처한 현실에 대한 진단과 하나님의 기대와 비전을 확보하는 것이 중요하다.

짐 니코뎀(Jim Nicodem)은 설교를 통해 달성되는 리더십의 임무를 다음 네 가지로 제시한다.

---

19 Quicke, 『전방위 리더십 : 회중을 변화시키는 리더십 설교』, 66.
20 Quicke, 『전방위 리더십 : 회중을 변화시키는 리더십 설교』, 26-28.

① 교회의 상황을 진단하고 설교를 통해 해결책을 제시하는 것이다.
② 비전을 제시하고 핵심 목표에 따라 설교하는 것이다.
③ 공동체의 비전 성취와 관련된 핵심 주제를 계속해서 반복하는 일이다.
④ 설교를 통해서 동기를 부여하는 일이다.[21]

(5) 의사소통 전략

비전공동체를 세우기 위한 의사소통 전략을 수립하는 것이다. 짐 니코뎀이 말하는 대로 비전선언문을 만들고 설교하더라도 구성원들은 자동으로 받아들이는 것이 아니다. 그러므로 공동체가 비전을 성취하기 위해서는 리더의 리더십이 효과적으로 발휘되어야 한다.

그러한 효과적인 리더십은 어떻게 발휘될 수 있는가?

헨리 블랙가비(Henry T. Blackaby)에 의하면 비전 성취를 위한 중요 전략은 설득과 모본이다. 즉, 말로써 청중을 이해시킨 다음에는 설교자가 먼저 모본을 보여 주라는 것이다.[22] 이는 백번 옳은 말이지만 공동체의 일원들에게 모본을 보여 준다고 해서 저절로 변화가 일어나는 것이 아니다. 따라서 공동체의 구성원들을 설득하기 위해서는 지혜로운 전략 역시 필요하다.

그렇다면 리더가 구성원을 설득하는 지혜로운 전략은 무엇인가?

짐 헤링턴(Jim Herrington)과 마이크 보넴(Mike Bonem) 그리고 제임스 퍼(James H. Furr)는 그들의 공저(共著), 『아무것도 바꾸지 말라』(Leading Congregational Change: A Pastoral Guide for the Transformational Journey)에서 다음과 같이 "변화를 촉진하는 행동 여섯 가지"를 제시한다.[23]

21　Haddon Robinson, *The Art and Craft of Biblical Preaching*, 주승중 외 4인 옮김, 『성경적인 설교 준비와 전달』(서울: 두란노, 2006), 316-20.
22　Henry T. Blackaby & Richard Blackaby, *Spiritual Leadership*, 윤종석 옮김, 『영적 리더십』(서울: 두란노, 2002), 36.
23　Jim Herington, Mike Bonem, James H. Furr, *Leading Congregational Change*, 임미순 옮김,

① 명백한 전달 전략을 발전시켜라.
② 창조적인 방법으로 전달하라.
③ 비전공동체의 협력을 요청하라.
④ 특별한 의미를 주는 용어, 어구, 비유를 발전시켜라.
⑤ 반복하라, 반복하라, 반복하라.
⑥ 비전에 대한 의견을 구하라.

일반적으로 설교자들은 성경 해석과 전달에 관한 공부에 집중하며 특히 성경 해석에 많은 관심을 기울인다. 그에 비해 설교자들은 리더십 훈련은 상대적으로 소홀히 하며 훈련받을 기회조차 부족하다. 하지만, 성경 해석에 심혈을 기울여 도출한 설교의 중심 사상을 전달하여 신앙공동체가 형성되기 위해서는 효과적인 전략이 필요하다.

그러므로 위에서 짐 헤링턴 등이 제시한 여섯 가지 전달 전략에 익숙하도록 훈련하는 것은 설교자가 효과적인 설교 사역을 하는 데 꼭 필요한 부분이다. 그런 이유로 퀵은 설교자와 리더(Leader)를 동의어로 사용하여 "설교자/리더"라고 표현하기를 좋아한다. 리더의 역할이 빠진 설교를 두고 퀵은 "창백한 빈혈성 설교"라는 자극적인 단어로 표현했으며 그런 설교는 "부활하신 그리스도의 대사로 세우는 데 꼭 필요한 영적 자양분을 신자에게 공급해 주지 못한다"라고 지적하는 것은 현대 설교자들이 명심할 부분이다.[24]

(6) 공동체 윤리

설교의 적용점에서 개인 윤리만이 아니라 공동체 윤리를 강조하는 것이다. 벤 위베(Ben Wiebe)에 의하면 예수님의 메시아 윤리(Messianic Ethics)는 신앙공동체로부터 분리되는 순간 공허해져 버린다. 왜냐하면, 하나님 나

『아무것도 바꾸지 말라』 (서울: 생명의말씀사, 2006), 110-15.
24 Quicke, 『전방위 리더십 : 회중을 변화시키는 리더십 설교』, 34.

라의 윤리는 개인 윤리를 뛰어넘은 공동체 윤리이기 때문이다.[25]

신약의 윤리적 비전을 제시한 리처드 헤이즈(Richard Hays)에 의하면 성경 이야기는 언약 백성을 형성하기 위한 하나님의 계획에 초점을 맞춘다. 따라서 헤이즈는 도덕적 관심의 최우선적인 영역은 개인의 성품이 아니라 교회의 집단적인 순종이라고 강조한다.

예를 들어, 로마서 1:1-2에 나오는 바울의 명령에 순종하려고 할 때 '내가 무엇을 해야 하는가?'가 아니라 '우리가 무엇을 해야 하는가?'를 먼저 물음으로써 하나님의 뜻을 구해야 한다는 것이다. 헤이즈는 교회라는 용어도 제도적 위계질서를 나타내는 용어로 오해될 수 있으므로 '신앙공동체'라는 용어가 하나님 백성의 집단적 참여의 성격을 더 잘 포함한다고 주장한다. 결국, 헤이즈의 강조점은 공동체를 세우는 설교의 적용점이 개인 윤리보다는 공동체적 윤리로 구체화 되어야 한다는 것이다.[26]

이상으로 설교자가 개인주의 설교를 지양(止揚)하고 설교를 통해 신앙공동체를 활성화하는 방안에 대해 알아보았다. 이제 필요한 것은 이와 같은 신앙공동체 활성화의 목표가 효과적으로 이루어지기 위한 구체적인 방법론이다. 신앙공동체를 활성화할 수 있는 한 가지 방법론으로 설교를 통해서 신앙공동체의 '집단기억'을 형성하는 방법을 생각해 보자.

---

25 이승진, "신앙공동체 활성화를 위한 설교 방안에 관한 연구," 116-17.
26 Richard B. Hays, *The Moral Vision of the New Testament*, 유승원 옮김, 『신약의 윤리적 비전』 (서울: IVP, 2002), 311-12.

4. 설교를 통한 신앙공동체의 집단기억 형성

1) 집단기억에 따른 공동체의 흥망

신앙공동체가 과거에 발생한 하나님의 구원 사건을 기억하지 못하거나 다음 세대가 그 구원 역사를 기억하도록 전달해 주지 못한다면 결국 지상의 교회는 사라지고 말 것이다. 그런데 기억이란 머리 속에 저절로 유지되는 인지 활동이 아니라 적극적인 행동의 결과물이다. 만일, 기억을 단지 과거 사건을 추억하고 회상하는 인지 활동으로 생각한다면 이는 기억의 중요성을 간과하는 것이다. 그러므로 이승진 교수에 의하면 신앙공동체의 흥망성쇠는 과거에 있었던 하나님의 구원 사건을 다음 세대가 얼마나 적극적으로 기억하냐에 달려 있다.[27]

그래서 신명기에서 모세는 기억과 순종, 망각과 불순종은 서로 긴밀히 연결되어 있다고 말하며 다양한 방법을 동원해서 기억하라고 명령한다. 과거에 있었던 하나님의 구원 사건을 기억하는 여부는 그들이 하나님의 말씀에 순종하느냐로 연결된다. 그러므로 모세는 과거에 그들은 애굽의 종이었음과 여호와께서 그들을 거기에서 속량하셨음을 기억하여 여호와의 규례를 지킬 것을 거듭거듭 강조했다(신 16:12; 24:18, 22).

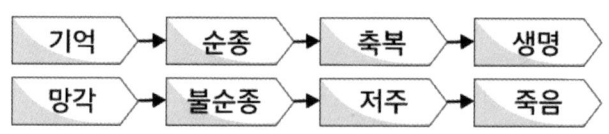

〈그림 6〉 기억과 망각의 결과

---

27 이승진, "설교를 통한 신앙공동체의 집단기억 형성에 관한 연구", 「신학과 실천」 24/1 (2010/ 09): 147.

〈그림 6〉에서 보듯이 순종 혹은 불순종은 기억 혹은 망각에 달려 있으며 그 결과는 축복 혹은, 저주로 연결되어 결국 생명과 죽음 여부를 결정한다. 이런 맥락에서 크리스토퍼 J. H. 라이트(Christopher J. H. Wright)는 이스라엘은 기억과 기대의 공동체였다고 말한다. 즉, 이스라엘은 그들의 과거를 기억하고 다시 진술하면서 그것을 통해 미래에 대한 소망을 갖게 함으로 그들의 정체성과 사명을 배우고 그 사명에 합당한 삶을 배울 수 있었다.[28]

2) 개인의 기억을 위한 집단기억

신앙공동체의 일원들이 함께 기억함으로 자신의 신앙 정체성을 확립할 수 있고 신자로서의 사명과 내용을 배워 그에 합당한 삶을 살 수 있다면 설교자는 청중이 반드시 기억해야 할 내용을 어떤 과정이나 방법으로 설교해서 신앙공동체의 기억 활동을 촉진할 수 있을까?

본 연구에서는 모리스 알박스(Maurice Halbwachs)의 기억 이론을 설교에 적용함으로 신앙공동체의 집단기억을 형성하는 방법론을 마련하고자 한다.

사람은 어떻게 기억을 할 수 있는가?

특히, 한 집단의 기억은 어떻게 형성되는가?

알박스는 "기억이란 한 개인의 두뇌 속에서의 작용만이 아니라 사회적인 성격을 가진다"라고 강조하며 집단이 공유하는 집단기억 중 일부라는 개념을 최초로 재기한 프랑스의 사회학자다.[29]

---

28 Christopher J. H. Wright, *Old Testament ethics for the people of God*, 김재영 옮김, 『현대를 위한 구약윤리』(서울: IVP, 2006), 30.
29 이승진, "설교를 통한 신앙공동체의 집단기억 형성에 관한 연구", 156.

알박스에 따르면 개인의 기억이란 사회적 매개를 통해 형성된다. 즉, 기억은 사회적으로 구성된 것이며 본질적으로 집단적 특성을 가진다. 그러므로 개인이 속한 집단은 기억을 재구성하는 수단을 제공한다. 개인 기억의 사회적 맥락을 강조하는 알박스는 순전히 개인적인 기억이란 존재하지 않는다고 한다. 즉, 우리의 모든 기억은 어느 정도 차이는 있더라도 모두 집단기억이라는 것이다.[30]

알박스에 기억에 대해 다음과 같이 말한다.

> 기억이란 대뇌 피질 속에 저절로 보존되지도 않고 무의식 상태에 보관되어 있다가 과거 일을 떠올릴 때 자동으로 의식의 표면으로 올라오는 것도 아니다. 기억이란 과거사의 자동적 재생 결과물이 아니라 외적 자극 때문에 되살려지는 것이다.[31]

이와 같은 알박스의 주장대로라면 개인의 기억은 그가 속한 사회의 집단기억에 의존하며 개인의 모든 기억은 집단기억 중 일부라고 할 수 있다.

한 개인의 인지 활동은 외부에 존재하는 사회와의 상호 작용을 통해 얻어지고 다시 사회 활동을 통해 재생된다. 즉, 기억한다는 것은 공동체적인 틀 속에서 자신을 투입하고 받아들이는 것이다. 반례(反例)로, 우리가 유아기에 있었던 일을 기억하지 못하는 이유는 그 시절에 우리는 아직 사회적 존재가 아니었기 때문이다.

이런 특성을 가진 집단기억은 공동체와 어떤 관계가 있을까?

부산교육대학교 전진성 교수는 이렇게 설명한다.

---

30 양호환, "집단기억, 역사의식, 역사교육", 역사교육연구회, 「역사교육」 109 (2009/3): 1-4.
31 김영범, "알박스의 기억 사회학 연구", 대구대학교사회과학연구소, 「사회과학연구」 6/3 (1999): 573.

> 집단기억은 집단 외부에 대해서는 배타적이지만 집단 내부에서는 지속성, 연속성, 동질성의 의식을 낳는다.[32]

전진성 교수의 설명을 공동체에 적용하여 생각하면 개별적인 기억과는 구별되는 역사적인 기억은 공동체 구성원들이 함께 모여 추억하고 기념하는 사건에 대한 기록물을 읽고 들음으로써 유지된다. 이런 논리를 설교에 적용하면, 설교자가 신앙공동체의 영적인 정체성을 확립하는 방향으로 설교할 때 신앙의 개인주의화를 막을 수 있다.

3) 집단기억을 강화하는 상징물

그런데 집단기억을 만들고 전승하기 위해서는 말로만 설명하는 것만이 아니라 집단기억을 만들고 전승하게 하는 각종 장치가 필요하다.

집단기억을 만들고 전승하기 위한 장치에는 어떤 것이 있을까?

양호환에 의하면 텍스트만이 아니라 그림이나 상징, 의례(ceremony), 혹은 기념비 같은 표현물 등이 집단기억을 만들고 그 기억을 전승하게 한다.[33] 이와 같은 양호환의 설명은 나라 곳곳에 있는 역사적인 장소 및 각종 기념센터 등이 필요한 이유를 잘 말해 주고 있다.

이처럼 나라 안의 각종 기념센터(Memorial Center)와 기념일이 집단기억을 강화하는 데 꼭 필요하다면 신앙공동체가 모이는 장소에도 신앙공동체의 일원들이 기억해야 하는 내용을 생각나게 하는 중요 기념물이나 상징물이 필요함을 알 수 있다. 또한, 기념일과 의례를 정하여 반복해서 기념하는 것 역시 필요함을 알 수 있다. 하지만, 그동안 한국 교회는 종교개혁의 전통에 따라 '말씀 중심'을 매우 강조하며 예배에 있어서 설교의 역할

---

32 전진성, 『역사가 기억을 말하다』 (서울: 휴머니스트, 2005), 49.
33 양호환, "집단기억, 역사의식, 역사교육", 6.

을 강조한 반면 각종 절기는 상대적인 푸대접을 받아왔다. 이러한 현상이 발생한 것은 중세적 오류에 대한 혐오가 주원인임이 틀림없다.[34] 하지만, 기념물과 기념일이 우상화되지 않도록 경계하면서도 그러한 상징물을 등한히 하지 않는 것이 집단기억 형성에 요긴하다는 사실을 한국 교회가 다시 상기할 필요성이 있다.

   기념일과 기념물을 통해 기억을 강화하는 실례는 구약성경에서도 여러 가지를 찾아볼 수 있다. 기념일의 대표적인 예는 유월절과 초막절인데 해마다 대대적으로 기념하는 유월절과 초막절을 통해 여호와의 구원을 전 국민이 기억하게 된다. 또한, 여호수아가 요단강을 건넌 후 길갈에 요단강 바닥에서 가져온 돌 열두 개로 기념비를 세운 것이나(수 4:9) 에발 산에 돌로 만든 단을 쌓고 그 위에 모세가 기록한 율법을 기록한 것은 기념물을 통해 집단기억을 강화한 좋은 예라고 할 수 있다(수 8:32). 그 외에도 전쟁을 마치고 요단 동편으로 돌아간 두 지파 반의 사람들이 요단 동편에 번제단을 본뜬 제단을 쌓은 것 또한 집단기억과 함께 서쪽 지파들과의 동질성을 유지하려고 노력한 모습으로 꼽을 수 있다(수 22:27).

   이제 한국 교회는 교회가 지키고 있는 부활절이나 성탄절 같은 각종 절기, 교회의 창립 기념일 같은 기념일이 집단기억 형성에 중요한 가치가 있음을 재조명할 때가 되었다. 또한, 강단 앞에 성례 기구를 비치하는 것도 집단기억을 형성하는 좋은 상징물이 될 수 있을 것이다. 이 외에도 교회의 역사를 한눈에 보게 하는 그래프나 각종 사진을 전시한 historical wall은 좋은 기념센터가 될 수 있을 것이다.

   하지만, 기억을 위한 상징물들은 그 자체로는 사물 언어로서 반드시 구술 언어를 통한 설명이 필요하다. 그러한 사물 언어에 다양한 방식의 설명이 덧붙여질 때 집단기억 형성을 위한 정체성 내러티브가 될 수 있다. 그

---

34 김순환, "교회력 절기 예배의 예술적 고려", 한국복음주의실천신학회, 「복음과실천신학」 14 (2007): 170.

러므로 이제는 집단기억 형성을 위한 정체성 내러티브와 설교의 관계에 관하여 고찰하자.

5. 집단기억 형성을 위한 정체성 내러티브

1) 삶이 분화된 청중의 현실

설교자는 공동체의 정체성 내러티브를 활용하여 신앙공동체의 집단기억을 형성할 수 있다. 설교를 통해서 신앙공동체의 집단기억을 형성하는 데 공동체 정체성 내러티브를 주목하는 두 가지 근거는 다음과 같다.

첫 번째 이유는 청중의 삶이 다양하게 분화되어 있는 현실 때문이다. 프랑스의 사회학자 에밀 뒤르켐(Émile Durkheim)에 의하면 사회가 분화됨에 따라 사회 구성원들의 직업과 관심사가 점점 분열되는 과정에서는 구성원 모두가 공유하는 공동의 가치관이 점차 희소해지고 약간이라도 남아 있는 공통 가치관의 영향력이 점점 약하게 된다.[35] 뒤르켐의 설명처럼 구성원들의 삶이 다양하게 분화되어 있다면 설교가 다양하게 분화된 삶을 살아가는 신자 모두의 삶에 실제적인 도움을 주기 어렵고 메시지가 추상적인 영역으로 빠지기 쉽다. 그러므로 설교자는 자신의 설교 메시지가 신앙공동체의 모든 회원에게 뒤르켐이 말하는 '집단의식'을 형성하는지 관심을 기울여야 한다.

다양하게 분화된 공동체 구성원들에게 설교 메시지가 공동체의 집단기억 형성의 토대가 되려면 메시지의 공동체적 상황화가 필수적이다.

---

35   이승진, "설교를 통한 신앙공동체의 집단기억 형성에 관한 연구", 152.

메시지의 공동체적 상황화란 무엇이며 공동체적 상황화는 어떻게 이룰 수 있는가?

이승진 교수에 의하면, 설교 메시지의 공동체적 상황화란 설교자가 구속사의 거대 담론(Mega Narrative)을 다양하게 분화된 청중에게 적실성 있는 메시지로 전하여 집단의식을 형성하기 위해서 공동체 구성원 모두가 공감하는 언어로 표현하는 것이다.[36]

과거에 발생한 구속사의 거대 담론에 대한 설교 메시지가 신앙공동체의 집단의식으로 발전되어 공동체적 상황화를 이루기 위해서는 그 거대 담론이 공동체적 준거 체계와 연결되어 있음을 지속해서 확인시켜 줄 수 있어야 한다. 다시 말하면, 하나님 나라의 거대 담론(Mega narrative)이 공동체 전체의 삶을 변화시키면서 공동체의 신앙생활 속에서 단계적으로 실현되는 것을 구성원들이 함께 알 수 있도록 유도하는 것이다. 이러한 과정에서 주목하게 되는 것이 공동체 정체성의 내러티브다.

2) 입술로만 고백하는 청중의 현실

공동체의 집단기억 형성을 위해 공동체 정체성 내러티브를 주목하는 두 번째 이유는 현대의 기독교 신자들이 정체성을 형성하는 과정에서 성경이 제시하는 하나님 나라에 대한 올바른 지식에 기초하지 않고 있기 때문이다.

조지 W. 스트롭(George W. Stroup)에 의하면 오늘날 신자들의 정체성 위기는 신앙공동체 안에서 기독교 신앙에 의해 그들의 정체성을 만들어내지 못하는 데서 온다. 신자들이 성경이나 신조 등 기독교 신앙을 해석하기 위한 신학적 자료들을 가지고 무엇을 해야 할지 모를 때 그들이 들은 설교

---

36 이승진, "설교를 통한 신앙공동체의 집단기억 형성에 관한 연구", 162.

메시지는 지식에 머물 뿐 가치관과 삶의 변화로 연결되지 못한다. 결국, 그들은 기독교공동체에 계속 참여하면서도 그들의 정체성은 설교 메시지보다는 교회 밖의 다른 공동체나 다른 내러티브에 의해 만들어지게 된다. 이처럼 신앙고백이 입술에만 머물고 신앙적인 삶으로 연결하지 못하는 신자들을 일컬어 스트룹은 입술로만 고백하는(lip service) 신자라고 부른다.[37]

그렇다면 이와 같은 신앙의 정체성 위기는 어떻게 극복할 수 있을까?

이 문제에 대해 스트룹은 공동체의 정체성 내러티브를 통해 교회가 영적으로 정체되는 한계성을 극복하려고 시도한다. 스트룹에 의하면 신자 개개인과 마찬가지로 기독교공동체도 정체성을 가지는데 이 정체성은 그 공동체의 역사와 경험을 말하고 설명하는 내러티브의 형태를 가진다. 그리고 신앙고백이나 자서전의 내러티브는 그 개인의 정체성 내러티브와 신앙공동체의 정체성 내러티브가 서로 부딪힐 때 발생한다는 것이다.[38] 이런 문제에 관하여 조광현은 오늘날 교회가 스스로의 독특한 정체성을 상실하고 교인들이 복음을 잃어버린 상황에서 설교자들이 이 세상 이야기와는 분명히 다른 복음의 내러티브를 설교해야 한다고 강조한다.[39]

그렇다면 공동체의 정체성에 관한 내러티브는 어떤 단계를 거쳐 개인의 정체성으로 발전하는가?

이승진 교수는 정체성에 관한 내러티브를 다음과 같이 네 단계로 구분한다.

- 1 단계: 성경의 속에 나타난 하나님의 구원 역사다.

---

37 George W. Stroup, *The promise of narrative theology : recovering the gospel in the church* (Eugene, Oregon : Wipf and Stock Pub., 1997), 36.
38 Stroup, *The promise of narrative theology : recovering the gospel in the church,*, 91.
39 조광현, "공동체를 세우는 전략으로서의 내러티브: 데살로니가전서를 중심으로", 한국복음주의실천신학회, 「복음과실천신학」 37 (2015): 88.

- 2 단계: 성경의 거대 담론이 교회 역사 속에서 실현되는 과정에서 형성된 내러티브다.
- 3 단계: 성경의 거대 담론이 특정 지역에 모인 신앙공동체 안에서 형성된 내러티브를 생각해 볼 수 있다.
- 4 단계: 신자 개개인이 공동체의 내러티브를 만나면서 성화의 단계로 발전하면서 형성된 내러티브가 있다.

정체성 내러티브에 나타난 네 단계를 목회에 접목하는 과정은 다음과 같다. 먼저 설교자가 설교를 통해 하나님의 구원의 거대 담론을 회중 전체에게 접목한다. 그래서 하나님의 구원에 관한 거대 담론이 공동체의 고유한 구원 이야기로 연결될 수 있도록 유도한다. 이를 위해서 설교자는 세상과 공동체에서 발생하는 삶의 문제들을 하나님의 구속사 관점으로 재해석하여 설명하고 공동체의 신앙생활 방향 역시 하나님의 구속사 관점으로 제시해야 한다. 그런 과정을 통해 신앙공동체는 그들만의 독특한 집단기억을 형성할 수 있다.

3) 정체성 내러티브를 담은 Historical wall

마샬 맥루한(Marshall McLuhan)은 매체가 곧 메시지라고 말했다. 여기서 매체는 좁은 의미의 매체만을 말하는 것이 아니라 기술과 건물, 공간까지도 포함하는 개념이다.[40] 그렇다면 신앙공동체가 모이는 교회당의 모양과 벽면에 있는 장식과 글귀 및 그림까지도 신앙공동체의 성격을 규정하는 중요한 메시지가 된다.

40　Michael Frost, & Alan Hirsch, *The Shaping of Things to Come*, 지성근 옮김, 『새로운 교회가 온다』(서울: 한국기독학생회, 2009), 273-79.

이런 면에서 이승진 교수는 성경의 거대 담론이 신자 개개인의 변화를 끌어내는 토대가 되고 있음을 확인할 수 있도록 하는 한 가지 유용한 방안을 제시하는데 풀어서 표현하면 "우리 교회 안에서 구현되어 온 하나님의 구원 역사 이야기 그래프"다.[41]

이 그래프를 위해 먼저 교회당의 한 벽면에 신앙공동체 역사의 시간표를 수평선으로 그어 준다. 그 위에는 신앙공동체가 걸어온 큰 발자취들을 표시해 준다. 그리고는 신자 개개인이 신앙생활을 해온 사건이 담긴 사진이나 그 사건을 떠올리는 물건들 혹은 그 상황을 추억하는 메모와 간증문 등을 부착하도록 하는 것이다. 이렇게 함으로 신앙공동체의 구성원 개개인이 그 교회를 통해 함께 하나님의 구원을 경험해 가는 살아있는 공동체임을 인식하는 경험을 통해 기억의 효과는 크게 증폭할 수 있을 것이다.

이러한 '신앙공동체 이야기 그래프'는 앞에서 설명한 기억을 위한 상징물의 좋은 예라고 할 수 있을 것이다. 이 그래프를 그려 놓은 기억 벽면은 영어로 historical wall이라고 부를 수 있는데 이를 위해서 설교자가 할 일은 historical wall을 제작하는 시기에 맞추어 교회의 지나온 역사를 하나님의 구원 역사의 관점에서 해석하고 설교하는 것이다. 물론, 그 후에도 교회 창립 기념일마다 historical wall을 재단장하면서 신앙공동체의 역사를 설교할 필요가 있을 것이다. 이때 설교자는 은폐하고 싶은 부정적 사건조차 하나님의 섭리 안에 있었음을 설교함으로 과거의 아픔을 통해서도 하나님의 계획을 이루어 가시는 선한 계기가 되었음을 확인하도록 할 수 있다.

---

41 이승진, "설교를 통한 신앙공동체의 집단기억 형성에 관한 연구", 168-69.

4) 이야기로 짓는 건물

신앙공동체를 위한 historical wall을 실행하고 있는 한 예로, 건강한 기독교 가정을 세우는 NGO (사)하이패밀리의 'W-스토리'를 주목해 보자.

하이패밀리의 대표 송길원 목사는 'W-스토리' 경내의 건물 벽면 곳곳에 역사적 의미가 있는 사진 혹은 조형물들을 전시해 놓고 방문객에게 그 역사와 의미를 소개하고 있다. 그 벽들은 그 자체로 '기억하는 벽면'이 되어 그 벽면을 따라 걸어가는 사람에게 끝이 없는 풍성한 이야기를 해 준다. 때로는 그 벽면 앞에 비치된 원탁에서 벽면에 부착된 한 장의 사진 혹은 조형물을 중심으로 미니 세미나가 펼쳐지기도 한다. 바로 이와 같은 작업을 각각의 신앙공동체가 사용하는 교회당 복도에 도입할 때 그 벽면이 공동체의 정체성 내러티브를 제공하며 신앙공동체의 집단기억을 형성할 수 있을 것이다.

'W-스토리'는 건물에 이야기를 붙였다기보다는 건물 자체를 이야기로 지어 놓았다는 표현이 어울린다. 그래서 송길원은 "건물은 벽돌과 돈으로 지어지는 것이 아니라, 이야기로 지어진다"라고 말한다. 일례로, 문고리도 건축이라고 주장하는 송길원은 본관 2층에 있는 '종교개혁 500주년' 상징문의 경우 들어설 때는 손잡이가 있어도 나갈 때는 손잡이가 없게 했는데 여기에다 "누구에게나 열린 공간이면서 또한 닫힌 공간"이라는 설명을 덧붙인다. 'W-스토리' 경내의 상징적 건물 격인 '청란교회'의 경우 청록(Blue Green)이라는 색깔에도 중요한 의미를 담았다고 설명한다.[42]

기념물이나 historical wall은 거기에 설명과 이야기가 더해짐으로 의미가 살아나고 집단기억의 장소와 공간이 될 수 있다. 그러므로 historical wall 앞에 소책자 형태의 설명서를 비치하여 의미를 살려줄 때 집단기억

42　송길원, 『이야기로 집을 짓다』 (양평: 하이패밀리, 2020), 7, 21, 24, 79.

은 더욱 강화될 수 있을 것이다. historical wall에 부착할 개개인의 신앙 간증이 너무 길거나 혹은 기억할 만한 기념물이 벽에 부착하기 곤란할 경우, 또한 당시 상황을 담은 동영상이 있다면 벽면이나 설명서에 QR코드를 제공하여 자세한 내용은 스마트폰으로 확인하게 할 수 있다. 그렇게 해서 각자의 스마트폰으로 내용을 들여다보게 할 때 관람자가 그 내용에 대해 더욱 친근하게 다가가게 하는 효과도 기대할 수 있다.

6. 나가는 말

지금까지 필자는 설교의 궁극적 목적인 신앙공동체 활성화를 위한 방안을 살펴보았다.

이를 위해서 먼저 '5단계 로고스의 맥락화' 가운데 다섯 번째 단계인 '로고스의 공동체적 맥락화' 관점으로 성경 기록과 설교 메시지 선포의 궁극적 목표가 청중이 말씀에 순종하는 삶을 사는 것이며 이는 신자 개개인의 모습이 아닌 신앙공동체를 통해서 나타나는 것임을 알아보았다.

그런데 문제는 개인주의가 팽배한 오늘날의 교회가 공동체의 모습이 아닌 개인들의 집합체가 되어버렸으며 설교 역시 복음의 사사화와 가현설적인 설교 메시지가 범람하고 있다는 것임을 확인했다. 이 문제를 해결하기 위해서는 설교자들이 먼저 설교를 통해서 신앙공동체를 세워야 하는 당위성을 인식해야 하며 설교를 통해 신앙공동체를 활성화하는 효과적인 전략을 세울 필요가 있다. 이를 위해 본 연구에서는 이승진 교수가 제시하는 여섯 가지 전략을 중심으로 자세히 고찰해 보았다.

덧붙여, 대를 이어 신앙공동체를 유지하기 위해서는 집단기억이 필요함을 살펴보고 집단기억을 강화하는 방안으로 기념물, 기념센터 등의 각종 상징물과 기념일과 절기 등의 날짜가 필요함을 알아보았다. 또한, 그러한 집단기억을 형성하기 위해서는 정체성 내러티브를 목회에 접목함으로 회중 가운데 고유한 하나님의 구원 내러티브가 생겨날 수 있도록 유도하는 것이 효과적임을 알아보았다.

마지막으로, 집단기억과 정체성 내러티브를 강화하기 위한 한 예로 신앙공동체가 사용하는 건물의 복도 등에 historical wall 설치하는 것을 제안하며 하이패밀리의 'W-스토리'를 실례로 들었다. 이러한 활동을 통해 신앙공동체가 활성화되며 집단기억을 강화할 수 있을 것이다.

참고 문헌

김순환. "교회력 절기 예배의 예술적 고려". 한국복음주의실천신학회. 「복음과실천신학」 14 (2007): 169-204.
김영범. "알박스의 기억 사회학 연구". 대구대학교사회과학연구소. 「사회과학연구」 6/3 (1999): 557-94.
문상기. "신 설교학 이후에 나타난 현대설교의 동향과 과제". 침례신학대학교 출판부. 「복음과실천」 53/1 (2014): 213-41.
송길원. 『이야기로 집을 짓다』. 양평: 하이패밀리, 2020.
양호환. "집단기억. 역사의식. 역사교육". 역사교육연구회. 「역사교육」 109 (2009/3): 1-35.
유태엽. "말시온의 초기 기독교에 대한 영향력 재고". 감리교신학대학교. 한국실천신학회. 「신학과세계」 86 (2016/06): 11-41.
이승진. "21세기 한국 교회를 위한 청교도 설교의 유산과 적실성". 합동신학대학원대학교. 「신학정론」 38 (2020/12): 269-307.
_____. "설교를 통한 신앙공동체의 집단기억 형성에 관한 연구". 「신학과 실천」 24/1 (2010), 145-75.
_____. "신앙공동체 활성화를 위한 설교방안에 관한 연구". 한국복음주의실천신학회. 「복음과실천신학」 21 (2010): 99-123.
_____. "해석학적 실재론에 근거한 성경 해석". 한국복음주의실천신학회. 「복음과실천

신학」 54 (2020): 198-231.

전진성. 『역사가 기억을 말하다』. 서울: 휴머니스트, 2005.

조광현. "공동체를 세우는 전략으로서의 내러티브: 데살로니가전서를 중심으로". 한국복음주의실천신학회. 「복음과실천신학」 37 (2015): 68-94.

지용근 외 9인. 『한국 교회 트렌드 2023』. 서울: 두란노, 2022.

최동규. "참된 교회의 성장을 위한 선교적 교회론". 「복음과실천신학」 23 (2011): 275-300.

Blackaby, Henry T. & Richard Blackaby. *Spiritual Leacdership* 윤종석 옮김. 『영적 리더십』. 서울: 두란노, 2002.

Campbell, Charles L.. *Preaching Jesus*. 이승진 옮김. 『프리칭 예수 : 한스 프라이(Hans Frei)의 탈자유주의 신학에 근거한 설교학의 새 지평』. 서울: CLC, 2001.

Craddock, Fred B.. *As One without Authority*. 김운용 옮김. 『권위 없는 자처럼』. 서울: 예배와설교아카데미, 2003.

Doriani, Daniel M.. *Putting the truth to work : The Theory and practice of biblical application*. 정옥배 옮김. 『적용. 성경과 삶의 통합을 말하다』. 서울: 성서유니온, 2011.

Fraze, Randy. *The Connecting Chuech*. 차성구 옮김. 『21세기 교회 연구: 공동체』. 서울: 좋은씨앗, 2003.

Frost, Michael & Alan Hirsch. *The Shaping of Things to Come*. 지성근 옮김. 『새로운 교회가 온다』. 서울: IVP, 2009.

Hays, Richard B.. *The Moral Vision of the New Testament*. 유승원 옮김. 『신약의 윤리적 비전』. 서울: IVP, 2002.

Herington, Jim & Mike Bonem & James H. Furr, *Leading Congregational Chage*. 임미순 옮김. 『아무것도 바꾸지 말라』. 서울: 생명의말씀사, 2006.

Quicke, Michael J.. *360-degree leadership : bpreaching to transform congregations*. 이승진 옮김. 『전방위 리더십 : 회중을 변화시키는 리더십 설교』. 서울: CLC, 2009.

Robinson, Haddon, *The Art and Craft of Biblical Preaching*. 주승중 외 4인 옮김. 『성경적인 설교 준비와 전달』. 서울: 두란노, 2006.

Stroup, George W. *The promise of narrative theology : recovering the gospel in the church*. Eugene. Oregon : Wipf and Stock Pub., 1997.

Wright, Christopher J. H.. Old Testament ethics for the people of God. 김재영 옮김. 『현대를 위한 구약윤리』. 서울: 한국기독학생회출판부, 2006.

제2부
청중에게 다가가기

제5장 교회 활성화를 위한 청중의 설교 참여

제6장 교회 회복을 위한 설교 비평

제7장 동성애와 차별금지법에 대응하는 설교

   * **설교 샘플** "거룩한 방파제를 세우자"

제8장 성경적 죽음을 준비시키는 설교

   * **죽음설교 1** "아버지 집으로 돌아가는 길"

   * **죽음설교 2** "즉시 낙원에 들어갑니다"

   * **죽음설교 3** "사는 것과 죽는 것 사이에서"

   * **죽음설교 4** "믿음과 소망을 담아내는 장례식"

   * **죽음설교 5** "바보같이 죽은 사람"

   * **하이패밀리 장례식장을 소개하다**

제5장

교회 활성화를 위한 청중의 설교 참여

1. 들어가는 글

　선교 역사상 유례를 찾기 어려운 부흥을 경험한 한국 교회는 2000년대로 들어오면서 부흥과 성장이 주춤하더니 2020년에 코로나19의 직격탄을 맞아 침체의 늪에 빠져 버렸다. 방역을 이유로 예배의 집합 인원이 제한되고, 소그룹 모임과 식사 교제가 오랫동안 중단되면서 교회는 신앙공동체 기능을 상실할 위기에 처했다. 일례로 2021년 10월 5일, 보건복지부의 발표에 따르면 16퍼센트의 교회가 온·오프라인 어떤 예배도 드리지 못하고 있다고 조사되었다.[1] 한국 교회가 65,000개라고 볼 때 16퍼센트이면 1만여 개의 교회가 사라졌다는 계산이 나온다.

　코로나19의 진행에 관하여 WHO는 2020년 5월 14일에 벌써 팬데믹(pandemic)을 넘어 엔데믹(endemic)이 될 수 있다고 전망했다.[2] 엔데믹이란 말라리아(Malaria)나 뎅기열(Dengue fever)처럼 지역 사회에서 주기적으로 발생하는 감염병을 의미한다. 2022년에 들어와 거리 두기가 완화되면서 일상생활은 상당 부분 회복하고 있지만, 상대적으로 교회의 예배와 소그룹

---

[1] 「크리스천투데이」 (2021년 10월 13일), 2021년 10월 19일 접속, 해당싸이트: https://www.christiandaily.co.kr/news/108335.

[2] 「중앙일보」 (2020년 5월 14일). 2021년 10월 19일 접속, 해당사이트: https://www.joongang.co.kr/article/23776686#home.

모임은 회복이 더딘 편이다.

사람이 골절을 입어 치료받은 후에는 재활에 많은 노력이 필요하듯이 코로나 팬데믹 동안 정체된 신앙공동체를 활성화하기 위해서도 준비와 노력이 필요하다. 그렇다면 포스트 코로나 시대에 교회가 바람직한 신앙공동체의 모습으로 회복하기 위해 설교자는 어떤 노력을 할 수 있을지 필자는 이 문제에 대한 해답을 초대 교회의 모습으로부터 모색하려고 한다.

초대 교회의 모습을 볼 때 사도들을 통한 생명력 있는 설교뿐 아니라 설교 후에 청중의 말씀 나눔을 통해 신앙공동체가 활성화되었음을 확인할 수 있다. 대표적인 예로, 베뢰아의 성도들은 말씀을 받은 후에 이것이 그러한가 하여 날마다 성경을 상고했다.

이 같은 성경적 모범을 따르면 포스트 코로나 시대에 교회를 활성화하기 위한 해결책은 다음 두 가지로 요약할 수 있다.

첫째, 설교자의 수준을 높인다.
둘째, 청중들도 받은 말씀을 서로 나누는 활동에 적극적으로 참여한다.

설교자의 수준을 높이고 청중이 받은 말씀을 서로 나누는 일에 적극적으로 참여하게 하는 방법은 무엇인가?

이 두 가지 과제를 동시에 해결할 대안으로 필자는 '설교 비평'을 제안한다. 그렇다면 이 두 가지 목적을 달성하기 위한 설교 비평의 근거와 기준 그리고 실행 방법은 무엇인지, 선포된 말씀을 드높이는 설교 비평을 수행하기 위하여 그리고 이를 통해 신앙공동체 활성화에 이바지하기 위해서는 다음과 같은 순서로 이론 정립과 방법론을 마련할 것이다.

첫째, 설교 비평의 필요성과 설교 비평의 이론적 근거를 확인한다.
둘째, 설교자의 설교를 더욱 발전시킬 방안을 마련한다.

셋째, 청중이 설교 비평에 적극적으로 참여할 수 있는 긍정적이고 효과적인 방법을 제시하여 청중의 자발적인 참여를 유도한다.

2. 설교 비평의 필요성과 비평 사례(事例)

지난 2년 반 동안 코로나 팬데믹(pandemic)을 경험한 한국 교회는 신자들의 예배 참석률도 낮아지고 소그룹을 향한 열정도 식어버린 실정이다. 이러한 한국 교회를 회복할 방안으로 필자는 '설교 비평'을 제안한다.

교회를 활성화하는 데 필요한 대안이 왜 설교 비평인가?

이에 관하여 먼저 독일의 설교학자 루돌프 보렌(Rudolf Bohren, 1920-2010)으로부터 설교 비평의 '근거'를 확보하고 이어서 청중 참여와 적용을 위해서도 설교 비평의 '필요'함을 강조하려고 한다. 아울러 성경 시대와 교회사에 나타난 설교 비평의 모범적 '사례'를 찾아볼 것이다.

1) 찬미로서의 설교 비평

설교 비평이 필요한 이유는 먼저 열정적으로 설교를 준비하고 전달한 설교자를 격려하고 찬미하기 위해서다. 그리고 청중 역시 그 말씀을 통해 성숙의 기회를 얻기 위해서다. 이러한 근거는 독일의 설교학자 보렌의 설명으로부터 확보할 수 있는데 보렌은 설교자에 대한 청중의 열정적 공감을 유도하는 방안으로 설교 비평이 필요하다고 강조한다.[3]

---

3 Rudolf Bohren은 스위스 Grindelwald에서 태어난 스위스인 목사이지만 독일 하이델베르크대학교(University of Heidelberg) 등에서 교수 활동을 했고, 독일 뷔르템베르크(Württemberg)에서 사망했기에 독일 학자라고 할 수 있다.

보렌은 그의 역작 『설교학 실천론』(Predigtlehre)의 마지막 장(章) 전체를 할애하여 설교 비평에 관하여 설명한다. 이 책에서 보렌은 설교 비평은 가능할 뿐만 아니라 교회의 성숙을 위해 절대적으로 필요하다고 역설(力說)한다. 보렌에 의하면 설교 비평은 설교의 추가 부록이 아니며 설교에 빠져서는 안 되는 것이다.

비평(批評)이란 그 용어부터 부정적 느낌이 강함에도 불구하고 보렌이 교회 성숙에 설교 비평이 꼭 필요하다고 한 이유는 무엇인가?

보렌이 설교 비평이 필요하다고 말한 것은 청중이 설교의 장단점을 평가하도록 하자는 것이 아니다. 보렌이 생각하는 설교 비평은 설교를 찬미하고 설교에 대하여 '아멘'이라고 말하게 하는 방법이다. 마치 설교가 본문의 찬미인 것처럼 설교 비평은 설교 찬미를 목적으로 삼는다.[4]

보렌이 말하는 설교 비평이란 청중이 설교를 듣는 가운데 하나님의 임재를 체험했음을 표현하는 열정적 공감이다. 그래서 보렌은 설교 비평의 목적을 설교의 이해와 설교에 관한 기쁨을 재촉하는 일이라고 표현하며 설교와 마찬가지로 설교 비평도 말씀에 봉사하는 길이라고 설명한다."[5]

이처럼 찬미로서의 설교 비평은 비평에 노출된 설교자와 비평에 적극적으로 참여한 청중 모두에게 도움을 주게 된다. 이런 의미에서 보렌은 설교 비평을 외면하거나 회피하는 설교자와 설교 비평의 기회를 얻지 못하는 청중은 말씀 안에서 성숙할 기회를 놓치게 된다고 한다. 보렌은 교회 안에서 설교 비평이 방해를 받는 동안에는 말씀의 진행도 방해를 받고 있다고 주장한다. 따라서 설교 비평은 설교에 빠져서는 안 되는 본질이다. 다만, 설교 비평은 찬미가 목적이기 때문에 오직 성숙한 교회만이 설교 비평의 과제를 수행할 수 있다. 결론적으로 성숙한 교회는 건전한 설교 비평을 통

---

4 Rudolf Bohren, *Predigtlehre*, 박근원 옮김, 『설교학 실천론』 (서울: 대한기독교서회, 1980), 287.
5 Bohren, 『설교학 실천론』, 288.

해 더욱 성숙의 자리로 나아갈 수 있다.[6]

2) 청중 참여로서의 설교 비평

설교 비평이 필요한 또 하나의 이유는 청중의 설교 참여를 위해서다. 설교에서 청중은 수동적인 존재가 아니라 설교에 적극적으로 참여하는 자다. 이러한 사실은 프래드 B. 크래독(Fred B. Craddock)과 루시 앳킨슨 로즈(Lucy Atkinson Rose)의 설명을 통해서 확인할 수 있다. 크래독은 오늘날 청중은 설교에 참여하되 설교가 만들어지기 전부터 설교자에게 말하고 설교에 참여하고 있다고 한다.[7]

로즈 역시 청중은 설교에 참여하는 자들이라고 주장한다. 로즈는 『하나님 말씀과 대화 설교』에서 설교학의 흐름을 전통적인 설교학과 케리그마 설교학 그리고 신설교학으로 구분하여 각각 특징과 장단점을 분석한 후 신설교학의 한계를 극복하기 위한 대안으로 자신의 대화 설교(conversational preaching)를 제안했다. 여기에서 로즈는 설교의 목적을 '교회의 중심적인 대화를 촉진하고 강화하기 위하여 신앙공동체를 매 주일 하나님의 말씀 주위로 끌어모으는 것'이라고 결론짓는다.[8]

설교의 목적이 '청중을 대화 테이블로 초대하는 것'이라면 대화 테이블에 모여서 할 일은 무엇인가?

이 설명을 뒷받침하기 위해 로즈는 디트리히 리츨(Dietrich Ritschl)의 말을 인용하면서 다음과 같이 주장한다.

6　Bohren, 『설교학 실천론』, 298.
7　Fred B. Craddock, *Preaching*, 이우제 옮김, 『크래독의 설교 레슨』 (서울: 대서, 2007), 37.
8　Lucy Atkinson Rose, *Sharing the word*, 이승진 옮김, 『하나님 말씀과 대화 설교』 (서울: CLC, 2010), 190.

> 설교자와 회중은 함께 만인 제사장의 권리를 공유하고 있으며, 함께 공유하는 제사장적 책임을 감당함에 있어서 설교자와 회중은 하나님의 말씀을 함께 해석해야 한다.[9]

이처럼 신앙공동체가 하나님의 말씀을 중심으로 대화할 것을 강조하는 로즈의 설명에 따르면 청중이 대화 테이블에서 할 수 있는 가장 적절한 일은, 들은 말씀을 드높이는 설교 비평이라고 할 수 있다.

설교 비평의 필요성은 설교의 적용이라는 면에서도 확인할 수 있다. 다니엘도리아니(Daniel M. Doriani)는 적용의 네 가지 측면을 의무, 성품, 목표 그리고 분별력으로 구분한다.

다시 말하면, 설교는 청중의 다음 네 가지 질문에 답한다는 것이다.

- 의무: 나는 무엇을 해야 하는가?
- 성품: 나는 어떻게 옳은 일을 하는 사람이 될 수 있는가?
- 목표: 우리는 어떠한 목표를 추구해야 하는가?
- 분별력: 우리는 어떻게 옳고 그름에 대한 분별력을 얻을 수 있는가?[10]

도리아니는 적용을 청중의 의무로 남겨 놓기만 하는 것이 아니라 이러한 적용으로 청중을 데려갈 책임이 설교자에게 있다고 한다. 하지만, 청중을 적용까지 데려가는 것은 설교자의 책임이지만, 그 가치관을 받아들이고 실행하는 주체는 청중 자신이다. 그러므로 공동체 구성원이 각자 결심한 내용을 자기 입으로 표현하고 서로 사랑과 선행을 격려하기 위한 방법으로 설교 비평이 꼭 필요하다.

---

9   Rose, 『하나님 말씀과 대화 설교』, 179-81.
10 Daniel M. Doriani, *Getting the message : a plan for interpreting and applying the Bible*, 정옥배 옮김, 『적용, 성경과 삶의 통합을 말하다』 (서울: 한국성서유니온선교회, 2011), 133.

3) 성경과 교회사에 나타난 설교 비평 사례

이처럼 중요한 설교 비평은 성경 속에서 그리고 교회사에서 어떻게 적용되었는지 확인해 볼 때 그 필요성에 대하여 더욱 확신할 수 있을 것이다. 성경 내부와 교회사 속에는 모범적인 설교 비평의 사례가 있다. 설교 비평의 사례는 성경 속에서는 복음서와 사도행전에서 확인할 수 있으며 교회사에서는 청교도의 가르침을 통해 확인할 수 있는 신앙의 바람직한 전통이다.

설교 비평 사례는 다음과 같다.

첫째, 예수님의 죽음과 부활 이후, 예수님이 제자들과 육체로 함께 계시지 않는 상황에서 시작되었다. 예수님이 부활하신 새벽에 막달라 마리아는 예수님의 무덤에 갔다가 무덤이 열려 있는 것을 보고, 또 부활하신 예수님을 만났다. 그 후 마리아는 그 말을 자기 마음속에만 간직한 것이 아니라 제자들에게 달려가 그녀가 주를 본 사실과 예수님이 전하신 가슴 벅찬 말씀을 전했다(요 20:18).

둘째, 엠마오로 가던 두 제자 역시 예수님을 만나고 예수님으로부터 말씀을 받은 후 밤중에 예루살렘으로 달려와서 그들이 예수님을 만난 사실과 예수께서 하신 말씀의 내용을 다른 제자들에게 전달했다(눅 24:35). 이처럼 제자들이 예수께서 하신 말씀을 서로 나누는 모습은 설교 나눔, 즉 설교 비평의 기원이라고 할 수 있다.

셋째, 이런 모습은 부활이라는 충격적인 상황에서만 발생한 일시적 현상인가? 사도행전에 나타난 사건을 볼 때 부활 이후 상당한 기간이 지난 후, 예루살렘이 아닌 마케도니아의 도시 베뢰아에서도 이런 현상이 존재했음을 확인할 수 있다. 사도 바울로부터 복음을 전해 받은 베뢰아 사람들은 간절한 마음으로 말씀을 받은 후에 그 말씀을 성경에서 확인하며 내면화하는 과정을 거쳤다. 사도행전 17:11에서 "상고하다"로 번역된 헬라어 ἀνακρίνω는 '조사하다', '검토하다', '심문하다' 등의 의미를 가지며 NIV 성경은 이를 'examine'으로 표현하고 있다. 그러므로 베뢰아 성도들의 이러한 모습은 설교 비평의 좋은 예라고 할 수 있다. 그런가 하면 바울이 이고니온에서 복음을 전했을 때는 정반대의 반응이 일어났다. 믿지 않는 유대인들은 사람들이 바울에게 반감을 품도록 선동했고 심지어 돌로 쳐 죽이려고 했다.

이것을 보면 살아있는 하나님의 말씀이 전해졌을 때 청중은 기뻐하며 그 말씀으로 서로 대화하든지 혹은 반발하며 화를 내든지 어떤 종류의 반향이 있는 것이 당연하다. 살아 계시는 하나님의 능력 있는 말씀이 선포되었는데 아무런 반응이 없이 조용히 귀가하고 잊어버린다면 그것이 오히려 이상한 현상이다. 이처럼 설교를 들은 청중은 그 들은 내용에 관해 대화를 나누는 것이 자연스러우며 설교의 목적에도 부합하는 것이다.

넷째, 청중의 설교 비평의 사례는 교회사에서도 확인할 수 있다. 17세기의 청교도들은 설교를 통해 들은 말씀으로 서로 교제하는 것을 강조했고 또 실천했다.[11] 설교 비평(설교 나눔)은 공동체의 구성원들만이 아니라 가장(家長)을 중심으로 가족들과 하는 것이 신명기 6장에 나타난 쉐마의 정신에 부합된다. 그런 정신에 따라 17세기의 영향력 있는 청교도 가운데 한 사람인 루이스베일리(Lewis Bayly, 1575-1631)는 그의 저서 『경건의 실천』(*The Practice of Piety*)을 통해 예배가 끝난 후에 집으로 돌아가서는 가족들이 함께 모여 들은 설교를 검사하고, 저녁에는 하나님의 하실 일을 묵상하면서 기도함으로 주일을 마치라고 권면했다.[12] 이러한 베일리의 가르침이야말로 가장 모범적인 설교 비평 방법이라고 할 수 있다.

---

11 Nicholas Bownd, *The True Doctrine of the Sabbath: or, Sabbatum Veteris Et Novi Testamenti* (Grand Rapids: Reformation Heritage Books, 2015), 368, 370-75.
12 홍인택, 『웨스트민스터 총회의 율법과 성화』 (서울: 개혁주의신학사, 2021), 273.

다섯째, 지금까지 살펴본 설교의 청중 참여와는 달리 종교개혁 이후에는 설교자들을 위한 설교 비평도 사례도 찾아볼 수 있다. 1525년, 개신교의 설교 발전을 위해 훌드리히 츠빙글리(Huldrych Zwingli, 1484-1531)에 의해 고안된 '프로페짜이'(Prophezei, 설교연구회)가 그것이다. 프로페짜이는 10년 후 기욤 파렐(Guillaume Farel, 1489-1565)과 존 칼빈(John Cavin, 1509-1564)에 의해 꽁그레가시옹(Congregations)이란 이름으로 제네바에 도입되었는데 여기에는 모든 목회자가 의무적으로 참석했다. 영국에서는 '프로페짜이'를 그대로 영어로 번역한 프로페사잉(prophesying, 설교 연구회)이라는 이름으로 설교자 훈련이 시행되었다. 설교 연구회는 매주 월요일 9시에서 11시까지 개최되었고, 45분간 발표가 끝나면 다른 참가자가 덧붙이는 방식으로 진행되었는데 이는 최초의 설교 비평 모임이라고 할 수 있다.[13]

이처럼 종교개혁 시대의 설교자들은 설교를 발전시키기 위한 설교 연구회를 개최했으며 설교를 들은 청중 역시 성경의 제자들과 신실한 청교도 신앙인들이 설교를 들은 후에 서로 그 내용을 나누며 확인하는 시간을 가졌다. 그렇다면 오늘날의 설교자에게도 설교 발전 모임이 필요하며 청중 역시 설교를 들은 후 서로 확인하고 내면화하여 순종하게 하는 제도적 장치가 필요하다. 특히나 지금처럼 포스트 코로나 시대를 맞아 예배와 소그룹 모임에 대한 헌신도가 약해진 상황에서 이를 다시 회복할 방안이 필요한데 그 가운데 하나가 소그룹을 통해 들은 설교를 나누는 것이다.[14]

---

13 박태현, "설교 비평을 통한 개혁주의 설교실습교육에 관한 연구: 종교개혁과 청교도의 전통을 따라서", 개혁신학회, 「개혁논총」 39 (2016): 234-240.
14 조광현, "코로나 시대, 영상 설교에 대한 설교학적 고찰", 한국복음주의실천신학회, 「복음과실천신학」 57 (2020): 203-204.

3. 설교 비평의 실태(實態)와 비평의 기준

지금까지 살펴본 바와 같이 설교학적 이유와 또 성경적, 교회사적 근거로 볼 때 설교 비평은 꼭 필요한 덕목이다.

그런데 이렇게 중요한 설교 비평이 지금까지 관심 밖으로 밀려나 있었던 이유는 무엇인가?

첫째, 강단의 성역화라는 장벽 때문이다.
둘째, 비평자의 자질 및 설교 비평의 기준이 마련되지 않았기 때문이다.

그러므로 필자는 먼저 설교 비평의 현주소를 살핀 후에 바람직한 기준과 방법에 대하여 생각해 보려고 한다.

1) 성역화된 한국 교회 강단

설교는 정당성(validity)이 있는 성경 해석을 통해 도출해 낸 메시지를 청중의 삶에 적실성(relevancy)이 있도록 전달해 주는 것이다.[15] 그런데 일부 설교자의 설교에서는 정당성과 적실성 가운데 한쪽 혹은 양쪽 모두 확보되지 않은 것을 발견할 수 있다.

이처럼 설교자들이 어떠한 교정도 받지 않은 상태로 계속해서 강단에 서고 있는 이유는 무엇인가? 그 이유는 한국 교회의 설교 강단은 오래전부터 성역(聖域)으로 취급되어 객관적인 평가를 받을 기회가 없었기 때문이다.

---

[15] 정창균, 『고정관념을 넘어서는 설교』 (수원: 합동신학대학원출판부, 2002), 9.

류응렬 교수는 2004년 10월 18일에 「기독교사상」이 발간한 『한국 교회 16인의 설교를 말한다』에 대해 평가하면서 그동안 한국 교회 강단은 거의 폐쇄된 성역이었음을 지적하고 있다.

이 책이 지적하는 한국 교회 설교자들의 문제를 류응렬 교수는 다음 세 가지로 요약한다.[16]

첫째, 한국 교회 설교자들의 가장 큰 문제점으로 신학이 없다는 점을 지적한다. 그래서 성경 해석을 자의적으로 흐르게 만들고 주어진 현실과 타협하게 만드는 문제가 발생한다.
둘째, 한국 교회 강단의 문제는 잘못된 교회론에서 비롯된다고 지적한다. 그래서 공동체에 대한 시각을 상실한 채 개인주의 신앙으로 흐르는 결과를 초래한다.
셋째, 설교자들의 역사의식 결여를 지적한다. 그 결과 한국 교회 강단은 올바른 방향을 제시하지 못하고 개인적 신앙생활에만 집중하게 된다.

한국 교회 강단의 이런 문제점은 「기독교사상」이 선정한 16인만의 문제는 아니다. 이 책에 선정되지 않은 설교자들에게 어쩌면 더 많은 문제점이 있을 수 있다. 그로부터 20년이 지난 오늘날에도 이런 문제점들은 미해결의 문제점으로 남아있다. 그러므로 설교자들은 정기적으로 자신의 설교에 대해 올바른 기준으로 평가받을 필요가 있다.

그렇다면 그동안 한국 교회 설교 강단은 왜 이처럼 평가 불가한 성역으로 인식되었을까?

정인교 교수는 한국 교회의 설교가 거론 불가의 성역이었던 이유를 설교를 '하나님의 말씀'을 선포하는 것으로 여기는 가치관에 있다고 본다.

---

16 류응렬, "한국 교회 설교 비평의 분석과 평가 그리고 제언", 대한기독교서회, 「기독교사상」 51 (2007/12) : 186-88.

이런 가치관은 마르틴 루터(Martin Luther)가 설교를 "선포된 하나님의 말씀"(verkündigte Wort Gottes)으로 설명한 것에서 기원한다. 그러므로 문자적으로만 보면 설교 비평이란 하나님의 말씀을 건드린다는 부담이 있는 것이다.

이런 부담이 있음에도 정인교 교수는 "설교에 대한 비평은 피할 수 없는 당위이며 설교 비평은 설교가 가진 속성상 반드시 필요하다"라고 주장한다. 왜냐하면, 설교는 하나님의 말씀인 것은 사실이지만, 그 설교가 한계를 가진 인간 설교자를 매개로 청중에게 전달되기 때문이다. 비록 설교자가 사역자로 부름을 받았다는 '내적 소명'(vocatio interna)과 신학 수업과 안수(按手)라는 '외적 소명'(vocatio externa) 그리고 교회의 부름이라는 '간접 소명'(vocatio mediata)을 받았더라도 설교자는 불완전한 인간일 수밖에 없다.[17]

그러므로 정인교 교수는 "이런 완전치 않은 설교자에게 말씀을 맡겨놓고 아무런 통제나 조정의 노력이 없다면 그로부터 야기될 수 있는 문제는 실로 심각한 것이 사실이다"라고 평가한다. 그래서 정인교 교수는 설교 비평은 설교의 성격상 꼭 필요한 영역이며 120년(2007년 당시 기준) 한국 기독교 역사로 볼 때 오히려 늦은 감이 없지 않다고 주장한다.[18]

그러므로 정인교 교수는 정용섭 교수의 『속 빈 설교 꽉찬 설교』에 대해 논평하면서 "이 책을 통해, 설교자를 하나님의 진리의 완벽한 매개자로 신격화하는 것은 결국 설교자뿐 아니라 스스로를 죽이는 위험한 일임을 깊이 발견할 수 있는 계기가 되었으면 한다"라고 설교 비평의 필요성을 피력했다.[19]

박태현 교수 역시 설교 비평의 필요성을 주장한다. 그에 따르면 설교 비평이 신성불가침의 영역이라면 먼저 각 교단 신학교에서 시행되는 설교

---

17 정인교, "한국 교회와 설교 비평 – 이상과 현실 그리고 미래", 대한기독교서회, 「기독교사상」 51 (2007/12): 147-48.
18 정인교, "한국 교회와 설교 비평 – 이상과 현실 그리고 미래", 161.
19 정인교, "한국 교회와 설교 비평 – 이상과 현실 그리고 미래", 155.

실습과 그에 따른 설교 분석조차 허용할 수 없을 것이라고 지적한다. 다만, 설교 비평을 위해 먼저 설교에 대한 바른 견해를 견지할 필요가 있음을 강조한다. 박태현이 말하는 대로 설교 비평의 목적은 다른 사람을 험담하는 것이 아니라 그의 영적 성숙과 믿음의 강화를 돕는 방편이다. 그러므로 설교에 관하여 비평할 때는 신중하면서도 솔직하게 표현해야 할 것이다.

2) 한국 교회 설교 비평의 실태와 문제점

그렇다면 한국 교회 강단에서 설교 비평의 실태는 어떠한가?

한국 교회에서 설교 비평은 2006년과 2007년에 정용섭 교수에 의해 발간된 두 저서 『속 빈 설교 꽉찬 설교』와 『설교와 선동 사이에서』를 통해 본격적인 문을 열었다고 할 수 있다. 이를 두고 류응렬 교수는 설교 비평이라는 장르가 드디어 하나의 학문이 될 가능성을 보여 준 사건으로 평가한다. 류응렬 교수는 정용섭 교수가 한국 교회 강단에서 성경이 사라지고 간증 수준의 설교가 되어 버린 사실을 지적하는 것과 설교자가 본문을 제대로 다루지 않거나 제멋대로 다루는 것을 지적한 사실을 중요하게 평가한다.[20]

하지만, 류응렬 교수는 한국 교회 설교를 비평한 정용섭 교수 자신에게도 심각한 문제가 있음을 지적한다.

류응렬 교수에 의하면 올바른 설교 비평의 목적은 다음과 같다.

> 설교 비평이란 설교에 대한 객관적 평가를 통해 사람들에게 그 사람과 설교에 대한 정확한 이해력을 돕고, 바람직한 설교에 대한 그림을 그려 주며, 설교하는 당사

20　류응렬, "한국 교회 설교 비평의 분석과 평가 그리고 제언", 190-93.

자에게는 이를 통해 설교의 발전을 꾀하여 결국 한국 교회 강단을 말씀에 근거하여 새롭게 세우는 데 있어야 한다.[21]

이에 비해 정용섭 교수의 설교 비평에는 중대한 문제점이 있는데 첫째는 그의 성경관의 문제다. 정용섭 교수는 성경에 대한 축자영감설을 믿는 설교자들을 향해 미숙한 성서 이해를 하고 있다고 비판한다.

그처럼 성경의 축자영감설을 믿지 않는다면 정용섭 교수는 왜 설교자가 강단에서 성경 본문을 존중하지 않음을 지적한 것일까?

성경 속에 하나님의 말씀도 아닌 신화적 요소까지 들어있다고 가정한다면 설교자들이 그런 성경 본문에 집중해서 무엇을 얻겠느냐고 류응렬 교수는 반문한다.[22] 그러므로 설교 비평을 하는 사람은 먼저 성경에 관한 바른 관점을 소유해야 한다. 그리하여 그 설교가 과연 성경의 바른 해석에서 출발했는지를 물어야 그 설교 비평이 올바르고 유익한 비평이 될 수 있을 것이다.

잘못된 성경관을 소유한 정용섭 교수의 비평에는 여러 설교자에 대한 그릇된 평가가 다수 발견된다. 먼저, 김상복의 설교에 대해 정용섭 교수는 "김 목사는 축자영감설에 기초함으로써 신학과 과학을 혼동하는 창조 과학회 유의 방식으로 성서에 접근한다"라고 하면서 "김 목사가 이런 자기모순에 빠진 이유는 성서의 신화까지 역사적 사실로 받아들이고 싶다는, 일종의 신화적 심리 상태에 머물러 있기 때문이다"라고 했다.[23]

정용섭 교수가 축자영감설을 부정하는 잘못된 성경관은 로이드 존스를 비평하는 것에도 드러난다. 그는 로이드 존스에 대하여 축자영감설이 로이드 존스의 설교 구성에 다음 두 가지 오류를 끼쳤다고 지적한다. 하나는

---

21 류응렬, "한국 교회 설교 비평의 분석과 평가 그리고 제언", 176.
22 류응렬, "한국 교회 설교 비평의 분석과 평가 그리고 제언", 193-95.
23 정용섭, 『설교와 선동 사이에서』(서울: 대한기독교서회, 2007), 28-29.

그가 오늘날의 고고학을 총체적으로 부정한다는 것이고 다른 한 가지는 성서의 희화화다. 이에 대해 정용섭 교수는 "고대인들의 우주론적 언어를 아무런 해석 없이 그대로 문자의 차원에서 선포한다는 것은 종말론적으로 하나님 말씀이 성서를 박물관의 유물로 만드는 격이다"[24]라고 설명을 덧붙였다.

정용섭 교수의 또 다른 문제점은 다른 설교자를 향한 그의 태도다. 정용섭 교수는 자신이 긍정적으로 평가하는 몇 사람을 제외하고는 대부분 매우 공격적이고 부정적인 표현을 사용하는 것을 서슴지 않고 있다. 예를 들어, 김남준에게는 "청교도 신앙의 영적 결벽증"이라고 표현했고, 하용조 목사에게는 "근본주의적 강해 설교의 조급증"이라는 표제를 붙였다.[25] 특히, 박영선 목사에 대해서 "그럴듯한 신학적 포즈를 취하긴 했지만, 그 포즈의 뒤안길은 결코 신학적이지 못하다"라고 표현한 것은 정당한 비평이 아니라 작정하고 비꼬는 것으로 보인다.[26]

『설교와 선동 사이에서』에서 정용섭 교수는 『속 빈 설교 꽉찬 설교』에서 보다 더욱 도발적인 표현을 사용하고 있다. 김서택의 설교에 대해서는 "종교적 모범생 콤플렉스에 의한 복음의 훼손"이라고 했고, 이동원 목사의 설교에 대해서는 "규범 설교의 역사 허무주의"라고 했다. 장경동 목사의 설교에 대해서는 "허무주의 영성"이라고 간단히 말하는가 하면 정필도 목사의 설교에 대해서는 "기독교 신앙의 은폐된 폭력성"이라고 비판하고 있다.[27]

정용섭 교수가 이렇게 설교자에 관하여 날선 비판에 열을 올리는 이유는 무엇일까?

---

24 정용섭, 『설교와 선동 사이에서』, 329-30.
25 정용섭, 『속 빈 설교 꽉찬 설교』 (서울: 대한기독교서회, 2006), 63, 315.
26 정용섭, 『속 빈 설교 꽉찬 설교』, 145.
27 정용섭, 『설교와 선동 사이에서』, 37, 129, 197, 243.

이에 대해 대구동신교회 권성수 목사에 관한 그의 비평을 예로 들어보자. 처음에 정용섭 교수는 권성수 목사에 관한 긍정적 묘사로 시작한다. 이를테면, "권 목사가 전업 목회자요, 설교자로 방향을 바꾼 것은 잘한 것으로 보인다. 그는 천성적으로 말이 아니라 머리보다는 마음으로 움직이는 사람이다"[28] 등의 내용이다. 또 정용섭 교수는 "권 목사의 설교 행위에서 발견할 수 있는 또 하나의 특징은 성서의 진리를 청중에게 설득력 있게 전하기 위해 끌어들이는 인문학적 정보들이 매우 풍부하고 전문적이라는 사실이다"라고 칭찬으로 시작한다.[29]

하지만, 정용섭 교수가 권성수 목사의 설교를 '치유 설교', '상담의 원리', '희망찬 교육' 등의 긍정적 단어로 묘사한 것과는 달리 현시대에 관하여 언급한 어떤 설교에 관하여는 '선정성의 극치'라고 비판했다. 끝내 정용섭 교수는 "지금 평자는 기분이 불쾌하다. 짝사랑하던 사람에게서 버림받은 심정이다"라고 개인적 감정을 드러내었다.

이처럼 정용섭 교수가 비평을 빙자하여 개인적 감정을 드러내는 것은 학자적인 비평이라기보다는 현실 정치에 관한 이해가 권성수 목사와 다르기 때문이 아닌지 의심이 된다.[30]

설교 비평에 드러난 정용섭 교수의 태도는 때로 비평보다는 비판이며, 깎아 세우기보다는 허물고 짓밟기로 느껴진다. 그래서 이러한 정용섭 교수의 설교 비평에 대해 정인교 교수는 설교 비평의 본질을 훼손하고 오도할 수 있는 지극히 위험한 접근이라고 우려를 표하고 있다.[31]

---

28 정용섭, "성경 해석학 박사의 해석 없는 설교", 「기독교사상」 578 (2007/02): 175.
29 정용섭, "성경 해석학 박사의 해석 없는 설교", 177.
30 정용섭, "성경 해석학 박사의 해석 없는 설교", 183-85.
31 정인교, "한국 교회와 설교 비평 – 이상과 현실 그리고 미래", 157.

3) 바람직한 설교 비평의 기준

설교를 비평하는 사람은 설교자 못지않은 설교학적 기준을 확보해야 한다. 이런 면에서 김창인의 설교를 평가한 신성욱 교수는 설교 비평의 좋은 예를 보여 주고 있다. 신성욱 교수가 말한 대로 한 편의 설교 속에는 그 사람의 성경관과 신학적인 지식과 인생 경험과 인격 모두가 고스란히 녹아져 있다.[32] 그러므로 설교를 비평할 때는 설교자에 대하여 예를 갖추어 긍정적 평가 후에 아쉬운 점이나 보완점을 언급해야 한다.

김대혁 교수 역시 설교 비평의 모범을 보여 준다. 김대혁 교수는 아브라함 쿠루빌라(Abraham Kuruvilla)의 설교 이론에 대하여 비평하면서 먼저 네 가지의 공헌을 나열한 후 세 가지 정도의 아쉬운 점을 덧붙이는 방식을 취했다.[33] 하지만, 정용섭 교수의 비평은 비평가의 자질과 비평 기준 확보의 시급성을 절감하게 했다.

정인교 교수에 의하면 한국 교회 설교 비평의 문제점은 다음 다섯 가지다.

① 비평자의 기본적인 시각과 태도가 부정적 비판 일변도다.
② 작금의 설교 비평은 지나치리만큼 설교의 내용에만 치중함으로 설교를 전체적으로 조명하지 않는다.
③ 설교 비평의 기준을 어떻게 설정하는가 하는 문제가 대두된다.
④ 비평자의 입장이 설교 비평의 절대 기준이 되어 선택의 문제를 당위의 문제로 몰고 가는 것 역시 설교 비평을 왜곡시킬 수 있다.

---

32 신성욱, "성경 해석학적 관점에서 본 김창인 목사의 설교와 신학적 특징", 한국복음주의실천신학회, 「복음과 실천신학」 60 (2021): 91.
33 김대혁, "Abraham Kuruvilla의 설교 방법론에 관한 비평적 평가", 한국복음주의실천신학회, 「복음과 실천신학」 60 (2021): 31-40.

⑤ 비평자의 독선이다. 설교 비평은 설교자에 대한 예의만이 아니라 회중에 대한 예의까지도 갖추어야 한다.[34]

그렇다면 설교 비평을 위한 바람직한 기준은 무엇인가?
정인교 교수가 제시하는 설교 비평의 합리적 기준은 다음의 일곱 가지다.

① 설교가 우리에게 요구하는 것이 무엇인가?
② 설교 된 내용의 조직신학적 배경에 관해 물어야 한다.
③ 어떻게 설교 되어 있는가를 물어야 한다. 설교는 '무엇을' 말하는 지와 더불어 '어떻게' 말하는지가 중요하다.
④ 누구에 의해 설교가 행해지는가를 물어야 한다. 설교 비평은 설교자에 대한 이해와 공동체 및 설교의 목회적 차원과 계획에 대한 이해를 요구한다.
⑤ 설교가 위치하는 삶의 정황에 관해 물어야 한다.
⑥ 설교의 결과를 물어야 한다.
⑦ 설교가 주로 어떤 공동체를 만들고 있는가를 물어야 한다.[35]

류응렬 교수 역시 한국 교회 강단이 말씀으로 회복되고 하나님 나라를 진리 위에 세우는 설교 비평을 위하여 다섯 가지 제안을 하고 있다.

① 성경적인 설교 신학의 정립이 필요하다.
② 균형 잡힌 설교 비평은 설교자와 설교를 동시에 연구하는 것이다.
③ 설교자의 의도를 존중하며 읽는 자세다.

---

34 정인교, "한국 교회와 설교 비평 – 이상과 현실 그리고 미래", 161-66.
35 정인교, "한국 교회와 설교 비평 – 이상과 현실 그리고 미래", 168-71.

④ 설교 본문뿐 아니라 설교 전달에도 관심을 가져야 한다.
⑤ 설교는 예배의 상황에서 이해해야 한다.[36]

이상의 다섯 가지 제안 가운데 세 번째, 태도에 관한 부분은 특히 중요하다. 류응렬 교수가 한종호의 『전병욱 비판적 읽기』에 대한 평가에서 말했듯이 설교자의 의도와 다르게 비평가의 의도대로 해석해 버리는 것은 파괴적인 결과가 나올 수밖에 없다. "한종호의 눈에 비치는 전병욱은 어떤 말을 해도 이미 그의 눈 밖에 난 사람처럼 여겨진다"라고 한 류응렬 교수의 평가처럼 설교자의 의도를 존중하지 않으면 결코 균형 잡힌 설교 비평이 될 수 없을 것이다.[37]

그렇다면 설교 비평은 설교에 대한 이해와 공감이며 설교에 대한 찬미라고 말하는 보렌의 비평 기준은 어떠한지 살펴보자. 보렌은 설교 분석의 기준을 먼저 지·정·의, 세 개의 카테고리로 구분하고 각 카테고리에 세부적인 가지를 추가하는 방식으로 비평의 기준을 제시했다.[38] 설교 비평의 기준을 세 개로 구분하는 보렌의 카테고리는 청중이 기억하기 좋은 장점도 있으며 그 속에는 정인교 교수가 제안하는 일곱 가지 기준도 대부분 포함된다. 그러므로 이 책에서는 보렌의 구분을 설교 비평의 기준으로 삼고자 한다.

한편, 김지혁 교수에 의하면 성도들은 마음의 감각을 통해 하나님의 아름다움을 경험한다. 또한, 설교의 적용은 마음의 결단 문제이며, 의지와 더불어 정서와 감정을 포함하는 전인격적인 문제다.[39] 그러므로 설교 비평을 할 때는 지·정·의 3요소 가운데 감동을 가장 먼저 나누는 것이 좋다.

---

36   류응렬, "한국 교회 설교 비평의 분석과 평가 그리고 제언", 197-99.
37   류응렬, "한국 교회 설교 비평의 분석과 평가 그리고 제언", 184-86.
38   Bohren, 『설교학 실천론』, 290-298.
39   김지혁, "Jonathan Edwards의 마음의 감각과 그의 설교학적 미학", 한국복음주의실천신학회, 「복음과 실천신학」 33 (2014): 43, 53.

(1) 감동 : 어떤 감동을 했는가?

설교자는 메시지를 전할 때 청중의 감정에 호소한다. 그러므로 그 설교가 청중의 마음을 붙잡았다는 사실은 메시지 전달이 성공했음을 판단하는 중요한 기준이 된다. 청중이 자신의 마음을 감동하게 하는 것이 무엇인가를 파악할 때 설교자가 호소하는 것이 무엇인지 이해한다. 이처럼 청중에게 무엇인가가 들렸고, 청중이 그것을 이야기하는 일은 바로 설교의 찬미다. 이렇게 될 때 청중은 설교자의 편에 선 증인이 되는 셈이다.

(2) 내용 : 어떤 내용을 들었는가?

마음을 붙잡는다는 것은 개인적인 정서로만 이해되어서는 안 되고 설교의 근거와 내용도 함께 파악해야 한다.

이를 확인하기 위해서는 다음 질문이 필요하다.

- **본문의 내용**: 본문의 고유한 교훈은 무엇인지, 본문에서 무엇을 깨달았는지, 설교자는 무엇을 설교했는지 나누는 것이다.
- **교리의 내용**: 성경 해석을 통해서 깨닫게 된 신앙 교리가 무엇인지 파악하는 것이다. 율법과 복음의 관계, 그리스도의 사역과 그 은혜를 나누고 그 깨달음과 전체 성경 및 조직신학적 조화에 대해 나누는 것이다.
- **청중의 상황**: 설교의 내용이 현재 시대와 교회의 상황과 개인의 상황에서 어떤 의미로 와닿는지 나누는 것이다. 설교는 그 문제에 대해 어떤 해답을 주었는지 나누는 것이다.

(3) 결단 : 어떤 결단을 했는가?

설교는 단순발화 행위나 의미 수반발화 행위로 끝나지 않고 반드시 효과수반발화 행위가 되어야 한다.[40] 그렇다면 설교는 청중에게서 어떤 효과가 발생하게 하는 것이 목적이다.

그러므로 개인, 교회, 사회 각 영역별로 다음과 같은 효과를 함께 나누는 것이 중요하다.

- 개인에 대한 효과
    - 설교가 개인을 어디로 인도하려고 하는가?
    - 개인에게 어떤 사고를 하도록 하는가?
    - 개인에게 어떤 호소를 주는가?

- 교회에 대한 효과
    - 설교가 교회의 미래에 대해 어떤 의미가 있는가?
    - 교회의 미래 현상과 그 근거를 설교 가운데서 무엇을 발견할 수 있었는가?

- 사회에 대한 효과
    - 설교가 비판적 정치의식과 사회적 책임감을 일깨워주는가?
    - 이런 사회적 이슈들에 관하여 청중을 어떤 행동의 필요성을 깨달았는가?(예를 들어, 최근에는 교회가 차별금지법과 동성혼 합법화를 막아내야 하는 필요성이 있다.)

---

40 John L. Austin, *How to do things with words*, 2nd ed. by J. O. Urmson & Maria Sbisa (Cambridge: Harvard University Press, 1962. 1975), 94-132.

4. 효과적인 설교 비평 방법과 집단 지성 효과

지금까지 설교 비평의 필요성과 설교 비평의 실태를 살펴보았다. 그리고 비평을 위한 바람직한 기준이 무엇인지 살펴보았다. 그러므로 이제는 이러한 기준으로 설교의 발전과 청중의 설교 참여를 위하여 효과적인 설교 비평 방법에 관하여 생각해 보자. 설교 비평을 통해 긍정적인 효과를 거두기 위해서는 신중하고 지혜로운 방법이 필요한데 이를 위하여 필자는 설교자 그룹과 청중 그룹을 구분하는 이중 노선의 설교 비평 방법론을 제안한다.

이중 노선의 설교 비평이란 무엇이며 그 필요성은 무엇인가?

설교 비평은 아무리 좋게 표현해도 설교자와 청중 모두에게 부담스러운 것임은 부인할 수 없는 사실이다. 왜냐하면, 비평(批評, critique)이란 평가하고 잘못을 지적하는 것이 포함하기 때문이다.[41] 하나님의 말씀으로 선포된 다른 사람의 설교를 평가하는 것도 부담스럽고 자신의 설교를 다른 사람에게 평가받는 것은 더욱 달갑지 않은 일이다. 그리고 설교 비평에 참여한 청중 쪽에서도 그런 비평을 통해 반드시 개인의 경건은 깊어지고 신앙공동체는 활성화된다고 보장하기가 어렵다. 그래서 보렌은 오직 성숙한 교회만이 설교 비평의 과제를 수행할 수 있다고 지적했다.[42] 바로 이런 문제를 해결하는 방안으로 필자는 설교 비평 모임의 참여자를 설교자 그룹과 청중 그룹으로 구분하여 이중 노선으로 시행할 것을 제안한다.

---

41 국립국어원의 『표준국어대사전』은 '비평(批評)'을 '사물의 옳고 그름, 아름다움과 추함 따위를 분석하여 가치를 논함'이라고 설명한다.
42 Bohren, 『설교학 실천론』, 298.

1) 설교자 중심의 설교 비평 모임

먼저, 설교자 중심의 설교 비평 모임에 대하여 생각해 보자. 앞에서 언급했듯이 한국 교회에서 설교 비평이 제대로 이루어지지 못한 이유는 한국 교회 강단이 성역으로 인식되어 왔기 때문이며, 성역화의 주된 이유는 설교가 하나님의 말씀이라는 의식 때문이다.

그런데 인간 설교자가 하는 말은 어떤 이유와 근거로 하나님의 말씀이 될 수 있는가?

이에 대하여 보렌은 두 가지 이유로 설명한다.

첫째, 하나님께서 인간 설교자와 공동 설교자가 되어 주시기 때문이다.
둘째, 하나님께서 인간 설교자에 앞선 첫 번째 설교자가 되어 주시기 때문이다.[43]

인간 설교자가 말하는 내용은 하나님께서 하고 싶은 말씀이며 인간 설교자는 하나님을 위하여 그리고 하나님을 대신하여 그 말을 전하는 것이다. 그러므로 하나님의 말씀을 전하는 설교자는 그 설교가 과연 하나님께서 하고 싶은 말씀이 맞는지 점검하는 겸손함이 필요하다.

그런데 사람이란 자기를 객관적으로 평가하는 데에 한계가 있다. 또 본인이 중요하게 여기고 강조하면서도 정작 본인은 실수할 수 있는 것이 사람이다. 그러므로 자기의 설교를 객관적으로 평가받고 발전시키기를 원하는 설교자는 설교자들로 구성된 비평 그룹에 속하는 것이 필요하다. 그리고 앞에서 정용섭 교수의 설교 비평을 통해서도 확인했듯이 한 사람이 설교 비평을 독점하는 것은 균형을 잃을 우려가 있다. 그러므로 설교를 평가

---

43 Bohren, 『설교학 실천론』, 119-20.

하고 점검하는 작업은 일정한 교육을 받아 준비된 설교자 그룹을 만들어 참여하는 것이 안전하다.

설교자들로 구성된 설교 비평 그룹은 한 사람씩 대상을 정하여 설교를 비평하되 설교자의 개별성과 시간적, 공간적 상황성도 함께 고려하도록 사전에 설교 환경에 대한 설명을 듣고 현장에서 촬영된 동영상을 시청한 후에 평가하는 것이 좋다. 이렇게 설교자들의 설교 비평 모임에 참여하는 설교자의 설교는 점점 정당성과 적실성을 확보한 설교로 발전할 것이다. 그리고 자신이 미처 인지하지 못했던 습관도 발견하고 개선하게 될 것이다.

설교자 비평 그룹에서 하는 일은 설교에 공감하고 격려하는 일과 더불어 설교의 내용과 전달 방법 등을 평가하며 그 설교자가 더 발전할 수 있도록 세워 주는 것이다. 이때 중요한 것은 반드시 설교에 대한 공감과 격려를 먼저 한 후에 발전 요소를 덧붙여 주는 순서를 지키는 것이 좋다. 설교 평가에서 반드시 격려 후에 발전 요소를 덧붙이는 순서의 중요성에 관하여 설교학자 권호 교수는 "마취하고 수술칼을 대야 한다"라고 적절히 표현한다. 이러한 방향성을 잘 기억하기 위해서는 이 모임의 이름을 "설교 비평 모임"보다는 "설교 공감 모임"(설공모)이라고 부를 것을 제안한다.

설교 비평 모임에서는 무엇을 나눌 것인가?

박태현은 설교 비평은 설교문(Sermon) 영역과 설교 행위(Preaching) 영역으로 나누어서 시행하라고 제안한다. 먼저, 설교문 영역에서는 해석 비평과 적용 비평 그리고 설교문 구조 영역을 비평해야 한다. 그리고 설교 행위 비평에서는 언어적 영역만이 아니라 비언어적 영역도 다루어야 한다.[44] 비언어적 영역에 관해서는 박태현도 잘 설명하고 있지만 커뮤니케이션 전문가인 해돈 W. 로빈슨(Haddon W. Robinson)이 보다 자세히 설명하고 있으

44　박태연, "설교 비평을 통한 개혁주의 설교실습교육에 관한 연구". 250-66.

므로 이를 기준으로 삼는 것이 좋을 것이다. 로빈슨은 『강해 설교』(Biblical Preaching) 제10장에서 설교자의 용모와 제스처, 눈 접촉(eye contact), 음성의 명확성과 고저장단, 속도 그리고 휴지(pause)까지 전달에 필요한 모든 사항을 자세히 설명하고 있다.[45]

2) 청중 중심의 설교 비평 모임

이제 일반 청중이 참여하는 설교 비평 모임에 대하여 생각해 보자. 보렌은 자신이 열정을 다하여 즐기는 일이 네 가지가 있는데 그것은 그림을 그리는 일, 스키를 타는 일, 나무를 찍어 넘어뜨리는 일 그리고 설교하는 일이라고 한다. 이 말은 설교를 취미생활로 여긴다는 뜻이 아니라 설교하는 일에 그만큼 열정을 다한다는 뜻이다.[46] 보렌과 마찬가지로 모든 설교자는 열정을 가지고 설교에 헌신한다.

설교자가 그처럼 설교하는 일에 열정을 다한다면 청중 역시 같은 열정으로 동참하도록 다음과 같은 방안이 필요하다.

첫째, 설교 비평 모임에 참여하는 것이다.
청중의 열정적 동참은 청중 자신을 위해서도 필요하며 설교자가 계속해서 열정을 가지고 설교하기 위해서도 필요하다. 청중이 설교에 열정적으로 참여한다는 말은 먼저 설교가 선포되는 시간에 귀를 기울여 잘 듣는 것이다. 또한, 설교 후에 그 내용을 기억하고 개인의 가치관과 삶에 적용하는 것도 포함한다.

---

45 Haddon W. Robinson, *Biblical Preaching*, 박영호 옮김, 『강해 설교』 (서울: CLC, 2007), 251-75.
46 Rudolf Bohren, *Predigtlehre*, 박근원 옮김, 『설교학원론』 (서울: 대한기독교서회, 1979), 13.

어떻게 하면 청중이 설교를 듣는 일과 적용에 열정적으로 동참하게 할 수 있을까?

예배가 끝나면 곧장 일상생활과 생업에 쫓기며 살아가는 청중은 제도적으로 모임을 만들어 참여하도록 권장하지 않으면 자발적으로 이런 관심을 가지기가 쉽지 않다. 그러므로 그들이 들은 메시지를 기억하게 하고, 깨달은 교훈대로 순종할 수 있도록 독려하는 방안이 필요하다. 그것이 바로 설교 비평이다.

사람이란 자기 생각을 말로 표현하는 과정을 통해 정리되고 결심이 강화되는 존재다. 그리고 순종의 결심을 서로 나누면서 책임감이 강화될 수 있다. 이를 위해 설교를 들은 후에 소그룹에서 서로 나누는 시간이 필요하다. 이처럼 설교 나눔에 참여하는 사람은 설교 시간에 더욱 집중해서 듣는 효과도 있을 것이다.

둘째, 청중이 열정을 다하여 설교를 듣는 것 자체가 곧 하나님과 동역하는 것임을 알게 하는 것이다.

이는 보렌이 말하는 인간 설교자의 말이 하나님의 말씀이 되는 두 번째 이유를 통해서 설명할 수 있다. 보렌에 의하면 설교자가 강단에 설 때 인간 청중에게 설교하기에 앞서 눈에 보이지 않는 또 다른 청중 앞에서 설교하는 것이다. 그 청중은 거기에 있는 어떤 청중보다 더욱 주목받기를 원하시는 하나님이시다. 하나님은 모든 인간 청중보다 더욱 소중한 첫 번째 청중이시다. 설교의 우선적인 목표는 첫 번째 청중이신 하나님의 존재를 알리고 선포하는 것이다. 또한, 설교자가 하는 설교의 가치를 판단하는 분은 바로 하나님이시다. 그러므로 설교자의 설교는 첫 번째 청중이신 하나님에 의해 정당화되는 것이다.[47]

---

47 Bohren, 『설교학 실천론』, 151-52.

그런데 설교 현장에서 삼위 하나님이 첫 번째 청중이 되시며 설교자의 설교를 정당하게 한다는 것은 청중이 설교에 귀를 기울이는 것에도 중요성을 부여한다. 설교가 행해질 때 그 자리에서 하나님께서 직접 듣고 계신다면 청중이 설교를 듣는 것만으로도 하나님과 동역할 수 있기 때문이다.

설교를 듣는 행위만이 아니라 설교 이후에 그 설교에 대해 계속해서 생각하는 것과 들은 설교를 다른 사람과 이야기하는 것 역시 하나님과 동역하는 것이 된다. 시편 1편은 하나님의 말씀을 주야로 묵상하는 것이 복되다고 한다. 여기서 묵상한다는 말은 히브리어로 하가(הגה)인데 '중얼거리다', '묵상(명상)하다', '작은 소리로 읊조리다' 등의 뜻을 가진다. 이를 근거로 보렌은 설교에 대해 명상하고 설교 비평에 참여하는 것이 바로 설교자의 열정에 동참하는 것이며 설교를 찬미하는 것이라고 한다.[48]

셋째, 설교자 그룹은 다른 주의가 요구된다.

이는 설교에 대한 전문적인 훈련을 받은 적이 없는 일반 청중 모임에서 설교 비평을 하기 때문이다. 보렌은 "설교 비평은 설교의 찬미이며 설교를 해석하는 것이고, 설교에 열정적으로 공감하는 것"이라고 설명했다.[49] 그러므로 이 모임에 참여한 청중은 설교에 대한 각자의 공감을 나누고, 부족한 이해를 보완하며, 각자의 깨달음에 대한 구체적인 실천을 나누는 것이 유익하다. 말하자면 청중 그룹의 설교 비평은 설교를 평가하기보다는 말씀을 공유하고 내면화하는 방법으로 들은 말씀을 드높이는 것에 목적이 있다.

이 모임의 이름에는 '비평'이라는 표현보다 서로 격의 없이 대화한다는 느낌을 주는 용어를 사용하는 것이 좋다. 예를 들어, 함께 말한다는 뜻을 가진 라틴어 '콜로키움'(*Colloquium*)도 고려해 볼 수 있다. 그리고 콜로키움의 원활한 진행에 필요하다면 참석자들에게 다음과 같이 몇 개의 문항이

---

48   Bohren, 『설교학 실천론』, 286-87.
49   Bohren, 『설교학 실천론』, 287-88.

담긴 인쇄물을 제공하는 것도 도움이 될 것이다.

- **감동**: 오늘의 설교는 이런 부분에서 감동과 은혜가 됩니다.
- **내용**: 오늘의 설교에서 이런 내용을 들었습니다(성경 해석, 교리, 역사, 사회의식, 상식).
- **적용**: 오늘의 설교를 듣고 이런 결심을 했습니다(뉘우침, 가치관 정립, 실천 결심).

콜로키움이 성공하기 위해서는 잘 훈련된 리더가 필요하다. 리더를 세우는 좋은 사례는 옥한흠 목사의 제자 훈련을 예로 들 수 있다. 평생의 목회를 통해 평신도를 깨우는 일에 집중했던 옥한흠은 한국 교회의 문제점이 평신도를 수동적인 존재로만 취급한 것이라고 지적한다.[50] 옥한흠의 제자 훈련은 평신도 지도자를 세우는 것이 목적인데 평신도 지도자(순장)들의 사명은 각 다락방에서 순원들과 함께 말씀을 중심으로 하는 대화를 이끄는 것이다. 그런 면에서 제자 훈련은 콜로키움의 좋은 사례라고 할 수 있다.

3) 청중 참여와 집단 지성 효과

청중이 설교를 서로 나누고 적용하게 할 때 여기에 '집단 지성'이라는 효과가 발생할 수 있다. 집단 지성(集團知性, collective intelligence)이란 한 세기 전까지는 필요성과 유익함을 생각하지 못하던 새로운 발견이다. 찰스 웹스터 리드비터(Charles Leadbeater)에 의하면 19세기와 20세기 초에 출현한 대규모 기업들은 군대형 조직이었다. 사람들은 자기가 무슨 일을 해야 하는지 알고 싶으면 작업 지시서를 보거나, 명령 계통의 직속 상관의 지시

---

50 옥한흠, 『다시 쓰는 평신도를 깨운다』 (서울: 두란노, 1999), 43.

를 따르면 그만이었다. 그러나 오늘날은 조직이 직면한 여러 가지 도전을 극복할 수 있는 효과적인 방안을 제공하는 대안적인 조직화 방식으로 집단 지성이 떠오르고 있다.[51]

리드비터에 의하면 단독 발명가로 널리 알려진 토머스 에디슨이 성공을 거둘 수 있었던 이유는 그가 훌륭한 협업 활동가였기 때문이다. 아이디어가 소비자, 개발자, 공급자 사이에 공유될 때 혁신은 번성한다. 아이디어 창안에 관계하는 사람들의 수가 늘어나면, 누가 무슨 일을 했고, 누가 얼마만큼 소유하게 될지를 계산하는 것은 점점 어려워진다. 그러므로 협업에 의한 혁신은 반드시 공동 소유권의 형태를 취해야 한다.[52]

이처럼 발명과 생산의 아이디어 창출에서 협업을 통한 집단 지성이 발생한다면, 설교를 함께 들은 청중이 그 말씀을 가지고 서로 이해와 깨달음 및 그 적용을 서로 나누는 동안에도 집단 지성을 통한 상승효과를 기대할 수 있을 것이다. 이런 유익함은 태초부터 하나님께서 우리 인간에게 부여해 주신 축복이다. 그리고 이를 가장 먼저 활용하고 유익함을 누려야 하는 것은 바로 교회공동체이며 이러한 유익은 설교 나눔을 위한 콜로키움을 통해서 누릴 수 있다.

5. 나가는 글

이상으로 필자는 포스트 코로나 시대의 교회 활성화를 위한 청중의 설교 참여 방안에 대하여 살펴보았다. 코로나19로 공동체의 기능을 상실할 위기에 처한 한국 교회는 포스트 코로나 시대를 대비할 필요성이 있다. 이

---

[51] Charles Leadbeater, *We think : mass innovation, not mass production*, 이순희 옮김, 『집단 지성이란 무엇인가 : 우리는 나보다 똑똑하다』 (파주: 북이십일, 2009), 131.
[52] Leadbeater, 『집단 지성이란 무엇인가 : 우리는 나보다 똑똑하다』, 137. 165.

에 대한 대안으로 필자는 설교 비평을 제안했다. 설교 비평이 필요한 또 한 가지 중요한 이유는 한국 교회 강단의 설교가 정당성과 적실성이 확보되지 않은 채 선포되는 사례가 있으며 이에 대한 적절한 보완책이 필요하기 때문이다.

그런데 설교 비평은 자칫하면 설교 비판이라는 부정적 결과로 전락할 우려가 있다. 이런 우려는 실제로 류응렬 교수와 정인교 교수의 분석과 평가를 통해 설교 비평의 포문을 연 정용섭 교수의 두 비평서에서 드러났음을 확인했다. 따라서 설교 비평을 시행하기 전에는 먼저 객관적이고, 바람직한 비평의 기준을 마련하고 비평자의 자질도 잘 준비해야 한다. 또한, 설교 비평을 시행할 때는 설교 발전을 위한 설교자 그룹과 설교를 찬미하고 말씀을 드높이기 위한 일반 청중 그룹으로 구분하여 시행하는 것이 좋다.

설교자 그룹은 먼저 비평을 위한 충분한 준비 공부를 한 후에 시작하되 서로 예의를 갖추어 격려와 감사를 한 후에 발전을 위한 제언을 하는 '설교 공감 모임'으로 진행함으로써 긍정적인 효과를 기대할 수 있을 것이다. 한편으로 일반 청중의 경우에는 먼저 성숙한 리더를 세우는 것이 중요하다. 그리고 비평 그룹의 명칭도 허심탄회하게 서로 대화하는 느낌을 주는 '콜로키움'이라는 이름을 사용하는 것이 좋다. 대화의 내용은 '지·정·의의 요소'로 구분하여 설교에서 무엇을 깨달았는지, 설교에서 어떤 감동을 했는지 그리고 설교를 통해 어떤 결심을 하게 되었는지를 나눔으로 신자 개인의 경건과 신앙공동체의 성숙을 기대할 수 있을 것이다.

참고 문헌

김대혁. "Abraham Kuruvilla의 설교 방법론에 관한 비평적 평가". 한국복음주의실천신학회.「복음과실천신학」 60 (2021): 011- 044. https://doi.org/10.25309/kept.2021.8.15.011.

김지혁. "Jonathan Edwards의 마음의 감각과 그의 설교학적 미학". 한국복음주의실천신학회.「복음과 실천신학」 33 (2014): 42-73.

류응렬. "한국 교회 설교 비평의 분석과 평가 그리고 제언". 대한기독교서회.「기독교사상」 51 (2007/12): 176-201.

박태현. "설교 비평을 통한 개혁주의 설교실습교육에 관한 연구: 종교개혁과 청교도의 전통을 따라서". 개혁신학회.「개혁논총」 39 (2016): 229-282.

신성욱. "성경 해석학적 관점에서 본 김창인 목사의 설교와 신학적 특징". 한국복음주의실천신학회.「복음과 실천신학」 60 (2021): 082-130.https://doi.org/10.25309/kept.2021.8.15.082.

옥한흠.『다시 쓰는 평신도를 깨운다』. 서울: 두란노, 1999.

정용섭.『설교와 선동 사이에서』. 서울: 대한기독교서회, 2007.

_____. "성경 해석학 박사의 해석 없는 설교".「기독교사상」 578 (2007/02): 174-190.

_____.『속 빈 설교 꽉찬 설교』. 서울: 대한기독교서회, 2006.

정인교. "한국 교회와 설교 비평 – 이상과 현실 그리고 미래". 대한기독교서회.「기독교사상」 51 (2007/12): 146-174.

정창균.『고정관념을 넘어서는 설교』. 수원: 합동신학대학원출판부, 2002.

조광현. "코로나 시대, 영상 설교에 대한 설교학적 고찰". 한국복음주의실천신학회.「복음과실천신학」 57 (2020): 181-209. https://doi.org/10.25309/kept.2020.11.15. 181

홍인택.『웨스트민스터 총회의 율법과 성화』. 서울: 개혁주의신학사, 2021.

Austin, John L. *How to do things with words.* 2nd ed. by J. O. Urmson & Maria Sbisa. Cambridge: Harvard University Press, 1962. 1975.

Bohren, Rudolf. *Predigtlehre.* 박근원 옮김.『설교학 실천론』. 서울: 대한기독교서회, 1980.

_____, Rudolf. *Predigtlehre.* 박근원 옮김.『설교학원론』. 서울: 대한기독교서회, 1979.

Bownd, Nicholas. *The True Doctrine of the Sabbath: or, Sabbatum Veteris Et Novi Testamenti*. Grand Rapids: Reformation Heritage Books, 2015.

Craddock, Fred B. *As One without Authority*. 김운용 옮김. 『권위 없는 자처럼』. 서울: 예배와설교아카데미, 2003).

_____, Fred B. *Preaching*. 이우제 옮김. 『크래독의 설교 레슨』. 서울: 대서, 2007.

Doriani, Daniel M. *Getting the message : a plan for interpreting and applying the Bible*. 정옥배 옮김. 『적용, 성경과 삶의 통합을 말하다』. 서울: 한국성서유니온선교회, 2011.

Leadbeater, Charles. *We think : mass innovation, not mass production*. 이순희 옮김. 『집단 지성이란 무엇인가 : 우리는 나보다 똑똑하다』. 파주: 북이십일, 2009.

Robinson, Haddon W. *Biblical Preaching*. 박영호 옮김. 『강해 설교』. 서울: CLC, 2007.

Rose, Lucy Atkinson. *Sharing the word*. 이승진 옮김. 『하나님 말씀과 대화 설교』. 서울: CLC, 2010.

제6장

교회 회복을 위한 설교 비평

1. 들어가는 글

역사상 유례가 없을 정도로 부흥과 성장을 경험한 한국 교회는 2020년에 맞닥뜨린 코로나19의 여파로 급격한 침체를 맞이했고, 코로나 팬데믹 기간을 지나오면서 상상을 초월하는 패러다임의 변화를 맞이하고 있다. 코로나 시대 이후 2023년에 한국 교회에 불어닥친 현상에 관하여 지용근 등 9인이 제출한 보고서에는 상당히 흥미로우면서도 제목만 보아서는 그 의미를 충분히 파악하기 어려운 표현이 대거 등장한다. 그 제목들이란 "플로팅 크리스천", "Spiritual But Not Religious"(영적이지만 종교적이지 않은), "하이브리드 처치", "몰라큘 라이프"(Molecule Life, 시대의 대안), "액티브 시니어"(Active Senior), "쫓아가면 도망가는 MZ 세대", "올라인 교육"(All-Line Education), "퍼블릭 처치"(Public Church), "격차 교회", "서바이벌 목회", "기후 교회" 등이다.[1]

이와 같은 교회 상황의 변화가 말하는 것은 이제 청중이 설교자의 권위를 무조건 인정해 주거나 한 성도가 죽을 때까지 한 교회에 충성하던 시대가 끝났다는 것이다.

---

[1] 지용근 외 9인, 『한국 교회 트렌드 2023』 (서울: 규장, 2022), 26-27.

이러한 상황에서 한국 교회가 다시 회복하기 위해 설교자들은 어떤 노력을 기울일 수 있는가?

위기일수록 기본으로 돌아와야 하고 원칙에 충실해야 한다는 논리로 생각하면 지금이야말로 설교의 원리를 붙들고 설교의 원천적 권위를 다시 세워야 한다. 정창균 교수가 강조하여 말하는 것처럼 "몰락기를 맞고 있다는 한국 교회는 이제야말로 말씀에 집중하는 설교로 돌아갈 절호의 기회를 맞고 있다."[2] 왜냐하면, 현대인들은 설교를 싫어하는 것이 아니라 설교가 아닌 것에 실망하는 것이기 때문이다.

그렇다면 포스트 코로나 시대에 신앙공동체의 활성화를 위해 설교자가 할 수 있는 것은 무엇인가?

이에 대하여 필자는 포스트 코로나 시대의 교회 활성화를 위한 방안으로 청중이 설교에 참여할 수 있도록 제도를 만들어 줄 것을 제안한 바 있다. 그리고 이를 위해서 청중이 설교에 참여할 당위성과 구체적인 방법론도 제시했다.[3] 그런데 지용근 외 9인이 『한국 교회 트렌드 2023』에서 이미 지적한 바와 같이 코로나 시대를 통과하면서 청중의 가치관에 적지 않은 변화가 감지되고 있다.

코로나 시대 이전의 청중은 때로는 순수한 헌신으로, 때로는 맹목적 순종으로 설교자의 권위를 인정하고 지역 교회에 헌신해 왔다. 그러나 코로나와 함께 소위 비대면 예배를 통해 교회공동체 및 설교자와 물리적 거리두기를 경험한 청중은 교회를 위한 순수한 헌신이 시들해졌다. 무엇보다 비대면 예배로 인한 일종의 설교 쇼핑을 경험하면서 설교자를 향해 맹목적으로 순종하던 마음에서 설교를 좀 더 객관적으로 보는 시야가 생기게

---

2 정창균, 『강단으로 가는 길』 (수원: 설교자하우스, 2016), 18.
3 최광희, "포스트 코로나 시대의 교회 활성화를 위한 청중의 설교 참여 방안: 루돌프 보렌을 중심으로", 한국복음주의실천신학회, 「복음과실천신학」 65 (2022): 14-31. https://doi.org/10.25309/kept.2022.11.15.011

되었다. 이처럼 청중의 가치관이 전통적 가치관에서 멀어지고 있음에도 불구하고 설교자가 정당성도 없고 적실성도 없는 설교를 고집한다면 더는 설교의 권위를 유지하기 어렵다. 그러므로 침체해 가는 교회가 회복하기 위해서는 먼저 설교 강단이 회복되어야 한다.

구약 이스라엘 역사를 살펴볼 때 그들이 말씀에 대해 어떻게 반응하느냐에 따라 이스라엘 나라, 즉 구약 교회의 흥망성쇠가 결정되는 것을 볼 수 있다. 양승헌에 의하면 이스라엘 역사를 꺾은선 그래프로 나타내 보면 네 개의 산봉우리가 이루어진다. 그 봉우리에 해당하는 시대의 왕은 다윗, 여호사밧, 히스기야 그리고 요시야인데 그때마다 왕들이 말씀을 사랑하고 말씀 위에 나라를 세울 때였다.[4] 구약 교회나 신약의 교회나 동일한 원칙이 적용된다고 볼 때 오늘날에도 교회를 회복하는 가장 확실한 비결은 바로 강단의 권위를 회복하고 청중이 말씀을 사랑하고 말씀 위에 교회를 세우는 것이다.

강단이 회복하기 위해 설교자들은 무엇을 할 수 있을까?

필자는 강단이 회복되기 위해서 설교자들이 정기적으로 모이는 설교 비평 모임이 필요함을 제안한다. 설교 비평 모임을 위해서는 몇 가지 전제 조건, 즉 객관적인 근거가 필요하다.

이를 위해 본 연구에서는 다음과 같이 제시하고자 한다.

첫째, 집단 지성의 효과와 설교 비평 모임의 중요성
둘째, 설교의 출발점이 되는 설교의 두 기둥에 대한 설명
셋째, 설교의 정당성을 확보할 수 있는 성경 해석 방법론
넷째, 적실성을 담보할 수 있는 설교 원고 작성 원리

---

4 양승헌, 『크리스천 티칭』 (서울: 디모데, 2012), 138.

이를 통해 성경 해석과 원고 작성의 기준을 공유한 설교자들이 서로의 설교를 비평하기 위해 모일 때 발전적 의견을 제시할 수 있고 추락한 설교의 권위를 다시 세울 수 있을 것이다.

2. 집단 지성의 효과와 설교 비평

사람이란 손금 하나부터 외모와 성격 그리고 그 장단점이 각각 다르다. 특히, 어떤 것을 더 중요하게 생각하는지 판단하는 기준도 저마다 다르다. 사람은 혼자서는 자기의 단점을 발견하는 데 한계가 있다. 그러나 설교자가 다른 설교자와 정기적으로 모여 서로의 설교를 비평한다면 혼자서 설교하고 그냥 끝낼 때는 깨닫지 못했던 설교의 발전 요소를 발견하게 되는 이점이 있다. 이처럼 함께 정답을 찾아가는 과정은 리드비터가 말하는 '집단 지성'에 해당한다.

그렇다면 집단 지성이란 무엇이며 집단 지성을 통해 어떤 유익한 결과를 얻을 수 있는지 살펴보자.

1) 집단 지성 효과와 그 적용 범위

집단 지성(集團知性, collective intelligence)은 20세기까지는 그 필요성은커녕 단어조차도 생각하지 못했던 개념이다. 왜냐하면, 20세기 초에 생겨난 거대 기업체는 모두 군대형 조직이었고, 당시 사람들은 회사에서 직속상관이 시키는 대로 하면 되었기 때문이다. 또 각자가 할 일은 모두 작업 지시서에 나와 있었기에 그 명령을 잘 따르기만 하면 되었다. 그러나 오늘날의 조직은 여러 가지 도전에 직면하고 있고, 그것을 극복하기 위해서는 집단 지성을 활용하는 것이 가장 효과적인 방안임이 널리 알려졌다.[5] 그래서 일본의 대표적 경영컨설턴트 오마에 겐이치도 21세기에는 집단 지능이 높은 집단이 승리한다고 주장한다. 그는 개인의 IQ가 문제가 아니라 한 집단의 IQ가 중요하다고 강조한다.[6]

집단 지성이 얼마나 효과적인지 예를 들어 보자. 리드비터에 의하면, 위대한 발명가 토머스 에디슨이 그렇게 많은 성공을 거둘 수 있었던 것은 그 혼자만의 아이디어가 특출해서라기보다는 그가 협업을 잘했기 때문이었다. 제품 개발에서 개발자와 공급자만이 아니라 사용자까지 아이디어가 공유될 때 비로소 혁신이 발생하는 것이다. 이처럼 아이디어 창안에 관계된 사람이 많아지면 누가 어떤 아이디어를 냈는지 그래서 누가 얼마나 소유권을 행사할지 계산하기가 어려워진다. 그러므로 이 경우 소유권은 당연히 공동 소유권의 형태를 취하게 한다.[7] 그렇게 공동 소유권을 가지게 된 경우 개발자와 공급자, 사용자까지 모두 집단 지성으로 생산에 아이디어를 제공했기에 그 제품에 관한 애착심도 더욱 커지는 이점도 있다.

집단 지성은 제품개발이나 경영에서만 적용되는 개념이 아니라 사회 현상에 관한 연구 분석에도 적용된다. 모자이크 코리아가 낸 『2019-2029 시나리오 한반도』에서는 23명의 남북한 집단 지성들이 한반도의 미래를 다양한 시나리오로 예측하고 있는데 간단히 소개하면 다음과 같다.

남북한 집단 지성이 도출한 한반도의 미래 모델에서 남한의 경우 첫 번째 시나리오는 사회 전체와 구성원 각자가 다 같이 잘사는 위대한 번영 모델이다. 두 번째 시나리오는 경제적으로는 정체되었으나 사회적으로는 통합된 모델이며 세 번째 시나리오는 기술 발전과 경제 성장은 이루었으나

---

5 Charles Leadbeater, *We think: mass innovation, not mass production*, 이순희 옮김, 『집단 지성이란 무엇인가: 우리는 나보다 똑똑하다』, (파주: 북이십일, 2009), 131.
6 Kenichi Ohmae, 知の衰退からいかに脱出するか?, 양영철 옮김, 『지식의 쇠퇴: 오마에 겐이치의 집단 지성론』, (서울: 말글빛냄, 2009), 13.
7 Leadbeater, 『집단 지성이란 무엇인가: 우리는 나보다 똑똑하다』, 137. 165.

사회적 갈등 요소는 해결되지 않고 빈부격차가 극대화된 모델이다. 마지막 네 번째 시나리오는 심각한 경제 침체와 사회적 충돌이 맞물리는 최악의 모델이다.

한편, 이 책이 예측하는 북한의 미래에 대한 시나리오로 다음 네 가지를 제시한다.

첫째, 인간의 존엄이 회복되고 세상에 부러울 것이 없는 미래 전망이다.
둘째, 배고픈 강성 대국 모델인데 북한이 핵을 포기하지 않음으로 경제적 어려움에 처하는 상황을 말한다.
셋째, 찢어진 모기장 모델로서 북한이 장마당을 통한 경제적 성장을 얻었으나 나라는 통제되지 않는 상태를 말한다.
넷째, 계속되는 국제 제재로 경제난은 계속되고 인민도 통제할 수 없는 완전한 실패를 말한다.

이렇게 조선노동당이 실패할 경우 한반도가 자연스러운 흡수통일이 이루어진다는 보장이 없으며 북한의 핵무기와 ICBM을 노리는 주변국이 개입하는 혼란이 올 것으로 이 책은 집단 지성을 통해 예측한다.[8]

이상에서 살펴본 것처럼 집단 지성은 제품개발이나 사회 현상 분석 등 다양한 분야에서 활용될 수 있는 개념이다. 그렇다면 집단 지성 개념이 설교 비평에는 어떤 상관관계가 있을지 생각해 보자.

---

8 모자이크 코리아, 『2019-2029 시나리오 한반도』 (서울: 샘앤파커스, 2019), 73-139.

2) 집단 지성을 통한 설교 비평 효과

앞에서 살펴본 바와 같이 제품의 개발과 생산의 아이디어 창출에서도 협업을 통한 집단 지성이 중요한 역할을 하며 사회 현상을 분석하고 예측하는 일에도 집단 지성이 효율적인 성과를 낼 수 있다. 그렇다면 설교자들이 함께 모여 서로의 설교를 평가하고 발전적 대안을 제시하는 데에서는 집단 지성을 통한 상승효과를 더욱 기대할 수 있을 것이다.

그런데 한국 교회에서 서로의 설교를 발전시키는 설교 비평이 거의 부재한 상황이다. 설교를 비평하거나 비평받지 못하는 이유는 한국 교회에서 강단은 성역(聖域)으로 간주되어 누구도 섣불리 간섭하지 못하는 상황이기 때문이다. 설교는 하나님의 말씀이라는 의식이 팽배하기에 한번 설교자로 세워진 이후에는 그 설교에 대한 비평이 이루어질 기회조차 없는 것이 한국 교회의 실정이다.[9]

하지만, 루돌프 보렌(Rudolf Bohren)이 말한 대로 설교란 인간 설교자가 하나님을 대신해서 하나님의 말씀을 전하는 것이라면 내 설교에 아무도 간섭하지 말라는 식으로 오만해서는 안 된다. 오히려 설교자는 두려운 마음으로 자기가 전하는 설교가 과연 하나님이 주신 말씀이 맞는지 점검해보는 겸손함이 필요하다.[10] 그러므로 그런 설교 점검을 실현하는 가장 좋은 방법으로 필자는 설교 비평 모임이라는 시스템을 제안한다.

설교 비평을 하기 위해서 시스템이 필요한 이유는 다음과 같다. 사람은 자신의 약점을 보지 못하는 약점이 있기에 자신을 객관적으로 평가하는 데 한계가 있다. 그러므로 자신의 설교를 점검하고 발전시키기 위해서

---

9   류응렬, "한국 교회 설교 비평의 분석과 평가 그리고 제언", 대한기독교서회, 「기독교사상」 51 (2007/ 12): 186-88.

10   Rudolf Bohren, *Predigtlehre*, 박근원 옮김, 『설교학 원론』 (서울: 대한기독교서회, 1979), 169.

는 설교자들로 구성된 설교 비평 그룹에 속할 필요가 있다. 앞선 연구에서 정용섭이 행한 설교 비평의 문제점을 통해서 확인했듯이 한 사람의 설교를 한 사람이 독점하고 비평할 때는 균형을 잃어버리고 독단으로 치우칠 우려가 크다.[11] 그러므로 설교를 비평하는 일은 객관적인 평가 기준을 교육받고 일정 수준의 설교 철학을 소유한 설교자 그룹 안에서 하는 것이 안전하다.

그런데 설교자 비평 그룹을 통한 설교 비평이 긍정적 효과를 내기 위해서는 잘못된 부분을 지적해 주는 비판보다 앞서 할 일이 있는데 설교자를 향해 공감과 격려를 표현해 주는 것이다. "칭찬은 고래도 춤추게 한다"라는 말이 있듯이 자기가 한 설교의 가치를 인정받은 설교자는 설교의 발전 요소를 받아들일 마음이 준비되기 때문이다. 그런 과정 이후에 할 일은, 비판이 목적이 아니라, 그 설교자가 더 발전하게 할 목적으로 사랑을 담은 조언을 해 주는 것이다. 이처럼 설교에 대한 공감과 칭찬을 먼저 하고, 발전 요소를 제시하는 것은 권호 교수의 표현처럼 '먼저 마취한 후에 수술칼을 대는 것'이라고 할 수 있다. 그런 의미에서 설교 발전을 위해 모인 설교 비평 모임의 이름은 (집단 지성을 통한) '설교 발전 모임' 혹은 '설교 격상 모임'이 좋을 것이다.

설교 발전 모임의 규모는 크게 제한받지는 않지만 5-10명이 좋다. 그 이유는 한 명씩 자신의 설교를 제출하고 평가받으려 할 때 참석자의 숫자가 너무 적으면 차례가 너무 빨리 돌아오는 부담이 있고, 반대로 숫자가 너무 많으면 평가받을 기회가 많이 없기 때문이다.

설교 발전 모임을 운영하기 위해서는 한 명의 인도자가 필요한데 그 인도자는 이 책에서 제시하는 해석과 전달의 기준을 충분히 숙지한 설교자여야 한다. 만일, 설교학을 전공한 인도자가 있다면 가장 좋겠지만, 그렇

---

11 최광희, "포스트 코로나 시대의 교회 활성화를 위한 청중의 설교 참여 방안", 25.

지 못하다면 경험과 소양을 갖춘 설교자가 그 역할을 할 수도 있다. 설교 발전 모임은 매주 같은 요일에 모이되 첫 주에는 본 연구의 내용을 충분히 나누며 평가 기준을 확보하고 설교를 제출할 순서를 결정하고 둘째 주간부터 '마취하고 수술하는' 시간을 가지면 된다. 모이는 상황에 따라 시간을 나누어 1부에서는 설교학 강의를 듣는 시간과 2부에서는 설교 평가 시간을 가지면 더욱 좋을 것이다.

3. 설교의 정당성을 확보하는 성경 해석 방법론

설교 비평 모임에서는 주로 어떤 것을 나누어야 하는가?

효과적인 설교 비평을 위해서 총신대학교 박태현 교수는 설교를 비평할 때 설교문(Sermon) 영역과 설교 행위(Preaching) 영역으로 나누어 시행할 것을 제안한다.[12] 그리고 설교문을 비평할 때는 먼저 해석을 비평하고, 이어 적용을 비평하라고 하는데 이는 곧 정당성과 적실성에 관한 점검에 해당한다. 덧붙여 박태현은 설교문의 구조에 대해서도 비평할 것도 제안하는데 이는 설교문의 구조는 효과적 전달에 크게 영향을 미치기 때문이다.

설교 행위에 관한 비평은 설교자가 사용한 언어가 적절했는지와 언어 외의 영역, 즉 커뮤니케이션 기법도 함께 점검해야 한다. 그러기 위해서는 비평받는 설교자는 설교문과 함께 현장에서 촬영한 동영상을 함께 제출할 필요가 있다. 이 책에서는 설교 본문에 대한 성경 해석이 정당한지, 설교의 적용은 적실한지 그리고 설교문의 구조는 효과적 전달에 적합한지 평가할 기준을 중심으로 살펴보려고 한다.

---

[12] 박태현, "설교 비평을 통한 개혁주의 설교실습교육에 관한 연구: 종교개혁과 청교도의 전통을 따라서", 개혁신학회.「개혁논총」 39 (2016): 250.

1) 설교의 두 기둥과 정당성이 있는 설교

설교를 비평하기 위해서는 우선 '좋은 설교가 무엇인지'에 대한 기준을 확보해야 한다. 그런데 좋은 설교의 기준을 정하려면 먼저 '설교가 무엇인지'부터 정의해야 한다. 설교자는 누구나 설교가 무엇인지 자신의 설교철학을 담은 한 문장으로 정의할 수 있어야 한다. 설교의 대가 존 스토트(John R. W. Stott)는 설교를 "다리를 놓는 것"(bridge-building)이라고 표현했는데 그 속에는 설교란 성경 본문의 세계와 청중의 세계를 연결해 주는 행위라는 의미가 들어있다. 그런데 어떤 설교는 성경에서 출발하여 하늘로 올라가기만 할 뿐 절대로 다른 쪽에 닿지 않는다고 스토트는 꼬집는다.[13]

그렇다면 성경 본문의 세계와 청중의 세계를 서로 연결해 주기 위해서 꼭 필요한 것은 무엇인가?

성경 본문의 세계를 청중의 세계와 연결해 주기 위해 첫 번째로 필요한 것은 정당성이 있는 성경 해석이다. 성경 본문은 반드시 해석이 필요하다. 왜냐하면, 성경과 현재의 청중 사이에는 시간적, 지리적, 문화적으로 매우 큰 간격이 있기 때문이다. 그래서 본문으로부터 청중에게 전해줄 메시지를 도출하기 위해서는 반드시 해석 작업이 필요하며 그 해석은 정당해야 한다.

성경 본문의 세계를 청중의 세계와 연결해 주기 위해 두 번째로 필요한 것은 그 메시지를 현시대를 살아가는 청중의 삶에 적실한 교훈으로 만들어 전달해 주는 것이다. 그래야만 스토트가 지적하는 성경에서 출발하여 하늘로 올라가기만 하는 설교가 되지 않을 수 있다.

합동신학대학원대학교의 정창균 교수에 의하면 설교에 꼭 필요한 두 기둥은 본문 해석과 청중 전달이다. 정창균은 해석이 없는 설교는 감언이설

---

13 John R. W. Stott, *I believe in Preaching*, 원광연 옮김, 『존 스토트 설교론』 (고양: 크리스찬다이제스트, 2005), 146, 149.

(甘言利說)일 뿐이며 청중에게 전달되지 않은 설교는 무용지물(無用之物)이라고 지적한다.[14] 그런데 해석에는 반드시 '정당성'이 있어야 하고 청중 전달이 제대로 되려면 반드시 '적실성'이 필요하다.[15]

설교에 기둥이 필요한 이유는 무엇인가?

육지에서 멀리 떨어진 섬에 다리(현수교, 懸垂橋)를 건설하기(bridge-building) 위해서는 먼저 견고한 기둥을 세워야 한다. 그렇게 견고한 두 기둥이 세워져야만 그 위에 연결된 다리가 무너지지 않고 유지될 수 있다. 이와 마찬가지로 성경 본문의 세계와 청중의 세계를 연결하는 설교에서도 견고한 기둥이 필요한데 그 두 기둥의 이름은 곧 '정당성이 있는 해석'과 '적실성이 있는 전달'이다. 이를 종합하면 설교는 다음과 같이 정의할 수 있다. 설교란 정당성(validity) 있는 성경 해석을 통해 도출한 본문의 중심 사상을 청중의 삶에 적실성(relevancy) 있게 전달해 주는 행위이다.[16]

설교의 두 기둥 가운데 먼저 설교의 정당성에 관하여 살펴보자. 정당성(validity)이란 설교자가 전달하는 '설교의 중심 사상'이 반드시 설교 본문을 올바르게 해석함으로 도출된 '본문의 중심 사상'과 부합한다는 뜻이다. 설교자가 본문의 중심 사상과 상관없는 자기 메시지를 전하거나 '잘못된 성경 해석을 통한 은혜로운 설교'를 전한다면 그 설교는 정당성이 있는 설교라고 할 수 없다.

일부 설교자는 설교를 위해 본문을 읽었으나 그 본문이 전하는 메시지를 도출하여 청중에게 전하기보다는 본문을 단지 설교를 위한 도약대로만 사용한다. 혹은 본문에 나오는 어떤 단어 하나를 붙들고 그 단어의 의미를 확대하여 자신이 하고 싶은 말을 전하는 설교자도 있다. 그처럼 본문

---

14 정창균, 『강단으로 가는 길』, 29.
15 정창균, 『고정관념을 넘어서는 설교』 (수원: 합동신학대학원출판부, 2002), 9.
16 최광희, "성경 본문의 세계와 신자의 세계를 연결하기 위한 설교자의 청중 이해", 한국복음주의실천신학회, 『복음과 실천신학』 61 (2021): 12. https://doi.org/10.25309/kept.2021.11.15.011

을 오용(誤用), 남용(濫用) 혹은 불용(不用)하는 경우 본문이 원래 말하려는 메시지나 하나님께서 그 본문을 통해서 주시려는 메시지는 완전히 무시되고 만다.

설교자가 자기의 메시지를 위해 본문의 중심 사상을 왜곡하는 것은 본문으로부터 메시지를 도출하는 성경 해석(exegesis)이 아니라 설교자의 메시지를 본문에 주입하는 자의적 해석(eisegesis)일 뿐이다. 그처럼 설교자가 자기가 하고 싶은 메시지를 말하도록 본문에 강요하는 경우 그 설교를 통해 청중이 감동한다고 하더라도 정당성을 담보한 메시지라고 볼 수 없다. 그러므로 설교 비평 그룹에서 가장 첫 번째로 점검할 사항은 설교문(sermon)이 정당성이 있는 성경 해석을 통해서 나온 메시지를 전하느냐 하는 것이다.

2) 정당성을 확보하는 성경 해석 방법론

그렇다면 설교 메시지의 정당성을 확보하기 위한 성경 해석 방법론은 무엇인가? 전통적인 성경 해석 방법론 가운데 하나는 더글러스 스튜어트와 고든 D. 피(Douglas Stuart와 Gordon D. Fee)가 공저한 『성경 해석 방법론』(Old and New Testament Exegesis)에서 설명하는 삼중 관점의 성경 해석 방법론이다. 삼중 관점의 해석 방법론이란 역사적 해석, 문학적/문맥적/문법적 해석 그리고 신학적 해석 방법론이다.

역사적 해석을 위해서 스튜어트와 피는 본문의 역사적 배경, 사회적 배경, 지리적 배경을 연구하라고 설명한다. 또한, 문학적 해석을 위해서는 본문의 장르와 문법적 배경 및 문맥적 의미를 연구하라고 설명한다. 마지막으로 신학적 해석을 위해서는 본문의 신학적 위치를 규명하고 본문으로 말미암아 야기되는 문제점을 밝히고 본문의 신학적 공헌에 관해 검토하라

고 설명한다.[17]

그런데 일부 설교자들이 바쁜 목회 일정에 몰입하다가 보면 설교를 준비할 때마다 이러한 성경 해석 방법론을 충분히 점검하지 못한 채 즉흥적인 설교를 하게 된다. 하지만, 그런 방식으로 임시방편을 용납하다 보면 급한 마음에 자의적 해석(eisegesis)을 통한 설교를 하게 되고, 결국 설교의 질적 저하로 이어질 것이며 최종적으로는 설교의 권위까지 실추할 위험이 있다.

이런 문제점을 해결하기 위해 꼭 필요한 것이 바로 설교 발전 모임이다. 설교자가 정기적으로 설교 발전 모임에 참여할 때 자신의 성경 해석이 역사적, 문학적/문맥적/문법적 그리고 신학적 해석 방법론을 기준으로 정당성을 확보한 메시지를 전하는지 점검받을 수 있을 것이다. 특히, 다른 설교자가 점검할 것을 예상하는 설교자는 자의적 해석에서 나온 메시지로 청중을 속일 수가 없게 된다.

한편 합동신학대학원대학교의 이승진 교수는 스튜어트와 피가 설명하는 삼중 해석 방법론을 하나의 도표에 담아내는 해석 방법론으로서 '설교학적 상호본문성 관점의 성경 해석 방법론'을 제안한다.[18] 이승진 교수의 상호본문성 관점의 성경 해석 방법론은 본문은 텍스트로, 청중의 상황은 컨텍스트로 양분하여 바라보는 한계를 극복하는 장점도 있다. 다시 말하면, 성경 본문을 텍스트로만 보는 것이 아니라 성경 본문 속에 이미 본문을 기록할 당시 독자(혹은 청중)의 상황이 있었음을 인식하는 데서 출발한다.

---

17 Douglas Stuart & Gordon D. Fee, *Old and New Testament Exegesis*, 김의원 옮김, 『성경 해석 방법론』 (서울: CLC, 1987), 24-40.
18 이승진, "안식일 논쟁 내러티브에 대한 설교학적 상호본문성 관점의 해석과 설교", 합동신학대학원대학교, 「신학정론」 38/1 (2020/6.): 352.

성경 기록자는 성경 본문을 기록하기에 앞서 자기 앞에 있는 청중(혹은 독자)의 문제 상황에서 오는 긴장과 갈등을 바라보고 그 문제 상황(Context)에 대하여 성경적 답을 제공하기 위해 성경 본문(Text)을 기록한 것이다.

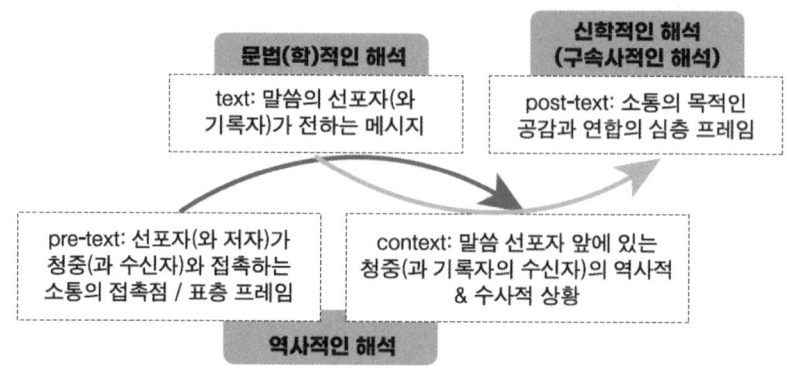

〈그림 7〉 설교학적 상호본문성 관점의 성경 해석 방법론

그런데 성경 기록자가 본문을 기록할 때는 그가 사용하는 선행 자료(Pre-text)가 존재했다. 선행 자료는 때로는 인용 등의 방법으로 명시되었고, 때로는 암시되었지만 성경 기록자는 이미 존재하는 성경 말씀을 선행 자료로 활용하고 있다. 그렇게 선행 자료를 사용하여 성경 본문을 기록하는 목적은 그 본문이 의도하는 후속 결과(Post-text)를 실현하는 것이다.

그렇다면 설교자가 성경 본문을 해석할 때는 본문 그 자체는 물론이거니와 성경을 기록할 당시의 독자가 처한 상황과 성경 기록자가 사용한 선행 자료 및 기록자가 의도하는 후속 결과까지 모두 고려하여 종합적으로 해석해야 한다. 이렇게 성경 본문을 설교학적 상호본문성 관점으로 해석할 때 선행 자료와 독자의 문제 상황과의 관계는 역사적으로 해석하게 된다. 또 본문 자체는 문학적/ 문법적/ 문맥적으로 해석하게 된다. 그리고 성경 기록자가 의도하는 후속 결과를 고려할 때 신학적 해석이 가능하다.

이렇게 성경 본문을 설교학적 상호본문성 관점으로 해석하면 후속 결과가 곧 본문의 중심 사상으로 연결되는데 이것이 이 해석 방법론의 강점이다. 왜냐하면, 스튜어트와 피가 제시하는 삼중 관점으로 성경을 해석했을 경우 본문의 중심 사상을 찾는 작업을 다시 거쳐야 하고 그러기 위한 훈련을 따로 받아야 하기 때문이다.

이상에서 설명한 설교학적 상호본문성 관점의 성경 해석 방법론을 알기 쉽게 표로 나타내면 〈그림 7〉과 같다. 설교의 본문을 이렇게 해석할 때 설교에서 가장 중요한 정당성을 확보할 수 있다. 그러므로 설교 발전 모임에서는 설교자가 네 종류 텍스트를 종합적으로 고려하여 본문의 중심 사상을 도출했는지를 점검함으로 이를 설교 본문 해석이 정당한지 비평하는 기준으로 삼을 수 있다.

4. 설교의 적실성을 담보하는 설교문 작성법

지금까지 설교의 두 기둥 가운데 첫 번째 기둥인 정당성에 관해 살펴보았다. 그리고 정당성이 있는 성경 해석 방법론 가운데 더글러스 스튜어트와 고든 D. 피(Douglas Stuart와 Gordon D. Fee)의 삼중 관점의 성경 해석 방법론 및 이승진 교수의 설교학적 상호본문성 관점의 성경 해석 방법론을 소개했다. 이렇게 정당성이 있는 성경 해석을 통해서 본문의 중심 사상을 도출한 다음에는 청중 전달의 적실성이 담보되어야 한다. 그러므로 이제 설교의 두 기둥 가운데 두 번째 부분인 적실성에 관하여 살펴보자.

설교의 적실성을 살펴보기 위해 첫 번째로 생각할 것은 설교학적 상호본문성 관점으로 성경을 해석한 설교자라면 설교문을 작성할 때도 당연히 상호본문성 관점으로 설교문을 작성해야 한다는 사실이다. 이것은 설교의 교집합 모델에도 부합되는데 설교의 교집합 모델은 또한 적실성 있는 설교를 위한 중요한 원리가 된다. 그러므로 설교의 교집합 모델이 무엇이며 이것이 설교문 작성에 어떻게 영향을 미치는지에 대하여도 살펴보자.

1) 설교학적 상호본문성 관점의 설교문 작성

설교자가 성경을 해석할 때 '설교학적 상호본문성 관점의 성경 해석 방법론'을 통해 해석했다면 설교문을 작성할 때도 마찬가지로 상호본문성 관점으로 작성하는 것이 마땅하다. 상호본문성 관점의 성경 해석을 통해 도출한 하나의 중심 사상을 셋으로 쪼개어 억지로 삼대지 설교를 구성한다면 해석 방법론과의 일관성이 없다. 그런 의미에서 삼대지 설교는 신성욱 교수가 주장하듯이 비성경적(unbiblical)이거나 덜 성경적(less biblical) 설교가 될 가능성이 크다.[19]

그렇다면 상호본문성 관점으로 설교문을 작성한다는 것은 무슨 의미인가?

설교학적 상호본문성 관점으로 성경 본문(text)을 해석하여 신학의 중심 사상을 도출한 설교자는 이제 해석자의 자리로부터 설교문(text 2)을 작성하는 저자의 자리로 위치를 옮겨 앉는다. 성경 기록자가 그랬듯이 설교자는 자신의 청중의 문제 상황을 바라보는데 청중의 상황은 성경 기록자가 바라본 독자의 문제 상황(context)과 구별되는 문제 상황 2(context 2)이다. 설교자는 자신의 설교를 들을 청중이 느끼는 문제점과 필요성을 앞에 두고 있다. 성경 저자가 자기 청중의 상황적 필요성을 위해 성경 본문을 기록했듯이 설교자 역시 청중의 필요성을 채워 주고, 그들의 문제점을 해결

---

[19] 신성욱, "그리스도가 빠진 인물 중심의 모범적 삼대지 설교의 문제성과 그 대안으로서의 원 포인트의 내러티브 강해 설교 : 누가복음 19:1-10을 중심으로", 한국복음주의실천신학회, 「복음과 실천신학」 53 (2019): 72. https://doi.org/10.25309/kept.2019.11.15.063

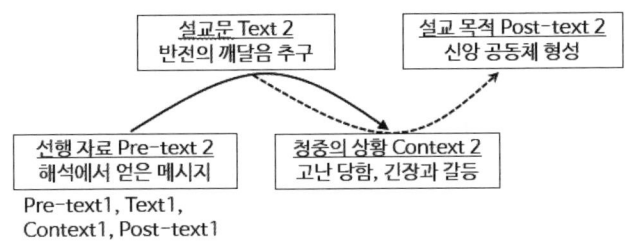

〈그림 8〉 설교학적 상호본문성 관점의 설교문 작성

해 주기 위하여 설교문(text 2)을 작성하는 것이다.

〈그림 8〉을 통해서 볼 때 청중의 문제 상황(context 2)에 대한 해답을 제공하기 위해 설교문(text 2)을 작성하는 설교자가 사용할 선행 자료는 성경 본문(text)만이 아니다. 설교자의 선행 자료(pre-text 2)에는 text는 물론이고 text를 해석할 때 사용했던 본문의 선행 자료(pre-text)와 성경 기록자가 염두에 두었던 독자의 상황(context) 및 본문의 기록 의도 곧 후속 본문(post-text)까지 모두 포함된다. 설교자는 이상의 4종류의 text를 선행 자료(pre-text 2)로 삼아 설교문(text 2)을 작성하는데 그 설교를 통해 이루고자 하는 그 의도가 바로 설교문의 목적(post-text 2)이 되며 설교의 중심 사상이 된다. 설교자는 바로 이 설교의 중심 사상을 효과적으로 전달하기 위해 설교문을 작성하게 된다.

이상과 같이 설교자가 성경 해석에서 사용했던 관점과 같은 상호본문성 관점으로 설교문을 작성하는 것은 설교의 교집합 모델과도 부합한다. 이제 설교의 교집합 모델이 무엇이며 이것이 설교문 작성에 어떻게 유익한지 살펴보자.

2) 설교의 교집합 모델과 설교문의 구성

성경 본문에는 반드시 그 시대를 살아가는 사람들 혹은 신자들의 문제 상황이 담겨있다. 성경의 인물들은 그 시대에 그가 믿는 말씀의 진리와 모순되는 불합리한 현실에 대한 긴장과 갈등을 느끼며 살았다. 또한, 성경에는 그런 성경 인물들의 문제 상황에 대한 해답으로서 하나님의 말씀 혹은 하나님의 은혜로운 행동이 담겨 있다.[20] 성경 기록자가 성경을 기록한 것은 바로 그런 말씀의 해답 혹은 하나님의 은혜로운 행동을 전해 주기 위함이다. 설교자가 성경을 해석하는 것은 인간의 문제 상황에 대한 해답으로서 하나님의 말씀 혹은 은혜로운 행동을 통하여 주는 메시지를 발견하는 것인데 그것이 바로 본문의 중심 사상이다.

이어 설교자가 설교문을 작성하는 목적은 본문 해석을 통해 도출한 "본문의 중심 사상"을 오늘날 청중의 상황에 필요한 메시지로 재구성한 "설교의 중심 사상"을 전해 주기 위함이다. 설교자가 본문의 중심 사상을 설교의 중심 사상으로 재구성하기 위해서는 본문이 주는 교훈과 연관하여 이 시대의 청중이 겪는 모순과 갈등을 확인해야 한다. 그런 갈등은 성경 시대 사람들도 겪었던 자연스러운 현상임을 설명하며 설교자는 성경에 나타난 해답이 오늘날의 청중에게도 유효한 해답임을 설명하게 되는데 그것이 바로 "설교의 중심 사상"이다.

그런데 본문의 중심 사상은 '그 시대에 그 장소를 살아가던 그 사람'들이 처한 상황을 옷 입고 있다(상황화, contextualization). 그러므로 본문의 중심 사상에서 설교의 중심 사상을 도출하기 위해서는 반드시 상황의 옷을 벗겨내어(탈상황화, de-contextualization) '모든 시대에 모든 장소에 사는 모든 사람'에게 적용할 수 있는 원리를 찾아내어야 하는데 이것이 바로 '신학의

---

20 Paul Scott Wilson, *The Four Pages of Sermon*, 주승중 옮김, 『네 페이지 설교』 (서울: 예배와설교아카데미, 2006), 26.

중심 사상'이다. 이러한 신학의 중심 사상에 '지금 여기에 사는 이 사람'들의 상황에 맞도록 옷을 입혀서(재상황화, re-contextualization) 청중에게 전해주어야 한다.[21]

이 시대의 청중에게 전해줄 설교의 중심 사상에는 이 시대 청중이 일상생활에서 겪는 문제 상황과 고민, 긴장과 갈등이 포함되어야 한다. 그리고 이런 문제를 안고 사는 신자들을 향한 하나님의 말씀 혹은 하나님의 은혜로운 행동이 담겨 있어야 한다. 김대혁 교수도 주장하듯이 탈상황와 재상황화를 통한 설교의 다리 놓기는 설교자가 주체자가 되기 이전에 성경을 영감으로 기록하신 하나님의 의도다.[22]

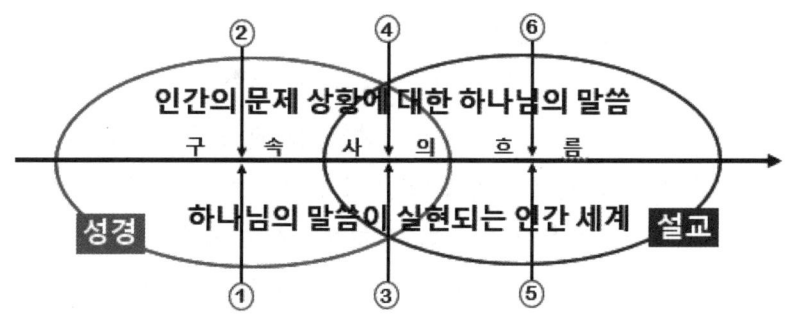

〈그림 9〉 설교의 교집합 모델

위에서 설명한 본문 속에 있는 인간의 문제 및 하나님의 해답과 설교 속에 있는 청중의 문제 및 하나님의 해답을 하나의 도표로 나타내면 중첩되는 부분이 발생하는데 이것이 설교의 교집합 모델이다.[23] 〈그림 9〉에서 왼

---

21 이승진, "해석과 선포를 포괄하는 설교학적인 해석학에 관한 연구", 한국복음주의실천신학회, 「복음과 실천신학」 39 (2016): 160.
22 김대혁, "본문성(Textuality)과 정경성(Canonicity)의 통합이 지니는 설교학적 함의", 한국복음주의실천신학회, 「복음과 실천신학」 68 (2023): 34-35. https://doi.org/10.25309/kept.2023.08.15.011
23 이승진, "언약신학과 설교", 합동신학대학원대학교, 「신학정론」 34/2 (2016/11): 351.

쪽의 원은 성경 말씀을 의미하며 오른쪽 원은 설교를 의미한다. 가로선은 구속사의 흐름을 의미하는데 과거(성경)나 현재(교회)나 구속사는 같은 관점으로 흐른다. 가로선 아랫부분은 하나님의 말씀이 실현되는 인간 세계를 가리키며, 가로선 위쪽부분은 인간의 문제 상황에 대한 하나님의 말씀을 가리킨다.

정리하자면 〈그림 9〉에서 ①은 성경 본문에 등장하는 인물들의 고난의 상황을 가리킨다. 즉, 하나님의 백성이 하나님과 맺은 언약을 망각하고 언약 백성에게 합당한 삶을 살아내지 못하는 상황이다. 언약 관계가 깨어진 인간의 문제 상황에 대해 ②는 말씀을 통해서 자기 백성에게 찾아오시는 하나님을 가리킨다. 그 말씀의 핵심적인 의미는 언약을 망각한 백성에게 하나님이 다시 은혜로 인한 언약의 회복에 집중된다.

①-②의 관계에서 설교자는 본문의 중심 사상을 확보할 수 있다. 그리고 ⑤-⑥의 관계에서는 설교의 중심 사상을 확보할 수 있다. 그런데 그 과정에서 왼쪽 원(성경)과 오른쪽 원(설교)가 중첩되는 부분, 즉 ③-④에서 신학의 중심 사상을 확보할 수 있다. 설교자는 설교 메시지를 통해서 ①-②의 대응 구조와 유사한 상황에 놓여 있는 오늘날의 청중에게 언약 관계를 회복하시는 하나님의 말씀을 ⑤-⑥의 구조로 선포하게 된다. 그러기 위해서는 성경 본문을 해석할 때 사용한 관점과 동일한 상호본문성 관점으로 설교문을 작성해야 하며 그렇게 하는 것이 바로 설교의 교집합 모델과도 부합한다. 다시 말하면, 본문의 구조를 그대로 설교의 구조에 적용하는 것이다.

폴 스콧 윌슨(Paul Scott Wilson)은 설교문을 작성할 때 인터넷 매체의 웹 페이지(Web Page)의 형식을 빌려 '네 페이지'로 구성할 것을 제안한다. 윌슨이 주장하는 네 페이지는 네 쪽짜리 설교 원고를 뜻하는 것이 아니라 설교에 꼭 필요한 네 가지 구성 요소를 말한다. 윌슨이 말하는 첫 페이지는 성경 본문 속에 있는 사람들의 문제점을 설명하는 것을 말하는데 〈그림 9〉

의 ①에 해당한다. 윌슨이 말하는 두 번째 페이지는 오늘날 세상 속에 있는 문제점을 말하는데 〈그림 9〉의 ⑤에 해당한다. 윌슨이 말하는 세 번째 페이지는 성경 속에 나타난 하나님의 은혜로운 행동을 말하는데 〈그림 3〉의 ②에 해당한다. 윌슨이 말하는 네 번째 페이지는 이 세상 속에서의 하나님의 행동을 말하는데 〈그림 9〉의 ⑥에 해당한다.

이러한 네 페이지를 설명한 후 윌슨은 설교를 구성할 때 반드시 1-2-3-4 페이지 순으로 설교해야만 하는 것은 아니고 2-1-3-4, 1-2-4-3 혹은 2-4-3, 1-3-4 등의 순서로도 활용할 수 있다고 덧붙인다.[24]

그러므로 설교 비평에서는 본문 해석과 설교문 작성이 일관된 관점을 사용했는지 그리고 전달에 효과적으로 구성했는지 점검해 볼 수 있다. 가장 중요한 것은 본문의 교훈(①-②의 구조)과 관련하여 현대의 청중에게 적실한 해답을 제공하는지(⑤-⑥의 구조)를 점검할 필요가 있다.

5. 나가는 글

지금까지 필자는 포스트 코로나 시대의 교회 회복을 위해서는 말씀 회복이 필요하며 말씀 회복을 위해서 강단을 회복하려면 설교자들이 상호 평가와 격려를 통한 설교 발전 모임이 필요함을 생각해 보았다. 그리고 먼저 집단 지성의 효과를 살펴보며 그 효과를 설교 비평에도 적용될 수 있음을 살펴보았다. 그리고 설교에는 해석과 전달이라는 두 기둥이 필요한데 해석은 정당성이 전제되어야 하며 전달은 적실성이 담보되어야 한다는 사실을 설명했다. 이어 정당성을 확보할 수 있는 성경 해석 방법론을 살펴보았다.

24　Wilson, 『네 페이지 설교』, 448-545.

성경 해석 방법론으로는 더글러스 스튜어트와 고든 D. 피가 설명하는 삼중 관점의 해석 방법론이 있는데 삼중 관점이란 역사적 해석, 문학적/문맥적/문법적 해석 그리고 신학적 해석이다. 또한, 이승진 교수의 설교학적 상호본문성 관점의 성경 해석 방법론을 소개했는데 이는 성경 본문(text) 속에는 이미 독자의 상황(context)과 기록자가 사용한 선행 자료(pre-text)가 있으며 기록자가 의도한 후속 결과(Post-text)까지 있음을 염두에 두고 본문의 중심 사상을 발견하는 해석 방법론이다.

적실성이 있는 전달을 위해서는 설교자가 본문을 해석할 때와 같은 관점으로 설교문을 작성해야 하는데 설교자는 청중의 문제 상황에 대해 해답을 제시하기 위해 본문을 해석할 때 언급했던 네 종류의 성경 본문(Text)을 활용하여 설교의 중심 사상을 결정하는 것이 설교의 교집합 모델에 부합한다.

이 책은 박태현이 말하는 설교문(Sermon) 영역과 설교 행위(Preaching) 영역 가운데 설교문 영역을 중심으로 살펴보았으나 설교 행위 영역은 다음 연구로 남겨 두었다. 설교 행위 부분에 관해서는 박태현의 설명과 함께 해돈 로빈슨(Haddon W. Robinson)의 설명이 많이 도움이 된다. 로빈슨은 커뮤니케이션 전문가답게 『강해 설교』(Biblical Preaching) 제10장에서 설교자의 외모와 옷차림, 손동작, 시선 분배, 음성의 크기와 발의 빠르기까지 다양한 사항을 점검하도록 잘 설명하고 있다.[25]

---

25 Haddon W. Robinson, *Biblical Preaching*, 박영호 옮김, 『강해 설교』 (서울 : CLC, 2007), 251-75.

참고 문헌

김대혁. "본문성(Textuality)과 정경성(Canonicity)의 통합이 지니는 설교학적 함의". 한국복음주의실천신학회. 「복음과 실천신학」 68 (2023): 11-45.
류응렬. "한국 교회 설교 비평의 분석과 평가 그리고 제언". 대한기독교서회. 「기독교사상」 51 (2007/12): 176-201.
모자이크 코리아. 『2019-2029 시나리오 한반도』. 서울: 샘앤파커스, 2019.
박태현. "설교 비평을 통한 개혁주의 설교실습교육에 관한 연구: 종교개혁과 청교도의 전통을 따라서". 개혁신학회. 「개혁논총」 39 (2016): 229-282.
신성욱. "그리스도가 빠진 인물 중심의 모범적 삼대지 설교의 문제성과 그 대안으로서의 원포인트의 내러티브 강해설교 : 누가복음 19:1-10을 중심으로". 한국복음주의실천신학회. 「복음과실천신학」 53 (2019): 63-101.
양승헌. 『크리스천 티칭』. 서울: 디모데, 2012.
이승진. "안식일 논쟁 내러티브에 대한 설교학적 상호본문성 관점의 해석과 설교". 합동신학대학원대학교. 「신학정론」 38/1 (2020/06): 349-387.
_____. "언약신학과 설교". 합동신학대학원대학교. 「신학정론」 34/2 (2016/11): 324-360.
_____. "해석과 선포를 포괄하는 설교학적인 해석학에 관한 연구". 한국복음주의실천신학회. 「복음과 실천신학」 39 (2016): 144-177.
정창균. 『강단으로 가는 길』. 수원: 설교자하우스, 2016.
_____. 『고정관념을 넘어서는 설교』. 수원: 합동신학대학원출판부, 2002.
지용근 외 9인. 『한국 교회 트렌드 2023』. 서울: 규장, 2022.
최광희. "성경 본문의 세계와 신자의 세계를 연결하기 위한 설교자의 청중 이해". 한국복음주의실천신학회. 「복음과실천신학」 61 (2021): 11-42
_____. "포스트 코로나 시대의 교회 활성화를 위한 청중의 설교 참여 방안: 루돌프 보렌을 중심으로". 한국복음주의실천신학회. 「복음과실천신학」 65 (2022): 11-42.
Bohren, Rudolf. *Predigtlehre*. 박근원 옮김. 『설교학원론』. 서울: 대한기독교서회, 1979.
Leadbeater, Charles. *We think : mass innovation, not mass production*. 이순희 옮김. 『집단 지성이란 무엇인가 : 우리는 나보다 똑똑하다』. 파주: 북이십일, 2009. 131.
Ohmae, Kenichi. 『知の衰退からいかに脫出するか?』. 양영철 옮김. 『지식의 쇠퇴: 오마에 겐이치의 집단 지성론』. 서울: 말글빛냄, 2009.

Robinson, Haddon W.. *Biblical Preaching*. 박영호 옮김.『강해 설교』. 서울: CLC, 2007.

Stott, John R.W.. *I believe in Preaching*. 원광연 옮김.『존 스토트 설교론』. 고양: 크리스찬다이제스트, 2005.

Stuart, Douglas & D. Fee, Gordon. *Old and New Testament Exegesis*. 김의원 옮김.『성경 해석 방법론』. 서울: CLC, 1987.

Wilson, Paul Scott. *The Four Pages of Sermon*. 주승중 옮김.『네 페이지 설교』. 서울: 예배와설교아카데미, 2006.

제7장

동성애와 차별금지법에 대응하는 설교

1. 들어가는 글

20세기 중반 헤르베르트 마르쿠제(Herbert Marcuse)가 신마르크스주의(Neo-Marxism) 운동을 시작한 이래[1] 젠더 이데올로기로 온 세상을 지배하고 가정을 해체하려는 시도가 인간들의 죄성(罪性)과 잘 맞아떨어져서 오늘날 전 세계에서 많은 사람이 이 움직임에 호응하고 있다. 심지어 일부 설교자들조차 동성애를 사랑의 한 형태라고 오해하고 지지 혹은 방관하는 실정이다.

오늘날 정치권에서는 집요하게 동성혼 합법화와 차별금지법 제정을 시도하고 있는데 이러다가 어느 순간에 차별금지법이 통과하여 동성애의 문제점에 관하여 성경적으로 설교할 수 없게 될지 모르는 위험한 상황이 되었다. 이에 따라 설교자는 먼저 동성애와 차별금지법의 문제점에 관하여 충분히 인식하고 청중에게 그 문제점을 분명하게 전달할 수 있는 설교 방안이 필요하다. 그러기 위해서는 먼저 하나님의 말씀인 성경은 동성애에 관하여 무엇이라고 말하는지 분명한 가치관을 정립하고 정치권 일각에서 추진하는 차별금지법의 정체가 무엇인지 인지하는 과정이 선행되어야 한다.

---

1 이동주 외 8인, 『젠더 이데올로기 심층연구』 (서울: CLC, 2020, 개정판 2022), 6.

동성애와 차별금지법에 대응하는 설교 방안을 위하여 필자는 먼저 성경을 통해서 동성애가 하나님이 얼마나 역겨워하시는 범죄인지, 또 동성애로 말미암아 어떤 심각한 파괴가 발생했는지 확인할 것이다. 동성애 문제를 성경적으로 이해하기 위해서는 먼저 창세기 1-2장을 통해 하나님의 창조 질서를 확인해 보고 레위기 18장과 20장에서 분명한 규례로 명령하시는 것을 살펴볼 것이다. 그리고 로마서 1장과 고린도전서 6장의 본문을 통해 신약성경에서도 동성애를 사형에 해당하는 죄로 규정하신 사실과 그 의미를 살펴볼 것이다.

동성애 문제가 구체적으로 드러난 첫 번째 사례로는 창세기 19장 소돔의 멸망 사건이 있다. 또한, 사사기 19-20장에서는 동성애와 음란의 문제 때문에 하마터면 이스라엘 열두 지파 가운데 하나인 베냐민 지파가 사라질 정도의 내전이 발생했음을 볼 수 있다. 그런데 소위 퀴어신학자들은 이런 본문조차도 왜곡된 해석을 시도한다. 필자는 이런 본문에 대한 올바른 해석을 통하여 하나님께서 동성애 문제를 얼마나 심각하게 다루시는지 살펴볼 것이다.

본 장의 두 번째 부분에서는 동성애가 하나님이 만들어 주신 귀중한 육체를 어떻게 병들게 하는지 보건과 위생의 문제를 통해서 살펴볼 것이다. 동성애를 타고난 유전이라고 주장했던 학자들의 속임수에 한 번 오염된 사람들은 이후 여러 편의 올바른 연구 결과가 발표되었음에도 먼저 주입된 편향된 사고를 바로잡지 못하고 있다. 필자는 동성애가 유전된다는 거짓말을 분석하여 바로잡고 동성애로 말미암아 에이즈와 원숭이두창을 비롯하여 입에 담기도 부끄러운 각종 성병이 발생하고 있는 현상을 살펴볼 것이다.

세 번째 부분에서는 차별금지법의 실체가 무엇이며 또 차별금지법이 제정되었을 경우 어떤 문제가 발생하는지 이 법을 앞서 제정한 나라들의 사례를 통해서 살펴보려고 한다. 아울러 차별금지법이 제정된다면 설교자는 성경적 설교를 방해받을 것이고 그 결과 한국 교회가 무너져 내릴 것이며 동성애가 만연하면 우리 사회가 망가지고 우리 자녀들이 영혼과 육신이 심각한 병에 걸릴 위험성이 있음을 살펴볼 것이다.

2. 동성애에 관한 성경적 관점

동성애 문제를 생각할 때 설교자가 가장 먼저 해야 할 일은 성경이 동성애에 관하여 뭐라고 말씀하는지 분명한 가치를 정립하는 것이다. 또한, 동성애를 금하신 하나님의 명령을 어긴 사람들에 대하여 하나님께서 어떤 징벌을 내리셨으며 그 결과 그들은 어떻게 멸망했는지 청중이 분명히 알게 할 의무가 있다. 그래서 청중이 동성애의 죄에 대해 경각심을 가질 뿐만 아니라 소위 차별금지법이라고 하는 역차별법 제정 반대 운동에 협조하도록 해야 한다. 왜냐하면, 그것이 우리 하나님께서 역겨워하시는 죄를 막는 일이며 이 나라의 멸망을 막고 이 땅 위에 하나님의 나라가 확장되게 하는 일이기 때문이다.

그렇다면 성경은 동성애에 관하여 무엇이라고 명령하는가?

필자는 먼저 창세기 1-2장의 창조 기사를 통해 남자와 여자를 만드신 하나님의 창조 질서를 살펴보려고 한다. 그리고 레위기 18장과 20장을 통해 동성애에 관해 하나님이 명하신 율법을 자세히 알아보고, 레위기의 율법이 신약 시대에도 여전히 유효하다는 사실을 로마서 1장을 통해 살펴보려고 한다. 아울러 창세기 19장과 사사기 19-20장을 통해 동성애의 죄가 얼마나 심각한 파괴적 결과를 초래하는지 알아볼 것이다.

1) 하나님의 창조 질서와 남녀의 차이

하나님이 세상을 창조하실 때 다섯째 날에는 물속의 생물과 공중의 새를 만드시고 여섯째 날에는 땅에서 움직이는 모든 짐승을 만드셨다. 그리고 그 짐승들에게 생육하고 번성하라고 명령하셨다(창 1:22). 그 후에 하나님은 사람을 남자와 여자로 만드셨는데 사람에게도 역시 생육하고 번성하여 땅에 충만하라고 명령하셨다(창 1:28). 그러므로 사람은 물론이고 하나님이 만드신 짐승들도 생육하고 번성하는 것이 선하신 하나님의 법칙이며 창조 질서다. 그에 반해 생육할 수 없는 동성 간 결혼은 결코 하나님이 명령하신 결혼이 아니다.

창세기 1:27은 하나님이 남자와 여자를 창조하셨다고 한다. 그런데 하나님이 사람을 만드신 내용을 상세히 서술한 창세기 2장을 살펴보면 하나님은 남자와 여자를 동시에 만들지 않으셨다. 하나님은 먼저 남자를 만드신 후에 그 남자를 돕는 배필로 여자를 만드셨다. 물론, 남자와 여자의 동질성을 유지하기 위하여 남자의 갈빗대를 취하여 그것으로 여자를 만드셨다. 이처럼 남자와 여자는 창조될 때부터 뚜렷이 구별되는 존재이기에 남자는 여자가 될 수 없고 여자는 남자가 될 수 없는 것은 당연한 이치다.

남자와 여자가 근본적으로 차이가 난다는 사실은 염색체가 서로 다르다는 사실로도 확인되고 있다. 그러므로 하나님의 창조 질서 안에서 남자가 여자로, 여자가 남자로 성을 전환하는 것은 불가능한 일이다. 외과 수술과 호르몬 투여를 통하여 외형을 바꾼다고 하여 몸속의 염색체가 XY에서 XX로, 혹은 XX에서 XY로 바뀌는 것이 아니기에 아무리 성전환 수술을 했더라도 남자는 남자일 뿐이고 여자는 여전히 여자다. 이처럼 다름을 구별하는 것은 남자 혹은 여자의 가치를 차별하는 것이 아니다.

하나님은 구별되게 만드신 남자와 여자가 결혼하여서 한 몸이 되라고 명하셨기에 남자끼리의 결혼, 여자끼리의 결혼은 애초부터 가능하지 않은 일이다. 하나님이 세우는 결혼 제도가 반드시 한 남자와 한 여자를 요구한다는 사실에 관하여 케빈 드 영(Kevin De Young)은 『성경이 동성애에 답하다』(What Does the Bible Teach about Homosexuality?)에서 다음과 같은 다섯 가지 이유로 설명한다.

① 여자가 창조된 방식이 남자를 보완하기 위한 하나님의 배려였다.
② 한 몸으로 결합한다는 것은 서로 반대되는 성을 지닌 두 인격체임을 전제한다.
③ 성이 다른 두 인격체만이 자녀 출산이라는 결혼의 목적을 이룰 수 있다.
④ 예수님이 친히 창세기 기사의 규범적 성격을 강조하셨다. 마태복음 19:6에서 예수님은 창세기 2:24을 인용하시면서 하나님이 짝지어 주신 것을 사람이 나눌 수 없다고 하셨다.
⑤ 결혼한 부부가 서로를 보완하는 결합을 이루어야만 결혼의 거룩하고도 상징적인 의미, 곧 구속사적인 의미가 빛을 발한다.[2]

이상과 같은 결혼 제도의 거룩한 의미를 생각하면 결혼은 반드시 한 남자와 한 여자 사이에서만 이루어질 수 있음을 알 수 있다. 남자와 남자 혹은 여자와 여자가 더불어 결혼하는 동성(同性) 사이의 결혼은 하나님의 창조 질서를 거역하는 것이다. 그뿐만 아니라 한 남자와 한 여자가 아닌 다수 사이의 중혼(重婚)도 절대로 하나님이 허락하신 결혼 제도가 아님을 분명히 알 수 있다.

---

[2] Kevin DeYoung, *What Does the Bible Teach about Homosexuality?*, 조계광 옮김, 『성경이 동성애에 답하다』(서울: 지평서원, 2016), 33-40.

2) 동성애를 금하신 규례들

(1) 레위기 18장과 20장에 주어진 규례

레위기 18:22에서 하나님은 "너는 여자와 동침함 같이 남자와 동침하지 말라 이는 가증한 일이니라"라고 동성연애(同性戀愛, Homosexuality)를 금하셨다. 또한, 레위기 20:13에서는 "누구든지 여인과 동침하듯 남자와 동침하면 둘 다 가증한 일을 행함인즉 반드시 죽일지니 자기의 피가 자기에게로 돌아가리라"라고 동성연애 행위자에 대한 사형을 명하셨다.

이 두 구절에서 가증하다는 말은 히브리어로 토에바(תּוֹעֵבָה)인데 하나님은 우상 숭배(신 7:25)와 인신 제사(신 12:25) 등에 대해서도 같은 단어를 사용하셨다. 그처럼 가증한 일을 행하는 가나안 사람들에 대하여 하나님은 그 땅이 그 주민을 토하여 낸다고 경고하셨다(레 18:25). 그러므로 만일 이스라엘 백성도 가나안 민족처럼 그와 같은 가증한 일을 행한다면 하나님께서 이스라엘 백성이 가나안 땅에 살 수 없도록 추방할 것이라는 경고가 포함된 말씀이다.[3]

그런데 일부 진영에서는 레위기 18장에서 동성연애를 금하는 계명이 월경하는 여성과의 성관계를 금하는 계명과 같은 단락에 들어있다는 이유를 들어 동성애 금령이 더는 유효하지 않다고 주장한다. 다시 말하면, 월경하는 여성과의 성관계가 심각한 죄가 아니듯이 동성애 역시 취향의 문제일 뿐 심각한 문제가 아니라는 주장이다. 하지만, 레위기 18장의 서술 방식은 가벼운 죄에서 시작하여 점점 더 무거운 죄로 전개하고 있다. 즉, 동성애와 수간(獸姦)은 가장 무거운 죄에 해당한다. 이런 문제에 관하여 케빈 드영(Kevin De Young)은 다음과 같이 설명한다.

---

3   조미형, "레위기 18장의 성행위 금령 연구-벗은 몸에 관한 10계명", 한국구약학회, 「구약논단」 13/1 (2007): 143.

레위기 18장은 일부일처제에서 벗어나는 성적 범죄를 다루되, 월경 중인 여자와의 성관계에서 시작하여 이웃의 아내와의 성관계, 다른 남자와의 성관계, 짐승과의 성관계 등을 다루는 식으로, 가벼운 죄에서 무거운 죄로 전개해 간다. 새로운 죄가 제시될 때마다 하나님의 계획으로부터 더 멀어진다. 월경 중인 여자와의 성관계는 레위기 18장의 성적 범죄 가운데 가장 낮은 단계에 속한다.[4]

그러므로 월경하는 여성과의 성관계를 금하는 계명과 같은 단락에 있는 것과 무관하게 동성연애 금령은 여전히 심각한 범죄로 보는 것이 성경적 관점이다.

(2) 로마서 1장에 명시된 사형에 해당하는 죄

구약성경의 동성애 금령이 신약 시대에도 여전히 유효한가?

오늘날 동성애 옹호 진영에서는 동성애 금령이 하나님 백성의 성결(聖潔)에 관한 문제라는 사실을 부정하고 있다. 예를 들어, 한국성서대학교 이민규 교수는 레위기 18장에 나오는 성행위 금령들을 성결에 관한 문제가 아니라 건강한 가족을 많이 만들기 위해 율법이 보호하고 추구하는 것이라고 주장한다. 이민규는 로마서 1장의 동성애 금령에 관해서도 현대의 동성애 찬반논쟁을 위해 쓰인 신학적 논쟁이 아니라고 주장한다.

이민규는 동성애가 씨(Offspring)의 낭비이기에 죄라고 하는 알렉산드리아의 필론의 말과 남자들 사이의 동성 성관계는 출산할 수 없기에 혐오스럽고 사형죄에 해당한다는 요세푸스의 말을 인용함으로 로마서 1장에서 바울이 동성애를 금하는 이유를 출산의 문제로 설명하려고 시도한다.[5]

---

4 DeYoung, 『성경이 동성애에 답하다』, 60.
5 이민규, "동성애에 관한 성경의 바람직한 태도: 창세기 19장, 사사기 19장, 레위기 18, 20장, 마태복음 19장(마가복음 10장)과 로마서 1장 중심으로", 연세대학교

결국, 이민규에 의하면 동성애는 그 자체가 죄라기보다는 출산할 수 없는 것만 문제가 된다.

그러나 로마서 1장은 이민규의 주장을 뒷받침하지 않는다. 로마서 1장의 내용은 인간의 부패로 인하여 하나님의 영광을 추구하지 않는 현상에 대한 하나님의 징벌을 언급하고 있다.

로마서 1:24-31에서는 부패한 인간의 그릇된 현상과 그 결과에 관하여 다음과 같이 나열하고 있다.

- 부패한 인간들이 영원하신 하나님의 영광을 썩어질 사람과 동물 모양의 우상으로 바꾸었음을 지적한다(롬 1:23).
- 부패한 인간들의 두 번째 현상은 하나님의 진리를 거짓 것으로 바꾸었는데(롬 1:25) 이는 에덴동산에서 뱀이 하와를 속인 사건과 같은 성격이다.
- 이런 현상의 결과는 하나님이 사람들을 부끄러운 욕심에 내버려 두신 것인데 곧 사람들은 이성 간의 자연스러운 성관계가 아닌 동성끼리 성행위를 하게 된 것이다(롬 1:26-27).

총신대학교 신학대학원의 이풍인 교수는 동성애를 지지하는 학자들이 로마서 1:26-27 해석의 두 가지 입장을 소개한다.

첫째, 바울의 주장은 현대의 기독교 성 윤리 형성에 아무런 연관성이 없다.

둘째, 바울 당시의 동성애와 오늘날 동성애가 다르다.

신과대학, 「신학논단」 100 (2020): 125, 129-136, 141. (https://doi.org/10.17301/tf.2020.06.100.111)

신약신학 교수로서 이풍인은 본문 비평과 문맥을 살피고 역사적, 문화적 배경도 설명하며 한 단어 한 단어를 주석한 후에 다음과 같이 신학적 결론을 내린다. 고린도전서에서 바울은 기독교인의 삶에서 중요한 것과 사소한 것을 구별하고 있는데 동성애는 결코 사소한 것이 아니라 본질적인 것이다. 그래서 이풍인은 "동성애는 하나님 보시기에 분명한 죄이며 창조 질서를 허무는 것이요, 하나님으로부터 분리된 인간의 타락한 모습을 잘 드러내고 있다"라고 신학적 결론을 내린다.[6]

바울은 동성애는 그 자체가 그릇됨에 '상당한 보응'이라고 설명한다. 여기서 '보응'은 헬라어 안티미스티아(ἀντιμισθία)를 번역한 말로, 안티미스티아는 보상, 보답, 형벌 등을 의미한다. 이런 의미는 한글 성경의 몇몇 번역에 잘 표현되어 있다. 예를 들면, 공동번역에서는 '상당한 보응'(ἀντιμισθίαν ἣν ἔδει)을 '응분의 벌'로, 쉬운성경은 '합당한 벌'로, 우리말성경은 '마땅한 징벌'로 번역하고 있다. 즉, 동성애 현상은 그 자체가 이미 인간의 부패에 대한 하나님의 징벌이라는 뜻이다.

이처럼 동성애 행위를 하는 현상은 그 자체가 하나님을 버린 인간들을 향한 하나님의 징벌인 한편, 동성애 범죄에 대한 하나님의 더 큰 징벌이 남아있다. 마지막 부분(롬 1:32)에서 바울은 그러한 죄들이 하나님 앞에서 사형에 해당하는 죄임을 밝히고 있다. 여기서 사형에 해당한다는 말은 구약 율법에서 반드시 죽이라고 명한 것에서 기원한다. 또한, 사형의 영적 의미는 영원한 지옥 형벌을 뜻한다. 이는 바울이 고린도전서 6:9에서 남색하는 자는 하나님 나라를 상속받지 못한다고 규정하는 것을 보면 더욱 분명해진다.[7] 이처럼 심각한 죄를 지속해서 범하는 교인이 있을 때 설교자의

---

[6] 이풍인, "신약성경에서 본 동성애", 이상원 교수 은퇴논총 편집위원회, 『사람보다 하나님께 순종하는 것이 마땅하니라』 (서울: 솔로몬, 2021), 703-28.

[7] 신현우, "신약성경과 동성애: 동성행위에 관한 신약성경의 평가", 신학지남사, 『신학지남』 88/2 (2021/6): 18-20.

사명은 이 죄를 힘써 경고함으로 교인이 하나님 나라를 잃지 않도록 하는 것이다.

3) 동성애로 말미암아 발생한 파괴적인 사건들

동성애 행위는 그 자체가 하나님의 징벌이며 마지막에 하나님 나라를 상속받지 못하는 죄이기도 하지만 지상 생활에서 또 다른 징벌을 불러오는 심각한 범죄다. 하나님은 레위기 20장에서 그런 악을 행하는 자를 사형에 처하라고 분명히 명하셨다. 하지만, 인간들이 단체로 부패하여 그런 죄를 행하는 자를 용납하는 지경이 되었을 때 하나님이 친히 그들을 처형하신 사건이 발생했다. 이방인의 도시 멸망 사건으로는 소돔을 꼽을 수 있고 이스라엘 신앙공동체 내부의 사건으로는 이스라엘과 베냐민 지파 사이에 발생한 내전을 예로 들 수 있다.

(1) 창세기 19장에 나타난 소돔 멸망 사건

창세기 18장에서 아브라함을 찾아오신 하나님은 내년에 사라가 아들을 낳을 것을 약속해 주셨다. 이어서 소돔과 고모라의 죄악이 심히 커서 친히 살펴보러 가신다는 말씀도 하셨다. 아브라함의 간곡한 기도에 응답하여 하나님은 소돔에 의인이 열 명만 있어도 소돔을 멸하지 않겠다고 약속하셨으나 당시 소돔에는 열 명의 의인은커녕 롯의 아내와 딸들조차도 의인이 아니었다.

창세기 19장에서 두 천사는 나그네의 모습으로 소돔에 나타났는데 롯이 그 나그네를 영접했다. 그날 밤 소돔 사람들은 "노소를 막론하고 원근에서 다 모여" 롯의 집을 에워싸고 그 나그네와 관계를 맺기 위해 끌어내라고 요구했다. 여기서 '상관하리라'라고 번역된 히브리어 단어는 '야다'(ידע)인데, 이는 표면적으로는 '안다, 이해한다'라는 뜻이다. 그런데 히브리인들의 언어 습관으로 '안다'는 말은 경험적인 앎을 의미하며 이는 곧 성관계를 맺는다는 의미로도 사용된다. 단적인 예로 천사 가브리엘의 수태고지를 들은 마리아가 "나는 남자를 알지 못하니"라고 했을 때 그 의미는 남자와 성관계를 맺지 않았다는 것이다. 그러므로 소돔의 사람들이 나그네와 상관하겠다고 한 것은 동성애의 관계를 맺겠다는 의미다.[8]

그런데 일부 진영에서는 소돔 사람들이 나그네와 동성애를 하려고 한 것이 아니라 나그네 환대의 관습에 따라 자기들이 손님을 차지하려고 했다고 주장한다. 나그네를 누군가가 영접 혹은 환대(歡待)해 주지 않으면 나그네가 살길이 없는 고대의 근동에서 자연스레 생겨난 것이 환대의 법칙이다. 감신대학교의 임봉대 교수는 "롯이 외지에서 들어와 사는 사람이기에, 소돔 사람들은 롯에게는 손님을 차지할 자격이 없다면서 자기들이 환대의 책임을 다하려 한 것이다"라고 주장한다.[9] 만일, 임봉대의 주장처럼 소돔 사람들이 나그네 환대를 할 자격을 두고 롯과 다툰 것이라면 이 본문은 차라리 아름다운 이야기가 될 것이다.

하지만, 본문을 자세히 살필 때 임봉대의 주장은 받아들여질 수 없다. 그 첫 번째 이유로, 롯이 천사들을 영접할 때 소돔의 다른 사람들은 아무런 행동을 하지 않은 것이다. 그러다가 손님이 음식을 먹고 잠을 자려 하자 롯의 집에 몰려왔다. 이미 음식은 대접받았고 잠을 잘 시간인데 새삼스럽게 손님을 환대할 권리를 주장한다는 것은 손님을 환대하는 것이 아니라 손님을 괴롭히는 것일 뿐이다.

두 번째 이유로, 손님을 내어놓으라고 하는 소돔 사람에게 한 롯의 대답은 "이런 악(רעע)을 행하지 말라"는 것이었다. 나그네 대접의 우선권을 주

---

8 최성훈, "동성애에 대한 실천신학적 접근", 한국실천신학회, 「신학과 실천」 78 (2022): 777.
9 임봉대, "구약성서에 나오는 환대(Hospitality)에 관한 소고: 다문화 사회에서의 성경이해", 한국구약학회, 「구약논단」 18/3 (2012/09): 46.

장하는 것이 어떻게 악(惡)이 될 수 있다는 말인가? 소돔 사람들을 향한 롯의 두 번째 말은 손님 대신 자기의 두 딸을 내어놓을 테니 그 딸들에게 원하는 대로 행하라는 것이었다(창 19:7-8). 손님을 환대하겠다는 소돔 사람들에게 자기 딸을 내놓을 테니 손님 대신에 자기 딸을 환대하라고 했다면 이는 맥락에 전혀 어울리지 않는 말이 된다. 이것을 보면 롯은 문란한 소돔 사람들의 의도를 정확히 알고 있었던 것이다.

여기서 임봉대는 롯이 소돔 사람들의 취지를 오해한 것이라고 설명한다. 즉, 소돔 사람들은 찾아온 손님들에 대하여 알아보고 그들이 환대하려 했으나 롯은 그들이 동성애를 하려는 것으로 생각했다는 말이다. 하지만, 롯이 오해했다는 말은 신약성경의 서술과 어울리지 않는다. 베드로는 소돔 사람들을 무법하고(ἄθεσμος) 불법하다고(ἄνομος) 표현했는데(벧후 2:7-8) 베드로도 소돔 사람들을 오해했다는 말인가? 그렇게 되는 성경의 영감설에 심각한 문제가 생긴다.

세 번째 이유로는 백번 양보하여 임봉대의 말처럼 롯이 오해했다 하더라도 천사들은 소돔 사람들의 진의를 모를 리가 없다. 만일, 소돔 사람들이 손님을 환대하기 원해서 우선권을 주장하고 있었다면 천사들이 솔선하여 롯의 집에서 나와 소돔 사람들의 집으로 갔어야 옳을 것이다. 하지만, 천사들은 롯을 끌어들인 후 집 밖의 사람들의 눈을 어둡게 하여 문을 찾지 못하게 했다. 이를 볼 때 천사들도 소돔 사람들의 악한 의도를 충분히 알고 있었음을 알 수 있다.

마지막 네 번째 이유로는 가장 중요한 문제는 따로 있는데 그날 밤에 하나님이 소돔에 불과 유황을 내려 소돔을 멸하신 것이다. 손님을 서로 환대하기 위해 다투었다고 하여 역사상 유례가 없는 방법으로 온 도시를 멸하시는 것은 여호와의 선하심과 공의로우심에 전혀 어울리지 않는다. 소돔 사람들이 손님들에게 하려던 것이 환대가 아니라 악한 짓이었다는 증거로 성경은 이미 소돔 사람이 여호와 앞에서 큰 죄인이었다고 서술하고 있다

(창 13:13). 또한, 하나님은 이미 아브라함에게 소돔과 고모라에 대한 부르짖음이 크고 그 죄악이 심히 무겁다고 말씀하셨다(창 18:20). 그러므로 소돔 사람들이 손님에게 하고 싶었던 것은 문란한 성관계였다는 전통적인 해석이 합당하다.[10]

(2) 사사기 19-20장에 나타난 이스라엘 내전 사건

이상과 같이 아브라함 시대에 동성애의 문란한 죄로 인하여 이방인의 도시 소돔이 하늘에서 내려온 유황과 불로 멸망한 사건이 있었다. 이 사건에 이어 사사 시대에는 문란한 동성애의 사건으로 말미암아 이스라엘 안에서 내전이 발생했고, 하마터면 베냐민 지파가 완전히 사라질 뻔한 사건이 있었다. 소돔 멸망 사건과 이스라엘 내전 사건은 내용과 구조를 볼 때 쌍둥이 사건이라고 할 수 있다.

사사기 17-21장에는 세 가지 불미스러운 사건이 등장한다. 그 가운데 세 번째 사건은 에브라임 산지의 한 레위인이 유다 베들레헴에서 한 첩을 맞이하는 것에서 발단되었다. 그 첩은 음행을 한 뒤 아버지 집으로 달아났고 레위인은 첩을 추격해서 장인 집으로 갔다. 그러자 장인은 사위를 반갑게 맞아 삼 일간 먹고 마시게 했다. 그 레위인과 첩과 장인의 행위가 얼마나 꼴사나웠던지 총신대학교 김지찬 교수는 이를 일컬어 '꼴불견 삼중주'라고 부르고 있다.[11]

레위인은 장인의 집에서 사흘이 지나고 넷째 날과 다섯째 날까지 먹고 마시다가 다섯째 날 느지막이 길을 떠났다. 해가 지자 그 레위인은 베냐민에 속한 기브아에서 유숙하려고 했는데 기브아 사람들은 아무도 이 나그네를 환대하지 않았다. 다만, 한 노인이 그 레위인 일행을 환대했는데 그 노인은 원래 에브라임 사람이었다(삿 19:16). 그런데 그날 밤 나그네가 먹

---

10 박윤선, 『성경주석 창세기 출애굽기』 (서울: 영음사, 1981), 260.
11 김지찬, 『오직 여호와만이 우리의 사사』 (서울: 생명의말씀사, 2010), 446.

고 즐거울 때쯤 기브아의 불량배들이 와서 그 나그네와 관계하겠다고 주장했다. 주인 노인이 나가서 손님에게 악을 행하지 말라고 부탁했으나 소용이 없었다. 결국, 레위인은 자기 첩을 내어 주었고 불량배들은 밤새 욕을 당한 그 첩은 새벽에 문 앞에 쓰러져 죽게 되었다.

　이 사건은 앞서 창세기 19장에서 있었던 사건과 구조가 비슷하여 독자에게 기시감(旣視感)을 느끼게 한다. 임봉대는 창세기 19장에서와 마찬가지로 이 사건 역시 환대의 법칙으로 설명하려고 시도한다. 롯에게 손님을 환대할 자격이 없다고 주장한 소돔 사람들처럼 기브아의 사람들 역시 에브라임에서 이주해 온 노인에게 손님을 환대할 자격이 없다고 주장했다는 것이다.[12] 하지만, 이 역시 받아들일 수 없는 주장이다. 왜냐하면, 노인이 기브아 불량배들에게 부탁한 것도 롯이 소돔 사람들에게 부탁했던 것과 마찬가지로 악(רעע)을 행하지 말라는 것이었다. 그들이 손님을 환대할 권리를 주장했다면 그것을 악(רעע)이라고 표현하는 노인의 말은 앞뒤가 맞지 않은 것이다.

　또한, 기브아 불량배들이 노인에게 내어놓으라고 요구한 사람은 레위인과 그 일행이 아니라 오로지 '그 남자'(האיש)뿐이었다. 손님을 환대하려면 그 남자만이 아니라 함께한 그 여자(אשה)와 종도 요구했어야 마땅하다. 하지만, 기브아의 불량배들은 여자와 종에게는 관심이 없고 그 남자와만 관계하겠다고 주장했다. 그리고 나그네를 환대하겠다던 사람들이 돌변하여 나그네의 첩을 밤새 성관계하며 능욕했다는 사실도 설명이 불가능하다. 그러므로 사사기 19장에서 기브아의 불량배들이 손님과 관계하겠다(ידע)고 한 것 역시 소돔 사람들과 마찬가지로 성적인 관계를 원한 것이며 이는 곧 동성애의 문란함을 나타낸 것으로 보는 전통적 해석만이 문맥에 조화로운 본문 이해다.[13]

12　임봉대, "구약성서에 나오는 환대(Hospitality)에 관한 소고", 49.
13　박윤선, 『성경주석 여호수아 사사기 룻기』 (서울: 영음사, 1981), 321.

기브아의 불량배들에게 밤새 욕을 당한 여인이 새벽에 문 앞에 와서 쓰러져 죽자 레위인은 첩의 시체를 쪼개어 이스라엘 사방에 보내었다. 이를 본 이스라엘은 단에서부터 브엘세바까지 모두 미스바에 모여 기브아를 두둔하는 베냐민 지파와 전쟁을 했고, 그 결과 베냐민 지파는 단 600명만 남고 모두 죽는 비극이 발생했다. 그 과정에서 베냐민만 피해를 본 것이 아니라 이스라엘 사람도 처음 이틀간 4만 명이나 전사했는데 이 모든 과정을 통해 베냐민 지파를 포함한 이스라엘 사람 모두가 하나님의 징벌을 받은 것을 볼 수 있다.

이상으로 창세기 19장과 사사기 19-20장에 나타난 동성애 사건과 그 사건으로 말미암은 파괴적 결과를 살펴보았다. 두 사건은 쌍둥이처럼 닮은 사건이고 그 결과도 마찬가지로 심각한 파멸이다. 구약성경에는 이러한 파멸 사건과는 달리 동성애자들을 추방하여 종교를 개혁한 왕들의 이야기도 있는데 바로 유다 왕 아사와 그의 아들 여호사밧의 이야기다(왕상 15:12; 22:46). 이를 볼 때 분열 왕국 시대에 유다에도 동성애 문제가 있었음을 알 수 있다.

동성애의 죄가 가져온 결과는 물리적 파멸만이 아니라 신약에 와서 영원한 지옥의 형벌로 설명되었다. 고린도전서 6:9에서 바울은 남색(男色)하는 자는 하나님의 나라를 유업으로 받지 못한다고 강조한다.[14] 동성애의 죄로 말미암아 지옥 형벌을 당한다면 이보다 더 치명적인 죄가 어디 있단 말인가?

14　여기서 남색하는 자(헬, ἀρσενοκοίτης)는 NIV에서 homosexual offenders로 번역되었다.

3. 동성애 유전설과 보건의료적 문제

이상으로 동성애는 하나님이 가증하게 여기시는 죄라는 사실과 그 금령을 어긴 사람들에게는 치명적인 형벌이 임했음을 성경을 통해 살펴보았다. 동성애의 죄는 그 자체도 치료가 필요한 질병이지만 동성애 행위를 통해서 또 다른 여러 가지 심각한 질병이 발생하고 있다. 이런 질병이 생기는 것은 어쩌면 동성애의 악행을 끊도록 하는 하나님의 배려로 볼 수도 있는데 동성애를 통해서 발생할 수 있는 질병에는 어떤 것들이 있는지 살펴보자.

이 논의에 앞서 짚고 가야 할 사항은 '동성애가 유전되는가' 하는 문제다. 동성애가 성경적으로 범죄이며 동성애로 인하여 각종 무서운 질병이 생기는 것이 알려졌음에도 일각에서는 동성애는 유전되는 것이기에 피할 수 없는 것이라고 주장하는 이들이 있기 때문이다. 이런 주장은 동성애를 인권이며 권리인 양 오해하게 만들며 이를 치료하려는 시도 자체를 가로막아 범죄와 질병을 가중하고 있다. 그러므로 필자는 동성애는 유전(遺傳)되는 것이기에 피할 수 없는 특징이라는 주장이 사실인지 확인한 후에 동성애로 인한 질병을 살펴보려고 한다.

1) 동성애 유전자 조사 연구와 그 결과

'동성애가 유전되는가' 하는 문제에 관해서는 길원평 교수 등 6인이 저술한 『동성애 과연 타고나는 것일까?』에서 잘 설명하고 있다. 길원평의 주장처럼 동성애로는 아기를 낳을 수 없기에 동성애가 유전되는 것은 원천적으로 불가능하다. 그런데도 동성애가 유전된다는 진영에서는 일란성 쌍둥이의 동성애 성향을 조사하여 동성애 유전설의 근거로 삼으려고 시도한 바 있다. 동성애 유전설을 주장하는 진영의 연구 내용을 간략히 서술하

면 다음과 같다.[15]

(1) 칼만(Kallmann)의 연구

1952년 칼만의 연구에 의하면 일란성 쌍둥이의 동성애 일치 비율은 100퍼센트였다. 이 연구 하나만 놓고 보면 동성애가 유전된다는 주장이 그럴 듯해 보인다. 하지만, 길원평은 그 조사의 대상이 교도소 수감자와 정신병원 입원자만을 대상으로 했기에 신뢰성을 인정할 수 없다고 한다. 폐쇄된 공간에 갇힌 자들을 대상으로 한 조사 결과는 동성애 유전설보다는 오히려 환경과 경험 때문에 동성애자가 발생한다는 주장에 더욱 힘을 실어 준다고 하겠다.[16]

(2) 베일리(Baily)의 연구

1991년과 1993년 베일리의 연구에 의하면 일란성 쌍둥이의 동성애 일치 비율은 52퍼센트였다. 이는 칼만의 100퍼센트에는 못 미치나 유의미한 수치라고 할 수 있다. 하지만, 이 역시 표본의 신뢰성을 인정할 수 없다. 왜냐하면, 조사 대상이 동성애를 공개적으로 옹호하는 잡지와 타블로이드판 신문을 통하여 모집한 표본이기 때문이다. 그렇게 모집하면 일정한 성향을 지닌 사람들이 집중적으로 응할 가능성이 크다. 연구의 신뢰성을 인정받기 위해서는 표본을 무작위(random)로 선택하는 것이 필요하다. 베일리도 이러한 사실을 인지했던지 2000년에는 호주의 3,782명을 대상으로 조사했는데 그 결과 일란성 쌍둥이의 동성애 일치 비율은 남성이 11.1퍼센트이고 여성은 13.6퍼센트에 불과했다.

---

15 길원평 외 5인, 『동성애 과연 타고나는 것일까?』 (서울: 건강과생명, 2014), 37-49.
16 길원평 외 5인, 『동성애 과연 타고나는 것일까?』, 118-28.

(3) 켄들러(Kendler)와 랑스트롬(Langstrom)의 연구

2000년에 켄들러 등은 미국인 1,512명을 대상으로 일란성 쌍둥이의 동성애 일치 비율을 조사했다. 이 연구의 결과, 일란성 쌍둥이의 동성애와 양성애를 합친 비이성애 일치 비율이 18.8퍼센트에 불과했다.

또한, 2010년에 랑스트롬 등이 스웨덴 국민 7,652명을 대상으로한 조사에서는 일란성 쌍둥이의 동성애 일치 비율은 남성이 9.9퍼센트, 여성이 12.7퍼센트였다.

결론적으로, 2000년부터 2010년 사이 세 번에 걸쳐 진행된 대규모 조사를 종합하면 일란성 쌍둥이의 동성애 일치 비율을 10퍼센트 내외라고 할 수 있다. 이를 보면 2000년 이전의 소규모 조사들이 얼마나 과장되고 왜곡되었는지 알 수 있다. 이 조사를 통해 증명된 것은 오히려 90퍼센트에 가까운 일란성 쌍둥이가 동성애 성향이 일치하지 않으므로 동성애 성향은 유전되지 않는다는 사실이다.

(4) 동성애 유전자 존재 여부 연구

일란성 쌍둥이의 동성애 성향 일치 조사에서 성과를 내지 못했음에도 불구하고 동성애 유전설을 주장하는 진영에서는 다른 방식으로 동성애 유전자 존재 증명을 시도했다. 길원평에 의하면 해머(Hamer), 라이스(Rice), 무스탄스키(Mustanski), 라마고파란(Ramagopalan), 베일리(Baily) 등이 유전자를 조사했다.

그 결과, 해머 연구팀이 1993년에는 Xq28 염색체와 동성애가 상관관계가 있으며 99퍼센트이상의 통계적 신뢰도를 가진다고 강조했다. 2년 뒤인 1995년에 해머와 공동연구를 한 연구원이 해머가 논문 자료를 선별적으로 선택했다는 의혹을 제기했으나 그 연구원을 해고되었고, 연구윤리국 조사는 의혹을 밝히지 못하고 마무리 되었다.

1999년 라이스 등은 Xq28에 있는 4개의 유전자를 조사하여 남성 동성애와 관련이 없다는 결론을 사이언스에 발표했다. 2005년에는 해머를 포함한 연구팀이 456명을 대상으로 게놈 조사를 통해서 Xq28이 남성 동성애자와 연관이 없다고 발표함으로 이전 발표를 번복했다.[17]

2013년 미국정신의학회(the American Psychiatric Association)는 성적지향의 원인은 지금으로서는 정확히 알 수 없다고 했으며 미국심리학회(the American Psychological Association)도 다음과 같이 결론 지었다. "과학자들이 유전적 요인, 호르몬 요인, 성장 요인, 사회적 요인, 문화적 요인이 성적성향에 미치는 영향을 다각적으로 조사했지만, 성적 성향을 결정하는 특정한 요인으로 결론 내릴 만한 증거는 발견되지 않았다."[18]

이상과 같이 동성애 유전자의 존재가 밝혀지지 않았음에도 불구하고 아직도 "동성애자 중에는 타고난 동성애자와 그렇지 않은 동성애자가 있으며 타고난 동성애자는 동성애를 끊을 수 없다"는 주장이 있다.[19]

동성애 옹호 진영에서 이처럼 근거도 없이 동성애가 선천적이라는 주장을 계속하는 이유는 무엇인가?

이에 관하여 길원평은 다음 세 가지로 분석한다.

첫째, 동성애에 대한 다른 사람의 비난을 피하고 자기 합리화를 하기 위해서다.

둘째, 동성애를 끊으려는 노력이 실패하자 생겨난 착각이다.

셋째, 동성애를 차별금지 사유에 넣기 위해서다.[20]

---

17 길원평·민성길·류현모,『동성애는 유전이 아니다』(서울: 국민일보, 2022), 21.
18 De Young,『성경이 동성애에 답하다』, 149.
19 길원평 외 6인, "동성애의 선천성을 옹호하는 최근 주장들에 대한 반박", 17.
20 길원평 외 5인,『동성애 과연 타고나는 것일까?』, 132-33.

2) 동성애와 질병 문제

동성애로 인하여 발생하는 여러 가지 질병 가운데 에이즈가 가장 심각하다는 사실은 오래전부터 알려져 있다. 게다가 최근에는 아프리카 등지에서 유행하던 원숭이두창이 남성 동성애자 사이에 확산되고 있다는 연구 결과가 나와서 충격을 주고 있다. 이처럼 무서운 에이즈나 원숭이두창 그리고 여러 가지 성병이 동성애로 말미암아 발병되고 있음은 동성애가 보건의료적으로 얼마나 문제가 많은지 여실히 보여 주고 있다. 설교자는 동성애가 성경적으로 범죄임을 설교할 뿐 아니라 사회적, 보건의료적 심각성을 설교해야 한다.

(1) 동성애와 에이즈

에이즈 문제를 논하기에 앞서 우선 HIV와 AIDS는 각각 무슨 뜻인지 살펴보자. HIV는 인간면역결핍바이러스(Human Immunodeficiency Virus)의 약자로서 에이즈(AIDS)를 일으키는 원인 바이러스다. 그리고 HIV에 의해 발생하는 질병인 에이즈(AIDS)는 후천성면역결핍증(Acquired Immune Deficiency Syndrome)의 약자다. 그래서 HIV를 에이즈 바이러스라고 부르며 질병관리청에서도 HIV/AIDS로 묶어서 소개하고 있다. HIV에 감염된 사람은 즉시 에이즈 환자가 되는 것은 아니고 HIV가 몸에 들어온 후 6-14주에 항체가 형성되어 감염 여부를 확인할 수 있다.[21]

우리나라에 에이즈가 처음 소개되고 이것이 동성애 행위를 통해 감염된다는 사실이 알려진 것은 1985년의 일이다. 1985년 여름, 국내 대학에서 학생들을 가르치던 외국인 강사가 에이즈 확진 판정을 받았는데 그는 남성 동성애자라는 사실이 밝혀졌다. 그런데 1985년에는 2명, 1986년에는 3

21　김지연, 『덮으려는 자, 펼치려는 자』, 335-38.

명의 에이즈 감염자가 발생할 뿐이었던 우리나라에 점점 그 숫자가 늘어나서 2013년부터 2020년 사이의 추가 감염자 수는 매년 1,000명이 훌쩍 넘었다. 신규 HIV/AIDS 감염자가 가장 큰 폭으로 증가한 것은 2019년으로 무려 1,223명이 발생했으나 다행히 2021년에는 1,000명 아래로 그 수가 감소하여 975명에 머물렀다.[22]

이처럼 HIV/AIDS 감염자가 매년 폭발적으로 발생하는 원인은 무엇인가? 그리고 HIV 감염 및 에이즈는 어떤 경로로 발생하는가?

대한민국 질병관리청은 인간면역결핍바이러스(HIV)를 "감염인의 체액, 그중에서도 혈액, 정액, 질 분비물, 모유에 많은 양이 존재하며 면역세포를 파괴하는 바이러스"라고 정의하고 후천성면역결핍증(AIDS)은 "HIV 감염에 의해 면역세포가 파괴되어 면역기능이 떨어진 상태"로 설명하고 있다.

HIV의 전파경로로는 "감염인과의 안전하지 않은 성(性)관계, 감염된 혈액의 수혈, 감염인이 사용한 주사기 공동사용, 수직 감염(감염된 여성의 임신, 출산, 모유 수유)" 등의 네 가지를 나열하며 예방책으로는 "주로 성접촉을 통해 감염되므로 안전한 성관계(Safe Sex)는 최선의 예방책"이라고 설명하고 있다. 여기서 말하는 안전한 성관계란 "올바른 방법으로 콘돔을 사용하고, 고정적이고 안전한 파트너와 성관계를 하는 것 등"이라고 예시하고 있다.[23]

질병관리청에서 에이즈가 주로 성접촉을 통해 감염된다고 명시하고 있는 근거로 질병관리청의 2021년 "HIV/AIDS 신고 현황 연보"에 의하면 1985년부터 2021년 사이의 감염 경로 가운데 수직 감염은 9건, 마약 주사

22　감염병정책국 에이즈관리과, "2021 HIV/AIDS 신고 현황", (청주: 질병관리청, 2022), 9.
23　질병관리청 홈페이지, 2022년 7월 13일 접속, 해당 싸이트: https://kdca.go.kr/search/search.es?mid=a20101000000

공동사용이 10건, 수혈이 46건이다. 이 가운데 수혈에 의한 감염은 2005년 이후에는 발생하지 않고 있다.[24] 이처럼 지난 37년 동안 수직 감염, 마약 주사 공동 사용, 수혈로 인한 감염 총합 65건은 매년 1,000명 이상의 신규 감염자 수에 비하면 미미한 수치다. 전체 감염자 가운데 70-80퍼센트는 성접촉에 의한 감염으로 보고하고 나머지 감염자는 무응답이다.

이러한 감염 경로 파악에 대하여 연세대 의대 감염내과 김준명 교수는 본인 응답만 의존할 경우 감염 경로 파악에 오차가 발생할 수 있다고 한다. 김준명은 보건소 직원들이 감염 경로를 파악할 때 많은 감염인이 답변을 하지 않거나 이성 간 성접촉이라며 거짓으로 답하는 경우가 많아서 국민은 부정확한 답변만 믿고 에이즈가 이성간 성 접촉에 의해 확산되는 것으로 잘못 알고 있는 것도 문제라고 지적한다.[25]

HIV/AIDS는 개인의 건강 문제와 더불어 의료비 차원에서도 문제가 많은 질병이다. 에이즈 치료 약은 그 비용을 국가가 전액 지원한다. 2017년 메디게이트(MEDI GATE) 기사에 따르면, 한 해에 에이즈 환자의 치료비가 1천억 원 이상이 들며, 전액을 국가, 즉 건강보험공단에서 지원하며, 매년 천 명 이상의 감염자가 생기기에 국가의 부담이 증가하고 있다.[26] 이처럼 에이즈의 의료비 부담을 생각해도 남성 간 성관계를 막을 특단(特段)의 조치가 필요한 상황이다.

---

24 감염병정책국 에이즈관리과, "2021 HIV/AIDS 신고 현황 연보", 18.
25 백상현, "청소년 에이즈 확산... 동성애 주된 이유 맞다"「국민일보」(2017년 12월 3일), 2022년 7월 24일 접속, 해당 싸이트: http://news.kmib.co.kr/article/view.asp?arcid=0011948475&code=61221111
26 황재희, "작년 에이즈 환자 치료비 1천억원 이상"「MEDI:GATE」(2017년 10월 13일), 2022년 7월 24일 접속, 해당 싸이트: https://www.medigatenews.com/news/620421475

(2) 동성애와 원숭이두창

2022년 7월 초 영국발 뉴스에 의하여 전 세계가 긴장하는 사태가 발생했다. 2022년 7월 2일자 「NEWS 1」에 의하면 2022년 5월 영국 런던 성보건클리닉에서 원숭이두창 감염 환자 54명 대상으로 진행한 연구 결과 이들 모두 피부병변을 호소했는데 94퍼센트가 생식기·항문 부위에서 나타났다. 주목할만한 점은 54명의 환자는 모두 남성과 성관계를 가진 남성이었다는 것이다.[27]

원숭이두창이란 과연 무엇이며 그 감염 경로에 전 세계가 민감하게 반응하는가?

서울대학교병원 피부과 이시형 교수에 의하면 원숭이두창이란 원숭이두창 바이러스(Monkeypox virus)에 감염되어 발생하는 감염성 질환이며 이 병에 걸리면 발열, 발진, 두통, 근육통, 허리통증, 무기력감, 림프절 부종 등이 나타날 수 있다. 이후 수포를 형성하는 발진이 얼굴에 나타나고 곧 온몸으로 퍼진다. 병변은 작은 반점 모양에서 맑은 액체가 들어 있는 뾰루지로 바뀌는데 곧 고름이 들어차 터지고 딱지가 앉는다. 이 질환은 감염된 동물과 사람 간에 전염될 수 있다.[28]

원숭이두창의 감염 경로에 관하여 우리나라 질병관리청 홈페이지에서는 다음과 같이 네 가지로 설명하고 있다.

> 원숭이두창은 인수공통감염병으로 원숭이두창 바이러스에 감염된 동물(쥐, 다람쥐, 프레리도그와 같은 설치류 및 원숭이 등), 감염된 사람 또는 바이러스에

---

27 정윤미, "원숭이두창 감염 다수男, 생식기·항문에 피부병변 호소" 「NEWS 1」 (2022년 7월 2일), 2022년 7월 13일 접속, 해당 싸이트: https://www.news1.kr/articles/?4730059

28 서울대학교병원, "원숭이두창 증상부터 대처법까지", 서울대학교병원: 병원 뉴스 (2022년 6월 24일), 2022년 7월 24일 접속, 해당 싸이트: http://www.snuh.org/m/board/B003/view.do?bbs_no=5905&searchWord=

오염된 물질과 접촉할 경우 감염될 수 있으며, 태반을 통해 감염된 모체에서 태아로 수직 감염이 발생할 수 있다.29

이처럼 원숭이두창의 감염 경로가 다양하다고 하지만 'BBC NEWS 코리아'에 따르면, 2022년 5월 세계보건기구(WHO) 비상 위원장을 지낸 데이비드 헤이만 박사는 원숭이두창 확산이 유럽에서 열린 대규모 파티에서 벌어진 동성애자의 성관계에서 비롯됐다는 것이 유력한 가설이라고 밝혔다. 참고로 영국에서는 6월 20일까지 보고된 원숭이두창 793건 가운데 여성은 5명뿐이다. 영국 보건안전청은 최근 원숭이두창 감염 위험률이 높은 일부 동성애 남성들에게 백신을 맞으라고 권고했는데 이러한 사실은 남성 동성애 행위와 원숭이두창의 상관관계를 말해 주는 한 증거가 된다.30

2022년 7월 21일자 연합뉴스에 의하면 독일 내 원숭이두창 감염 사례가 2,000건을 넘어선 것으로 집계되었다. 2,033명의 감염자 가운데 4명을 제외하고는 모두 남성이었으며 어린이가 감염된 사례는 없다. 원숭이두창 바이러스는 기본적으로 감염자와 밀접한 신체 접촉을 한 모든 이에게 전염될 수 있지만, 한국의 질병관리청 격인 독일의 로베르트코흐연구소(RKI)는 "전염은 성행위의 틀 안에서 특히 남성과 성적접촉을 한 남성에게 우선 이뤄지는 것으로 나타났다"라고 말했다.31

또한, 2022년 7월 25일자 동아사이언스에 의하면 존 손힐 영국 퀸메리대 교수 연구팀은 21일 「뉴잉글랜드저널오브메디신」(NEJM)에 "4월 27일-6월 24일 기간 16개국에서 보고된 528건의 원숭이두창 감염 사례를 조사한 결과,

---

29 질병관리청, "원숭이두창: 감염 경로", 2022년 7월 24일 접속, 해당 싸이트: https://kdca.go.kr/contents.es?mid=a20108020000
30 BBC NEWS 코리아, "원숭이두창에 대한 오해와 진실" (2022년 6월 23일), 2022년 7월 24일 접속, 해당 싸이트: https://www.bbc.com/korean/news-61905236
31 이율, "독일, 원숭이두창 감염사례 2천건 돌파…여성 4명 빼고 전원 남성", 「연합뉴스」 (2022년 7월 21일), 2022년 7월 24일 접속, 해당 싸이트: https://www.yna.co.kr/view/AKR20220720170500082

조사 대상이 된 감염자의 98퍼센트는 동성애자 또는 양성애자인 남성으로 나타났다. 감염 사례의 95퍼센트는 성적인 접촉에 의한 것으로 의심된다"라는 내용이 담긴 연구 결과를 발표했다.[32] 이처럼 원숭이두창은 남성 동성애자에게 가장 위험한 것으로 나타나고 있다.

국내에서의 감염 현황은 현재 157명인데 아프리카 풍토병이던 원숭이두창이 오늘날 전 세계 70여 국가에서 15,000명이 감염되었으며, 특히 남성 동성애자들 사이에서 빠르게 번지고 있다.[33] 원숭이두창의 치명률은 3-6퍼센트 수준이라고 질병관리청은 밝히고 있는데 이는 코로나19의 치명률(0.13%)의 수십 배에 해당하는 수치다.[34] 오늘날 코로나19 감염 방지를 위해 전 세계가 많은 불편과 손해를 감수하며 국민을 통제하는 각종 행정명령을 당연하게 받아들이고 있는데 이를 생각하면 원숭이두창 확산 방지를 위해서 남성 동성애에 대한 통제도 매우 필요하다고 하겠다.

(3) 동성애와 각종 질병

동성애로 인하여 발생하는 질병에는 에이즈와 원숭이두창 외에도 여러 가지가 있다. 항문성교를 하는 남성 동성애자의 장과 항문 주변에서 발생하는 여러 가지 질병을 총칭해서 '게이 장 증후군'이라고 하는데 1976년 케잘 박사 등이 처음으로 보고했다.[35]

---

32 동아사이언스, "원숭이두창 사례 95%, 성접촉에 따른 감염 추정" (2022년 7월 25일), 2022년 7월 25일 접속, 해당 싸이트: https://www.dongascience.com/news.php?idx=55520

33 강성옥, "WHO, 원숭이두창에 국제 보건 비상사태 선언", 「YTN」 (2022년 7월 24일), 2022년 7월 24일 접속, 해당 싸이트: https://n.news.naver.com/article/052/0001767863

34 질병관리청, "코로나19 국내 발생 현황 (7.13.)", 2022년 7월 24일 접속, 해당 싸이트: https://kdca.go.kr/board/board.es?mid=a20501010000&bid=0015&act=view&list_no=720109

35 김지연, 『덮으려는 자, 펼치려는 자』, 165.

게이 장 증후군의 증상에는 먼저 변실금이 있다. 변실금은 일반적으로 여성과 고령에서 발생하며 50세 이상의 환자가 77퍼센트를 차지한다고 아주대학교병원은 밝히고 있다.[36] 하지만, 항문성교를 지속하게 되면 괄약근의 손상으로 젊은 남성에게도 변실금이 발생한다.[37]

게이 장 증후군의 증상에는 변실금 외에도 곤지름, 치핵, 치루, 항문암, 직장염, 직장 주위 농양 등의 다양한 문제가 있으며 대장의 얇은 막이 찢어지면 HIV가 침투하기가 훨씬 쉬운 상태가 된다. 하지만, 동성애 단체는 이런 문제를 의학 서적에서 '게이 장 증후군'이라는 용어를 삭제하는 것으로 덮으려고만 하고 있다.[38]

남성 동성애자들 사이에는 개발도상국에서나 유행하던 이질이 새롭게 유행하고 있으며, 역시 저개발국에서나 유행하던 A형, B형, C형 간염에도 매우 취약하다. 그리고 매독과 임질 등 각종 성병에 노출되어 있는데 그 증거로 미국 질병관리본부의 발표에 따르면 2014년 신규 매독 환자의 83퍼센트가 남성 동성애자이며 영국 보건복지부에 의하면 2015년 런던에서 보고된 매독의 90퍼센트가 남성 동성애자들에 의한 것이었다.[39]

동성애자들이 이처럼 각종 질병에 취약한 이유는 동성애란 동성 간 성행위를 전제로 하는 동성연애이며 파트너를 바꾸는 주기가 짧기 때문이다. 김지연에 의하면 1983년과 1985년, 나아가 2003년에도 언론에서 동성연애라는 단어를 공식적으로 사용했다. 그런데 '동성연애'를 '동성애'로 바꾸어 놓은 것은 동성애도 이성애와 같은 사랑의 한 형태로 오해하게 만드는 동성애자들의 언어 프레임이다. 그러므로 동성애의 실체가 동성연애라

---

36 박은정, "대변이 찔끔? 변실금에 대한 이해"「아주대학교병원 홈페이지」, 2022년 7월 24일 접속, 해당 싸이트: http://hosp.ajoumc.or.kr/Center/MedicalHealthInfoView.aspx?ai=1367&sc=MP113&ss=MP113&cp=1&sid=&mpc=MP113
37 이관철, "항문성교에 의한 신체변화와 그 위험성", 한국성과학연구협회 (2018년 8월 24일), 2022년 7월 24일 접속, 해당 싸이트: http://sstudy.org/post180824/
38 김지연,『덮으려는 자, 펼치려는 자』, 166-72.
39 김지연,『덮으려는 자, 펼치려는 자』, 223-334.

는 사실을 인식하는 것이 동성애 문제 해결의 출발점이 될 것이다.[40]

이상의 연구를 통해 동성애자가 되는 것은 환경적 요인과 잘못된 습관 등에서 비롯될 뿐, 동성애 유전자라는 것은 존재하지 않는다는 사실을 확인했다. 그러므로 동성애자가 되는 책임은 자신에게 있으며 자신의 결심과 노력, 상담을 통해 치료해야 하는 질병이다. 동성애자, 특히 남성 동성애자는 에이즈와 원숭이두창 및 각종 성병에 매우 취약하다. 그 모든 질병은 개인에도 위험하지만, 국가적으로 막대한 에이즈 치료비가 낭비되고 있다. 이 모든 사실을 고려할 때 동성애를 치료하기 위하여 개인적으로 그리고 국가적으로 다방면으로 노력을 기울여야 마땅하다.[41]

"설교는 개인 윤리에서 시작하여 가정 윤리, 그리고 사회 윤리에로 나아가며, 또한 정치적인 이슈들에게로 나아가는 것"이라는 존 스토트(John R.W. Stott)의 금언(金言)을 따라 설교자는 동성애 문제의 심각성을 복음 안에서 해결할 수 있음을 분명하게 설교할 사명이 있다.[42]

(4) 동성애와 트리코피톤 멘타그로피테스 7형

1985년부터 현재까지 동성애로 인하여 생기는 대표적인 질병은 에이즈였다. 그리고 2022년 7월에 '원숭이두창'이라 부르는 엠폭스가 발병하여 세계가 바짝 긴장했다. 그 외에도 동성애로 인하여 생기는 질병에는 변실금, 곤지름, 치핵, 치루, 항문암, 직장염 등의 게이 증후군이 있었다. 또한, 남성 동성애들 사이에 매독과 임질 등의 성병이 나타나며 동성애자는 이질과 A형, B형, C형 간염에도 매우 취약하다.

---

40 김지연, 『덮으려는 자, 펼치려는 자』, 45-47.
41 이요나, "동성애 현안 신학적 조명과 복음적 해법", 이동주 외 8인, 『젠더 이데올로기 심층연구』, 297-308. 이요나 목사는 탈동성애자로서 "동성애 극복을 위한 성경적 해법"을 소상히 제공한다.
42 John R. W. Stott, *I believe in Preaching*, 원광연 옮김, 『존 스토트 설교론』 (고양: 크리스챤 다이제스트, 2005), 164.

그런데 2024년 6월 7일 의학신문 「코메디닷컴」[43]과 「조선일보」[44], 「매일경제」[45]가 일제히 보도한 바에 따르면 미국 뉴욕에서 새로운 성병 곰팡이 균주가 발견되었다. 이 균주의 이름은 트리코피톤 멘타그로피테스 7형(Trichophyton mentagrophytes type VII)이라고 부르는데 이름이 너무 길어서 TM VII으로 줄여서 부르고 있다. 이 균주는 최근 유럽에 이어 미국에서도 처음 감염사례가 확인되었으며 전염성이 강한 것으로 나타났다. TM VII은 음경, 엉덩이, 사타구니, 팔다리 등에 발진이 생기는 병인데 심한 가려움증을 동반하며 수포가 생기며 터져서 고름이 나기도 하며 피부가 벗겨지기도 한다.

이 병에 걸린 30대 남성은 영국과 그리스, 캘리포니아 등을 여행하며 남성과 성관계를 가졌다고 보고했는데 무서운 것은 성관계 상대자에게는 그런 증상이 없었다는 것이다. 겉보기에 문제가 없어 보이는 남성과 관계를 하고 TM VII가 발생할 수 있다면 이는 동성애를 하려는 사람에게 주는 하나님의 경고라고 할 수 있다.

---

[43] 코메디닷컴, "새로운 성병 균주 나왔다"…남자끼리 성관계 후 발생, 전염성 강해, 2024-06-07, https://kormedi.com/1695356/%EC%83%88%EB%A1%9C%EC%9A%B4-%EC%84%B1%EB%B3%91-%EA%B7%A0%EC%A3%BC-%EB%82%98%EC%99%94%EB%8B%A4-%EB%82%A8%EC%9E%90%EB%93%A4-EB%81%BC%EB%A6%AC-%EC%84%B1%EA%B4%80%EA%B3%84-%ED%9B%84-%EC%A0%84/

[44] 조선일보, "남성간 성관계 후 감염…美서 새 성병 균주 감염 첫 사례 등장", 2024-06-07 https://www.chosun.com/international/international_general/2024/06/07/VKVYQSRLH5ENLNGVULS5W7ZXOA/

[45] 매일경제, "남성간 성관계 후 감염"…새 성병 균주 발견, 전염성 강해, 2024-06-07, https://www.mk.co.kr/news/society/11035657

4. 차별금지법 제정의 문제점

이상으로 동성애의 성경적 문제점과 보건의료적 문제점을 살펴보았다. 그런데 이렇게 다양하고 심각한 문제를 안고 있는 동성애 행위를 오늘날 정치권 일각에서는 '성적지향'이라는, 의미도 모호한 단어로 표현하면서 이를 보호하기 위하여 차별금지법을 제정하려고 집요하게 추진하고 있다. 약자를 차별하지 말고 보호해야 하는 것은 당연하다.

하지만, 동성애자들이 과연 차별받는 약자인가?
오히려 소수의 동성애자를 위하여 다수의 국민을 역차별하려는 발상이 아닌가?
그들이 제정하려는 차별금지법의 실체는 무엇이며 그런 법이 만들어졌을 때 어떤 결과를 초래할 것인가?

필자는 먼저 동성애 문제가 젠더 이데올로기가 된 과정을 살펴본 후, 오늘날 정치권 일각에서 제정하려는 차별금지법의 정체와 이 법을 제정하려는 시도들을 살펴볼 것이다. 그리고 이 법이 이미 만들어진 나라들에서 벌어지고 있는 현상을 살펴봄으로 국내에서 이 법이 만들어졌을 경우 예상되는 폐해를 정리하려고 한다.

1) 동성애와 젠더 이데올로기

인류 역사상 동성애의 문제가 없던 시대는 거의 없었다. 우선, 성경을 보면 구약성경과 신약성경의 여러 곳에서 남색을 금한 본문이 있으며 그 죄로 인하여 도시와 국가에 재난이 임했음을 볼 때 시대마다 동성애 문제가 있었으며 하나님의 백성들조차도 자주 동성애의 죄에 유혹받았음을 알 수 있다.

세속의 기록 가운데서도 동성애가 뿌리 깊었음을 보여 주는 증거들이 있다. 「한겨레」 신문에서 보건복지 전문기자에 종사했던 안종주에 의하면 페르시아에서도, 그리스에서도, 이슬람 세계에서도 동성애가 만연했다. 심지어 고대 수메르인들의 삶을 기록한 길가메시 서사시에도 호모 행위가 일상적으로 행해지고 있었다는 기록이 있다고 말한다. 그뿐만 아니라 역사적으로 알려진 인물 가운데서도 다수의 음악가와 기업가, 작가와 예술가를 비롯하여 영국 국왕 가운데도 몇 사람의 동성애자가 있었다고 한다.[46]

이렇게 광범위하고 오랜 역사가 있는 동성애가 오늘날처럼 젠더 이데올로기(Gender ideology) 문제로 대두된 것은 카를 마르크스(Karl Marx)에서부터 시작하는 긴 사상적 흐름이 있다. 울산대학교 이정훈 교수에 의하면, 인간은 계급적으로 생각한다고 주장하는 카를 마르크스와 인간은 자신의 무의식에서 일어나는 일을 통해 생각한다고 주장하는 지그문트 프로이트(Sigmund Freud) 그리고 인간은 주어진 규범의 노예일 뿐이라고 주장하는 프리드리히 빌헬름 니체(Friedrich Wilhelm Nietzsche)의 기초에서부터 구조주의가 출현하게 되었고, 구조주의적으로 생각하는 것이 상식이 되는 것이 후기 구조주의의 특징이다.[47]

후기 구조주의는 모든 것을 해체해야 한다고 주장하는 자크 데리다(Jacques Derrida) 등이 대표하는데 이는 철학적 차원에서 좁은 의미로는 근대성을 해체하는 포스트모더니즘과 동의어처럼 쓰인다. 이러한 포스트모더니즘이 근대 문화에 대한 반발로 부각한 직접적인 계기는 프랑스에서 있었던 1968년 문화 혁명이다. 모든 것을 해체하려는 포스트모더니즘의

46　안종주, 『에이즈 X-화일』 (서울: 학민사, 1996), 110-11.
47　페르디낭 드 소쉬르(Ferdinand de Saussure)에서 기원한 구조주의에 관해서는 다음을 참고하라. 이규인, "구조주의 담론에 관한 소고", 유럽헌법학회, 「유럽헌법연구」 7 (2010/06): 233-36.

시각에서 일부일처제와 가부장 질서로 형성된 가정의 해체가 진정한 해방으로 설정되었다. 68혁명의 저항 이데올로기의 목표는 서구 사회를 지탱해오던 질서를 해체하고 무신론과 유물론이 지배하는 사회를 지향하는 것이었다. 서구의 '근대성'은 프로테스탄티즘이 기초가 되어 형성된 자본주의와 자유 민주주의였으므로 서구의 가치를 대표하는 기독교가 자연히 투쟁의 목표물이 된 것이다.[48]

절대적 진리를 거부하는 포스트모더니즘은 남성과 여성으로 성별(性別)을 구분하는 하나님의 창조 질서를 철폐하고 젠더(Gender)라는 사회적 성을 주장하는 젠더 이데올로기를 주장하고 나왔다. 젠더 이데올로기란 출생 시 부여받은 선천적 생물학적 성(sex)이 아닌 사회, 문화, 심리적으로 후천적 성(gender)을 결정할 수 있다고 주장하는 시대사조다. 그와 같은 성 혁명이 강타한 서구 세계에서는 결혼은 이제 한 남성과 한 여성의 신실한 언약 관계가 아니며 육체적 쾌락을 추구하는 계약 관계일 뿐이다.[49]

젠더 이데올로기가 본격적으로 성 주류화(GM: Gender Mainstreming) 운동으로 진행된 것은 1995년에 북경에서 열린 '제4차 UN세계여성국제대회'부터였다. 이후 UN 총회에서는 모든 조치와 프로그램을 동원해서 GM을 실행하는 것이 UN의 의무라고 결의하게 되었다.[50] 그런 맥락에서 UN은 우리나라에도 차별금지법 제정을 종용하고 있다. 일례로 2013년과 2017년의 국가별 인권상황 정기검토(Universal Periodic Review)에서 우리나라에 동성애를 포함하는 차별금지법을 제정하라고 권고했으나 다행히 우리 정부는 이를 수용하지 않았다.[51]

---

48 이정훈, 『교회 해체와 젠더 이데올로기』 (용인: 킹덤북스, 2018), 18, 31-41.
49 곽혜원, "젠더 이데올로기의 도전 앞에 선 21세기 한국기독교의 과제", 이동주 외 8인, 『젠더 이데올로기 심층연구』, 164, 169.
50 이동주, "성 정치와 성교육- 독일 성 정치를 중심으로", 이동주 외 8인, 『젠더 이데올로기 심층연구』, 238.
51 명재진 외 6인, 『포괄적 차별금지법, 찬성할 것인가 반대할 것인가?』 (서울: 밝은생각, 2020), 40.

이상으로 동성애 문제가 젠더 이데올로기가 되어 포스트모더니즘의 투쟁 도구가 된 과정을 간략히 살펴보았다. 그러한 젠더 이데올로기를 실현하는 결정타는 바로 차별금지법 제정이라고 말할 수 있다. 그러므로 이제는 차별금지법을 제정하려는 시도들과 그것을 저지해 온 역사를 살펴보며 이를 저지하는 일의 중요성에 대하여 생각해 보려고 한다.

2) 우리나라에 이미 존재하는 차별금지법

　국가인권위원회와 일부 정치세력은 17대 국회 이후 계속해서 차별금지법 제정을 시도하고 있다. 대한민국 헌법 제11조 ①항에서 "모든 국민은 법 앞에 평등하다. 누구든지 성별·종교 또는 사회적 신분에 의하여 정치적·경제적·사회적·문화적 생활의 모든 영역에 있어서 차별을 받지 아니한다"라고 규정하고 있듯이 모든 사람을 차별하지 말자는 것은 당연한 주장이다. 그렇다면 지금 논란이 되는 차별금지법에는 어떤 문제점이 있는지 살펴보자.

　차별금지법은 포함하는 차별 사유의 범위에 따라 특정 차별 사유만을 다루는 '개별적' 차별금지법과 모든 종류의 차별 사유를 다루는 '포괄적' 차별금지법으로 나뉜다. 현재 우리나라에는 이미 20개 이상의 개별적 차별금지법이 제정되어 있음에도 정치권에서는 공식적으로 열 한 번이나 차별금지법안을 상정했다.

　우리나라에 이미 제정되어 시행 중인 차별금지법안에 대하여 간략히 살펴보면 다음과 같다.[52]

52　명재진 외 6인, 『포괄적 차별금지법, 찬성할 것인가 반대할 것인가?』, 59-66.

① **장애인차별금지 및 권리구제 등에 관한 법률**: 이 법은 2007년에 제정되어 현재까지 16차례의 개정을 거쳐 시행되고 있으며 장애를 이유로 한 차별을 금지하고 있다.
② **양성평등기본법**: 1999년에 '남녀차별 금지 및 구제에 관한 법률'로 제정되었다가 폐지되고 1996년에 제정된 여성발전기본법이 2014년에 양성평등기본법으로 전부개정 되었다. 이 법에 따라 성차별과 성폭력 방지 및 성희롱 예방 교육 등을 하고 있다.
③ **남녀고용평등과 일·가정 양립 지원에 관한 법률**: 1987년에 남녀 고용평등법으로 제정된 후 2007년에 현재의 명칭으로 개정되었다.
④ **고용상 연령차별금지 및 고령자고용촉진에 관한 법률**: 1991년에 제정된 고령자고용촉진법이 2008년에 현재의 명칭으로 개정되었다.
⑤ **기간제 및 단시간근로자 보호 등에 관한 법률**: 2006년에 제정되어 현재 시행되고 있다.
⑥ **외국인근로자의 고용 등에 관한 법률**: 2003년에 제정되어 현재 시행되고 있다.
⑦ **고용정책 기본법 및 근로기준법**: 이 법에는 "사업주는 근로자를 모집·채용할 때 합리적인 이유 없이 성별, 신앙, 연령, 신체조건, 사회적 신분, 출신지역, 학력, 출신학교, 혼인·임신 또는 병력 등을 이유로 차별하여서는 아니된다"라고 규정하고 있다.
⑧ **교육기본법**: 이 법에는 "모든 국민은 성별, 종교, 신념, 인종, 사회적 신분, 경제적 지위 또는 신체적 조건 등을 이유로 교육에서 차별을 받지 아니한다"라고 명시하고 있다.
⑨ **사회보장기본법**: 출산, 양육, 실업, 노령, 장애, 질병, 빈곤 및 사망 등의 사회적 위험으로부터 모든 국민을 보호하기 위한 법이다.
⑩ **문화다양성의 보호와 증진에 관한 법률**: 이 법은 "국가와 지방자치단체는 국적, 민족, 인종, 종교, 언어, 지역, 성별, 세대 등에 따른 문

화적 차이를 이유로 문화적 표현과 문화예술 활동의 지원이나 참여에 대한 차별을 하여서는 아니 된다"라고 차별금지를 명시하고 있다.
⑪ **형의 실효 등에 관한 법률 및 형의 집행 및 수용자의 처우에 관한 법률**: 이 법에는 "수용자는 합리적인 이유 없이 성별, 종교, 장애, 나이, 사회적 신분, 출신 지역, 출신 국가, 출신 민족, 용모 등 신체조건, 병력, 혼인 여부, 정치적 의견 및 성적지향 등을 이유로 차별받지 아니한다"라고 규정하고 있다.
⑫ **후천성면역결핍증 예방법**: 이 법은 에이즈 감염인에게 불이익을 주거나 차별해서는 아니 된다고 규정하고 있다.
⑬ **병역법**: 이 법은 병역의무 및 지원에 있어서 인종, 피부색 등을 이유로 차별하는 것을 금하고 있다.
⑭ **국가공무원법 및 지방공무원법**: 이 법은 "공무원을 임용할 때 합리적인 이유 없이 성별, 종교 또는 사회적 신분 등을 이유로 차별해서는 아니 된다"라고 규정하고 있다.

이상의 개별적 차별금지법 이외에도 차별금지 조항을 포함하고 있는 다수의 법률이 이미 입법이 되어 있다. 개별적 차별금지법은 필요한 영역마다 이미 제정되어 시행하고 있으며 각각의 개별적 차별금지법은 차별을 금하는 대상을 매우 구체적으로 언급하고 있다. 그런데 일부 정치세력은 개별적 차별금지법이 아니라 '성적지향'(性的指向, Sexual orientation) 등을 포함하는 포괄적 차별금지법을 제정하려고 집요하게 추진하고 있다.

3) 포괄적 차별금지법 제정 시도

명재진 교수 등 7인의 법조인에 의하면 우리나라에서 성적지향이 차별금지 사유로 포함된 최초의 법은 국가인권위원회(인권위)법이다(인권위법

제2조 3항). 이처럼 인권위법에 성적지향이 포함되었으나 그동안 성적지향에 따른 차별행위로 접수된 진정사건은 극소수이며 인권위가 고발 및 징계권고 결정을 내린 것은 단 한 건도 없었다.[53] 이는 한국 사회에서 성적 지향에 대한 차별 문제가 없음을 나타내는 증거다. 그런데도 일부 정치세력에 의해 여러 차례 '포괄적 차별금지법'(이하, 차금법) 제정이 시도되었는데 그 과정을 간략히 살펴보면 다음과 같다.[54]

(1) 제17대 국회에서의 차금법 제정시도

① 2007년 국가인권위원회, 국무총리실, 법무부 발의: 우리나라에서 차금법 문제가 시작된 것은 故 노무현 대통령 시대부터다. 노무현은 차금법 제정을 공약으로 내걸었고, 2003년 1월부터 국가인권위원에 "차금법 제정 추진위원회"를 운영했다. 노무현 정부의 법무부는 2007년 12월 12일, 제17대 국회에 '차별금지법안'을 제출했다.

② 2008년 1월 28일, 故 노회찬 의원(민주노동당) 등 10명의 국회의원이 '차별금지법안'을 발의했으나 제17대 국회 임기만료로 자동 폐기되었다.

(2) 제18대 국회에서의 차금법 제정시도

① 2011년 9월 15일, 박은수 의원(통합민주당) 등 11명이 '차별금지기본법안'을 발의했으나 18대 국회 임기만료에 따라 자동 폐기되었다.

---

53 명재진 외 6인, 『포괄적 차별금지법, 찬성할 것인가 반대할 것인가?』, 26.
54 김종헌·이승길, "차별금지법안의 쟁점과 개선방안", 한국사회법학회, 「사회법연구」 42 (2020): 390-93.

② 2011년 12월 2일, 권영길 의원(민주노동당) 등 10명의 국회의원이 '차별금지법안'을 발의했으나 제18대 국회 임기만료에 따라 자동 폐기되었다.

(3) 제19대 국회에서의 차금법 제정시도

① 2012년 11월 6일, 김재연 의원(통합진보당) 등 10명의 국회의원은 제18대 국회에서 임기만료로 자동 폐기된 '차별금지법안'을 다시 발의했는데 역시 제19대 국회 임기가 만료되어 자동 폐기되었다.
② 2013년 2월 12일에 김한길 의원(민주통합당) 등 51명의 국회의원이 '차별금지법안'을 발의했다.
③ 2013년 3월 20일에는 최원식 의원(민주통합당) 등 12명의 국회의원이 '차별금지법안'을 발의했다.

위 두 법안은 보수 기독교 단체 등의 반대 여론에 부딪혀 본회의에서 발의를 철회했다.

(4) 제21대 국회에서의 차금법 제정시도

① 2020년 6월 29일에 장혜영(정의당) 의원 등 10명의 국회의원이 '차별금지법안'을 발의했는데 본회의에 계류중이다.
② 2021년 6월 16일에 더불어민주당 이상민 의원 등 24명이 "평등에 관한 법률안"을 발의했는데 이 법안은 큰 틀에서 장혜영 의원이 발의한 차별금지법안과 비슷하다.
③ 2021년 8월 9일에는 더불어민주당 박주민 의원 등 13명의 국회의원도 "평등에 관한 법률안"을 발의했다.

④ 2021년 8월 31일에는 권인숙 의원(더불어민주당) 등 17명의 국회의원도 "평등 및 차별금지에 관한 법률안"을 발의했다.

제안국회	제출법안명	발의자	제안일	결과
제17대	차별금지법안	정부(법무부)	2007.12.12.	임기만료 폐기
	차별금지법안	노회찬 의원 등 10명	2008.01.28	임기만료 폐기
제18대	차별금지기본법안	박은수 의원 등 11명	2011.09.15	임기만료 폐기
	차별금지법안	권영길 의원 등 10명	2011.12.02	임기만료 폐기
제19대	차별금지법안	김재연 의원 등 10명	2012.11.06	임기만료 폐기
	차별금지법안	김한길 의원 등 51명	2013.02.12	철회
	차별금지법안	최원식 의원 등 12명	2013.03.20.	철회
제21대	차별금지법안	장혜영 의원 등 10명	2020.06.29.	임기만료 폐기
	평등에 관한 법률안	이상민 의원 등 24명	2021.06.16.	임기만료 폐기
	평등에 관한 법률안	박주민 의원 등 13명	2021.08.09	임기만료 폐기
	평등 및 차별금지에 관한 법률안	권인숙 의원 등 17명	2021.08.31.	임기만료 폐기

〈표 1〉 차별금지법안 국회 상정 연혁

지금까지 11회에 걸쳐 발의된 차금법을 도표로 정리하면 〈표 1〉과 같다. 이 법안들과 관련하여 2022년 5월 25일에는 차금법 논의를 위한 국회 공청회를 법사위 법안심사제1소위에서 더불어민주당 단독으로 의결하고 강행했다.[55] 하지만, 국회 공청회는 법사위 전체 회의에서 여야 합의로 해야 하기에, 차금법 제정을 위한 공청회를 했다고 인정하기 어렵다. 21대

---

55 두가온, "민주당, '차별금지법' 공청회 단독 의결…국민의힘 '제2의 검수완박'", 「동아일보」(2022 5월 20일), 2022년 7월 25일 접속, 해당 싸이트: https://www.donga.com/news/Politics/article/all/20220520/113507941/2

국회의 임기가 끝나면서 네 건의 평등법은 모두 폐기되었으나, 22대 국회가 진보진영 인사들이 절대 다수가 되었기에 여소야대의 국회에서 언제라도 차금법 제정을 밀어붙일 수 있는 상황이다.

여기에 나열한 것은 차별금지라는 표현이 들어간 법안들이지만 이 외에도 21대 국회에서 발의된 유사 차별금지법안은 무려 28종류나 된다. 그 제목들을 읽어 보면 내용이 무엇인지 알기도 어렵고 법안을 직접 살펴보아도 일반 국민은 어느 부분에 문제가 있는 것인지 찾아내기 어렵게 독소조항을 잘 숨겨 놓았다.

4) 차별금지법의 문제점과 예상 폐해들

일부 국회의원이 집요하게 입법을 추진하고 있는 차별금지법에는 법리적으로 여러 문제점을 안고 있다. 숭실대학교 국제법무학과 이상현 교수는 다음과 같이 포괄적 차별금지법에 대한 문제점을 지적했다.[56]

첫째, 지나치게 많은 차별금지 사유를 포함한다.
둘째, 차별 개념의 확대 변용이 가능하다.
셋째, 차별 영역이 행정 서비스라는 공적 영역을 넘어 고용과 교육 전반으로 확대 적용된다.

장혜영 의원의 차별금지법안 제43조에 의하면 피해(를 입었다고 주장하는)자는 서면(書面)만이 아니라 구두(口頭)로도 국가인권위원회에 의견을 진술하거나 필요한 자료를 제출할 수 있다. 제52조에서는 "차별행위가 있었다는 사실을 피해자가 주장하면 그러한 행위가 없었다거나, 성별 등을 이

---

[56] 이상현, "포괄적 차별금지법안에 의한 신앙과 표현의 자유 침해", 대한기독교서회, 「기독교사상」 743 (2020): 19-21.

유로 한 차별이 아니라거나, 정당한 사유가 있었다는 점은 상대방이 입증하여야 한다"라고 되어 있다. 동성애자는 말로만 피해를 주장하면 되고, 사실 여부와 정당한 사유를 입증하는 책임은 전적으로 상대방에게 지우는 것은 논리적으로 불공정한 법안이다.

만일, 이렇게 법리적 문제가 있으며 공정성도 결여된 포괄적 차별금지법이 제정된다면 아동 성애화 교육, 결혼과 가정 제도 파괴, 신앙과 양심의 자유 말살 등 여러 가지 문제가 발생할 것이 예상된다. 미국 뉴욕주 변호사이며 '자유과 평등을 위한 법정책연구소' 연구실장인 전윤성에 의하면 차별금지법은 우리나라가 독창적으로 고안해 낸 것이 아니라 해외의 차별금지법을 모방한 것이다.[57] 그렇다면 이미 이 법이 제정된다면 먼저 제정된 나라들에서 벌어진 현상들이 재연될 가능성도 크다고 하겠다.

전윤성 변호사가 실제로 발생한 사건을 예시하면서 지적하는 차별금지법(이하 차금법)의 문제점으로는 다음 여섯 가지가 있다.[58]

첫째, 사생활의 자유가 침해된다.

대한민국 헌법 제17조에는 "모든 국민은 사생활의 비밀과 자유를 침해받지 아니한다"라고 되어 있다. 그러나 차금법이 제정될 경우 여성 전용 화장실과 목욕탕, 탈의실 등에서 여성의 사생활 자유를 보호받지 못하게 된다.

둘째, 차금법이 제정될 경우 여성들이 성폭력으로부터 보호받을 권리가 침해된다.

실제로 미국에서는 자신을 여성이라고 주장하는 남성에 의해 화장실과 여성 휴게실에서, 영국에서는 여성 교도소에서 성폭행 사건이 발생한 예가 있다.

---

57 전윤성, "차별금지법을 왜 반대해야 하는가?", 한국 교회법학회, 「교회와법」 7/2 (2021): 74.
58 전윤성, "차별금지법을 왜 반대해야 하는가?", 78-111.

셋째, 차금법이 제정될 경우 평등권이 침해되어 역차별이 발생한다.

장혜영 법안 제25조에 의하면 트랜스젠더 남성이 여성 경기에 출전하는 것을 막을 수 없게 되어 여성 운동선수에 대한 역차별이 발생한다.

넷째, 차금법이 제정될 경우 친권(양육권)이 제한된다.

차금법이 제정될 경우 부모가 미성년 자녀의 성전환 치료를 반대할 권리가 없어지며 부모가 의견을 바꾸지 않으면 자녀와의 강제 분리를 당하게 되어 양육권이 제한된다. 왜냐하면, 국가 및 지방자치단체는 차별금지법에 반하는 기존의 법령, 조례와 규칙, 각종 제도 및 정책을 조사·연구하여 차별금지법의 취지에 부합하도록 시정하여야 하기 때문이다(장혜영 법안 제9조 등).

다섯째, 차금법이 제정될 경우 표현의 자유가 침해된다.

대한민국 헌법 제21조 ①항에는 "모든 국민은 언론·출판의 자유와 집회·결사의 자유를 가진다"라고 되어 있고 ②항에는 "언론·출판에 대한 허가나 검열과 집회·결사에 대한 허가는 인정되지 아니한다"라고 되어 있다.

하지만, 장혜영 법안 제28조에 의하면 인터넷, 각종 SNS, 교회의 인터넷 홈페이지와 유튜브 채널에 제공하는 설교에서도 동성애를 죄라고 표현하면 차별금지법 위반 사항이 된다. 또한, 법안 제29조에 의하면 각종 기독교 신문과 방송국이 제작, 공급하는 콘텐츠에서도 동성애를 반대하는 내용을 담을 수 없게 된다. 이처럼 차금법에는 표현의 자유를 제한하고 억압하는 내용이 담겨 있다.

그뿐만 아니라 이상민 평등법안의 경우 소위 혐오 표현을 괴롭힘에 포함을 시키면서, 괴롭힘을 여러 차별 형태 중 하나로 규정했고, 아울러 평등법이 모든 영역에 적용되도록 했기 때문에 교회 예배당에서 오프라인으로 동성애와 성전환 비판 설교를 했다고 하더라도 평등법 위반이 될 수 있다(이상민 평등법안 제3조 제7호 및 제4조 제4항 등).

여섯째, 양심과 종교의 자유가 침해된다.

대한민국 헌법 제19조는 양심의 자유를 보장하며 제20조는 종교의 자유를 보장한다. 하지만, 차금법이 제정되면 다음과 같은 예가 모두 차별금지법 위반 사항이 될 수 있다.

- 의사가 성전환 수술을 거부하는 것
- 신학교에서 동성애자 입학을 거부하는 것
- 교회가 동성애자를 사역자로 채용하지 않는 것
- 기독교 입양기관이 동성애 커플에게 입양 서비스를 거부하는 것
- 기독교 학교가 동성애자 동아리 등록을 거부하는 것
- 동성혼 결혼식 축하 케이크 제작을 거부하거나 웨딩 촬영을 거부하는 것

이처럼 차별금지법은 우선 법리적인 문제점과 불공정성, 역차별의 문제점을 안고 있다. 이미 성 혁명이 쓸고 지나간 서구 세계에서는 포르노 규제는 완화되고 아동기부터 성애화 교육으로 도덕성이 말살되어 조기 성관계가 유행처럼 번지고 있다. 그리고 협성대학교 권혁남 교수가 지적하고 있듯이 폴리아모리(polyamory)를 부추기게 된다.[59] 이렇게 조기 성애화와 자유주의 성 이데올로기에 빠진 자녀는 인간성이 말살되고 하나님의 창조 질서에 따른 건강한 가정을 이루기 어렵게 된다.

또한, 차별금지법이 제정될 경우 전도에 심각한 문제를 가져올 것이다. 종교의 자유 중 하나인 선교는 타 종교를 비판하면서 자기 종교의 우월성을 주장함으로써 신도를 규합, 모집할 자유가 핵심임에도 타 종교에 대한 건전한 비판이 혐오 표현이 될 수 있다. 실제로 명재진에 의하면, 영국

---

59 권혁남, "격변하는 성문화에 대한 기독교 윤리적 성찰: 폴리아모리 문제를 중심으로", 아시아문화학술원, 「인문사회 21」 9/3 (2018): 1,119.

NHS 병원에서 근무하던 빅토리아 와스테니씨는 동료를 전도하고 예배에 초대한 사실이 차별과 괴롭힘이라는 이유로 직무 정지 징계를 당한 사건이 있었다.[60] 이처럼 차별금지법이 신앙의 자유를 침해하며 교회의 존속을 위협하는 부분에 관하여 설교자는 청중에게 알려야 할 사명이 있다.

5. 동성애와 차별금지법에 대응하는 설교 제안

이상으로 살펴본 동성애에 관한 성경적 교훈, 동성애를 통해 발생하는 각종 질병의 문제 그리고 동성애를 옹호하는 차별금지법의 문제를 살펴보았다. 설교자는 이러한 동성애와 차별금지법의 문제에 대응하여 정기적으로 설교하여 청중이 이런 죄에 빠지지 않도록 보호하며 나아가 신자들이 반동성애 운동에 앞장서는 헌신자가 되도록 이끌어야 할 사명이 있다. 그러므로 필자는 동성애와 차별금지법 문제에 대응하기 위해 다음과 같이 다섯 편의 설교 제목과 본문 그리고 설교의 요지를 제안하고자 한다.

1) 창조의 질서와 하나님의 계획(창세기 1:28)

창세기 1-2장에서 하나님은 각종 짐승과 사람에게 생육하고 번성하라고 하셨기에 생육하고 번성하지 못하는 동성 간 결혼은 하나님의 창조 질서를 위배하는 것으로 설교할 수 있다. 덧붙여 둘이 한 몸을 이루라고 명하신 창세기 2:24을 근거로 한 남자와 한 여자의 결혼만이 성경적 원리임을 설교할 수 있다.

---

60 명재진 외 6인, 『포괄적 차별금지법, 찬성할 것인가 반대할 것인가?』, 215-24.

2) 동성애와 하나님의 진노(레 20:13)

하나님은 동성애를 우상 숭배와 인신 제사만큼 싫어하신다. 구약성경은 동성애를 하면 사형에 처하라고 하셨고, 신약성경은 동성애의 죄를 지으면 하나님 나라를 차지할 수 없다고 경고하셨다. 그러므로 하나님의 진노를 피하기 위해서는 동성애 죄를 끊어야 함을 설교할 수 있다.

3) 동성애 죄의 파괴적인 결과(창 19:24-25)

동성애와 문란한 죄에 빠져 있던 소돔과 고모라는 하늘에서 내리는 유황과 불에 의해 파괴되고 사라져 버리는 전무후무한 심판을 받았다. 이 사건을 통해서 오늘날도 도시와 국가가 진노를 당하지 않기 위해서 동성애와 차별금지법을 막아야 할 사명을 설교할 수 있다.

이 사건과 사사기 19-20장의 이스라엘의 내전 사건을 묶어서 설교할 수도 있고 두 본문으로 각각의 설교를 할 수도 있다. 사사기 19-20장으로 따로 설교한다면 〈민족 상잔의 비극을 초래한 동성애〉라는 제목으로 설교할 수 있다.

4) 멸망하지 말라고 주신 질병(고전 6:9)

동성애를 통해서 발생하는 위험한 질병을 소개하며 경각심을 불러일으킨다. 에이즈, 원숭이두창 감염의 주된 이유가 되고 있으며 게이증후군이라는 항문병에 걸리는 위험이 있다. 그런데 이 모든 문제점보다 바울을 통해서 동성애의 죄를 지으면 하나님 나라에 들어가지 못한다는 경고를 상기시켜 줄 수 있다. 하지만, 에이즈나 원숭이두창의 공포를 주시는 이유는 회개하여 지옥에 가지 않게 하기 위해서다.

5) 차별금지법과 역차별법 (행 4:12)

설교자는 차별금지법의 문제점을 간략히 정리해서 나열해 준 다음, 이 법이 제정될 경우 가정과 사회가 망가지며 특히 교회가 전도할 수 없게 됨을 가르쳐 준다. 사도행전에서 베드로가 분명하게 말한 "천하 사람 중에 구원을 받을 만한 다른 이름을 우리에게 주신 일이 없음"까지 차별로 보는 악법이므로 성경의 권위가 한없이 추락하고 있음을 인식하고, 기도하도록 설교할 필요가 있다.

6. 나가는 글

동성애는 아름다운 사랑의 한 형태가 아니라 처음부터 동성끼리의 성행위를 전제한 동성연애(homosexuality)다. 그러므로 동성애는 생육하고 번성하라는 하나님의 창조 질서를 거역하는 행위이며 하나님께서 가증하게 여기시는 범죄다. 이러한 죄를 지은 사람은 처형하라고 명하신 하나님의 법도를 무시하고 도시 전체가 문란하게 되었을 때 그들이 이방인이건 이스라엘이건 하나님이 친히 도시와 나라를 멸망시키시는 것을 소돔 사건과 기브아 사건을 통해 보여 주셨다. 이 두 사건은 지금도 하나님은 동성애를 가증하게 여기신다는 것과 궁극적으로 하나님의 나라를 잃어 버리고 영원한 심판받을 죄임을 보여 주고 있다.

바울 사도가 사역하던 1세기에도 그런 죄를 옳다하는 이가 있었는데(롬 1:32) 오늘날에는 "동성애는 타고나는 것이어서 피할 수 없다"라고 주장하는 이들이 있다. 이를 증명해 보겠다고 어떤 이들은 일란성 쌍둥이의 동성애 성향을 조사하는 노력을 했다. 또 어떤 이들은 동성애 유전자라는 것이 존재하는지 연구했다. 하지만, 결론은 모두 허사였다. 하나님께서 만들지 않으신 것이 존재할 리가 없기 때문이다. 그런데 성과가 없는 것은 아니었다. 일단 대중 가운데는 그들이 주장한 초창기의 거짓말을 퍼뜨리는 사람과 거기에 속는 자들이 있기 때문이다. 그러므로 설교자는 그 거짓말의 실체를 낱낱이 밝혀 신자들이 사실(fact)을 알게 해야 한다. 그럴 때 그 신자들은 팩트를 전달하여 어둠을 밝힐 수 있을 것이다.

동성애 행위가 에이즈 감염의 진원지임은 이미 널리 알려져 있다. 그리고 최근에는 원숭이두창이라는 무서운 질병의 직접적 원인임이 속속 밝혀지고 있다. 이런 질병은 소돔과 기브아의 사건과는 양태가 다른 하나님의 심판이며 그 죄에서 벗어나게 하는 하나님의 손길이다.

동성애의 행위는 구약 시대부터 신약 시대까지 광범위한 지역에서 존재했다. 세계적으로 유명한 작가, 예술가, 학자, 정치인 등 모든 영역에 동성애자가 있었다. 그런데 그때까지 개인적인 문제였던 동성애가 어느 날 젠더 이데올로기가 되고 투쟁의 도구가 되어 버렸다. 거기에는 카를 마르크스(Karl Marx)에서부터 시작되는 깊은 뿌리가 있다. 그리고 그 열매는 모든 것을 해체해야 한다고 주장하는 포스트모더니즘이다.

포스트모더니즘과 젠더 이데올로기와의 관계에 관하여 충분히 이해하려면 모든 사람이 성 억압을 당하고 있다고 주장한 지그문트 프로이트(Sigmund Freud)와 '성 정치' 및 '성 경제학' 이론을 내놓은 빌헬름 라이히(Wilhelm Reich), '퀴어 이론'의 창시자 주디스 버틀러(Judith Butler) 등 여러 철학자의 주장과 그 영향을 자세히 논할 필요가 있지만 이 책에서는 지면 관계상 생략했다.

그러나 이유를 불문하고 포스트모더니즘은 단연코 하나님이 세우신 결혼 제도와 가정 제도, 교회와 국가 제도까지 모두 해체하여 무법천지를 만들려는 사탄의 전략이다. 그리고 그 포스트모더니즘 실현의 결정타는 바로 차별금지법 제정 및 시행이다. 오늘날 많은 서구의 교회가 각성하지 않고 투쟁하지 않아서 차별금지법 진영에 무릎을 꿇고 말았다. 그러나 하나님은 이 말세에 대한민국과 한국 교회를 최후의 보루로 남겨 놓으셨다. 그러므로 한국 교회의 설교자들은 젠더 이데올로기와 차별금지법의 실체를 폭로하고 하나님의 백성을 깨우침으로 대한민국을 지킬 사명이 있다.

참고 문헌

감염병정책국 에이즈관리과. "2021 HIV/AIDS 신고 현황". 청주: 질병관리청, 2022.
권혁남. "격변하는 성문화에 대한 기독교 윤리적 성찰: 폴리아모리 문제를 중심으로". 아시아문화학술원. 「인문사회 21」 9/3 (2018): 1117-1128.
길원평 외 5인. 『동성애 과연 타고나는 것일까?』. 서울: 건강과생명, 2014.
길원평 외 6인. "동성애의 선천성을 옹호하는 최근 주장들에 대한 반박". 기독교학문연구회. 「신앙과학문」 22/3 (2017): 7-29.
김종헌·이승길. "차별금지법안의 쟁점과 개선방안". 한국사회법학회. 「사회법연구」 42 (2020): 383-444.
김지연. 『덮으려는 자, 펼치려는 자』. 서울: 사람, 2020.
김지찬. 『오직 여호와만이 우리의 사사』. 서울: 생명의말씀사, 2010.
명재진 외 6인. 『포괄적 차별금지법, 찬성할 것인가 반대할 것인가?』. 서울: 밝은생각, 2020.
박윤선. 『성경주석 여호수아 사사기 룻기』. 서울: 영음사, 1981.
_____. 『성경주석 창세기 출애굽기』. 서울: 영음사, 1981.
신현우. "신약성경과 동성애: 동성행위에 관한 신약성경의 평가". 신학지남사. 「신학지남」 88/2 (2021/6): 7-28
안종주. 『에이즈 X-화일』. 서울: 학민사, 1996.
이규인. "구조주의 담론에 관한 소고". 유럽헌법학회. 「유럽헌법연구」 7 (2010/06): 229-262.
이동주 외 8인. 『젠더 이데올로기 심층연구』. 서울: CLC, 2020.
이민규. "동성애에 관한 성경의 바람직한 태도: 창세기 19장, 사사기 19장, 레위기 18, 20장, 마태복음 19장(마가복음 10장)과 로마서 1장 중심으로". 연세대학교 신과대학. 「신학논단」 100 (2020): 111-148. https://doi.org/10.17301/tf.2020.06.100.111

이상현. "포괄적 차별금지법안에 의한 신앙과 표현의 자유 침해". 대한기독교서회. 「기독교사상」 743 (2020): 18-29.

이정훈. 『교회 해체와 젠더 이데올로기』. 용인: 킹덤북스, 2018.

이풍인. "신약성경에서 본 동성애". 이상원 교수 은퇴논총 편집위원회. 『사람보다 하나님께 순종하는 것이 마땅하니라』. 서울: 솔로몬, 2021.

임봉대. "구약성서에 나오는 환대(Hospitality)에 관한 소고: 다문화 사회에서의 성경이해". 한국구약학회. 「구약논단」 18/3 (2012/09): 34-59.

전윤성. "차별금지법을 왜 반대해야 하는가?". 한국 교회법학회. 「교회와법」 7/2 (2021): 73-129.

조미형. "레위기 18장의 성행위 금령 연구-벗은 몸에 관한 10계명". 한국구약학회. 「구약논단」 13/1 (2007): 120-146.

최성훈. "동성애에 대한 실천신학적 접근". 한국실천신학회. 「신학과 실천」 78 (2022): 763-786.

Stott, John R. W. *I believe in Preaching.* 원광연 옮김. 『존 스토트 설교론』. 고양: 크리스챤 다이제스트, 2005.

DeYoung, Kevin. *What Does the Bible Teach about Homosexuality?.* 조계광 옮김. 『성경이 동성애에 답하다』. 서울: 지평서원, 2016.

BBC NEWS 코리아, "원숭이두창에 대한 오해와 진실" (2022년 6월 23일), 2022년 7월 24일 접속, 해당 싸이트: https://www.bbc.com/korean/news-61905236

강성옥, "WHO, 원숭이두창에 국제 보건 비상사태 선언", 「YTN」 (2022년 7월 24일), 2022년 7월 24일 접속, 해당 싸이트: https://n.news.naver.com/article/052/0001767863

동아사이언스, "원숭이두창 사례 95%, 성접촉에 따른 감염 추정" (2022년 7월 25일), 2022년 7월 25일 접속, 해당 싸이트: https://www.dongascience.com/news.php?idx=55520

두가온, "민주당, '차별금지법' 공청회 단독 의결…국민의힘 '제2의 검수완박'," 「동아일보」 (2022 5월 20일), 2022년 7월 25일 접속, 해당 싸이트: https://www.donga.com/news/Politics/article/all/20220520/113507941/2

박은정, "대변이 찔끔? 변실금에 대한 이해," 「아주대학교병원 홈페이지」, 2022년 7월 24일 접속, 해당 싸이트: http://hosp.ajoumc.or.kr/Center/MedicalHealthInfoView.aspx?ai=1367&sc=MP113&ss=MP113&cp=1&sid=&mpc=MP113

백상현, "청소년 에이즈 확산 … 동성애 주된 이유 맞다"「국민일보」(2017년 12월 3일), 2022년 7월 24일 접속, 해당 싸이트: http://news.kmib.co.kr/article/view.asp?arcid=0011948475&code=61221111

서울대학교병원, " 원숭이두창 증상부터 대처법까지", 서울대학교병원: 병원 뉴스 (2022년 6월 24일), 2022년 7월 24일 접속, 해당 싸이트: http://www.snuh.org/m/board/B003/view.do?bbs_no=5905&searchWord=

이관철, "항문성교에 의한 신체변화와 그 위험성," 한국성과학연구협회 (2018년 8월 24일), 2022년 7월 24일 접속, 해당 싸이트: http://sstudy.org/post180824/

이율, "독일, 원숭이두창 감염사례 2천건 돌파…여성 4명 빼고 전원남성",「연합뉴스」(2022년 7월 21일), 2022년 7월 24일 접속, 해당 싸이트: https://www.yna.co.kr/view/AKR20220720170500082

정윤미, "원숭이두창 감염 다수男, 생식기·항문에 피부병변 호소",「NEWS 1」(2022년 7월 2일), 2022년 7월 13일 접속, 해당 싸이트: https://www.news1.kr/articles/?4730059

질병관리청, "원숭이두창: 감염 경로", 2022년 7월 24일 접속, 해당 싸이트: https://kdca.go.kr/contents.es?mid=a20108020000

질병관리청, "코로나19 국내 발생 현황 (7.13.)", 2022년 7월 24일 접속, 해당 싸이트: https://kdca.go.kr/board/board.es?mid=a20501010000&bid=0015&act=view&list_no=720109

질병관리청, 2022년 7월 13일 접속, 해당 싸이트: https://kdca.go.kr/search/search.es?mid=a20101000000

[동성애 문제 설교 샘플]

거룩한 방파제를 세우자
로마서 12:1-2

1) 들어가는 말

　로마서는 16장으로 이루어져 있습니다. 1-11장에서는 '하나님이 우리를 위하여 무엇을 하셨는지'에 대해 그리고 12-16장에서는 '우리는 어떻게 살아야 하는지'에 대해 말씀하십니다. 사도 바울은 먼저 하나님이 예수님을 보내어 우리를 위해 죽게 하심으로 우리가 죄와 죽음에서 해방되었다는 십자가와 부활의 복음을 설명했습니다. 만일, 우리가 이러한 복음을 받고도 그 복음에 걸맞은 삶을 살지 않는다면 지금까지 설명한 복음이 무용지물이 되고 말 것입니다. 그러므로 12장 이후의 실천편이 매우 중요합니다.

　12:1에서 바울은 "그러므로 형제들아, 내가 하나님의 자비하심으로 너희를 권하노니"로 시작해서 12:2에서 "너희는 이 세대를 본받지 말고 … 하나님의 뜻이 무엇인지 분별하라"고 권면합니다. 그런데 우리가 이 세대를 본받지 않고 하나님의 뜻을 분별하려면 이 세대가 어떤 상황인지 바르게 진단해야 합니다.

　그러면 이 시대는 영적으로 어떤 상황일까요?

2) 시대별 영적 싸움의 양상 변화

예수 그리스도의 복음이 전해지고 교회가 시작되면서부터 사탄은 집요하게 교회를 공격해 왔습니다. 그 공격의 양상은 시대마다 조금씩 달라졌지만 목적은 오직 하나, 다음과 같이 교회를 파괴하는 것입니다.

첫째, 예수님의 신성을 공격했습니다.

예수님이 계실 때부터 오순절 이후 초대 교회에서는 유대인들을 통해서 예수님의 신성을 공격했습니다. 예수는 단지 인간일 뿐 메시아가 아니며 하나님도 아니라고 생각하던 유대인들은 예수님도 죽였고 신자들도 닥치는 대로 잡아 죽였습니다. 신자들이 박해를 피해서 유대와 사마리아와 다메섹과 구브로, 안디옥 등으로 피신했는데 사울은 예루살렘에서 무려 140킬로미터나 떨어진 다메섹까지 신자들을 체포하러 갈 정도로 열심을 내었습니다.

둘째, 예수님의 인성을 공격했습니다.

이후 사울은 예수님을 만나 이방인에게 복음을 전하는 사도가 되었는데 이제 새로운 복병이 등장했습니다. 영은 선하고 물질은 악하다고 생각하는 영지주의자들이 교회 안으로 들어와서 예수님의 인성을 공격하기 시작했습니다. 물질은 악한데 거룩한 신께서 악한 육체를 입을 수 없다는 것이 그들의 오해였습니다. 그래서 1세기 교회는 예수님의 인성을 강조해야 했습니다.

바울은 골로새서 2:8-9에서 바울은 헛된 철학에 속지 말라고 하면서 예수님 안에는 신성의 모든 충만이 육체로 거하신다고 강조했습니다.

또한, 요한 사도도 요한일서 4:1-3에서 영들이 하나님께 속했는지 분별하라고 권면하면서 예수 그리스도께서 육체로 오신 것을 시인하는 영마다 하나님께 속했지만 예수를 시인하지 아니하는 영마다 적그리스도의 영이라고 강조했습니다.

셋째, 황제 숭배를 통한 박해가 있었습니다.

초대 교회 시절의 또 하나의 시련은 황제가 신이냐, 예수님이 신이냐 하는 문제로 엄청난 박해가 있었는데 그것은 교회 밖의 문제였습니다. 하지만, 콘스탄틴 황제가 기독교를 공인한 후 교회가 급속도로 성장해서 교회는 안으로부터의 변질과 타락이 시작했습니다. 중세 시대의 교회는 행위 구원론에 빠져 십자가 복음을 욕보였습니다.

중세 시대에 한편으로는 고행과 수도로 자신의 구원을 만들겠다고 오해하는 사람이 발생했고 또 한편으로는 교회에 연보(捐補)를 많이 함으로 구원받을 수 있다는 속임수가 횡행했습니다. 중세 교회는 성경에 있지도 않은 연옥(煉獄)까지 만들어 연보 궤에 돈이 떨어지는 그 순간 조상의 영혼이 지옥에서 연옥으로, 연옥에서 천국으로 올라간다고 속였습니다.

그때 루터와 종교 개혁자들은 목숨을 걸고 오직 믿음으로 얻는 의를 강조했고 그 결과 교회는 다시 살아났습니다.

넷째, 19-20세기의 교회는 자유주의 신학의 공격에 직면했습니다.

18세기에 피어난 계몽주의 꽃은 19세기에 자유주의라는 열매를 맺었습니다. 자유주의는 인간의 이성으로 성경을 판단하다가 급기야 성경 속에는 하나님의 말씀과 인간의 말이 섞여 있으므로 그것을 구별해내야 한다고 성경을 난도질하기 시작했습니다. 그렇게 자유주의 신학이 성경 죽이기에 혈안이 되어있을 때 경건한 신학자들은 성경은 한 자 한 자 성령의 영감으로 기록되었다는 축자영감설을 강조함으로 성경을 보호했습니다. 그 덕분에 교회가 보존되었습니다.

다섯째, 그 시대의 생겨난 또 하나의 심각한 공격은 진화론이었습니다. 아메바가 고등동물이 되고 원숭이가 사람이 되었다는 주장은 굳이 언급할 필요성조차 없는 헛소리입니다. 그래서 교회가 목숨 걸고 방어하지 않고 내버려 두었는데 그 결과 오늘날 진화론은 과학으로 통하고 성경적 창조론은 미신으로 취급받게 되었습니다. 일부 기독교인은 유신 진화론을 받아들이고 싶어 하지만 유신 진화론은 성경적 창조론이 아닙니다.

여섯째, 오늘날 21세기에 교회의 최대 위협은 젠더 이데올로기, 성 혁명 사상입니다. 하지만, 많은 신자가 이 사실을 잘 모르고 있습니다. 성 혁명 사상은 동성애와 성전환, 조기 성애화, 낙태 합법화 등으로 가정과 교회를 해체하고 우리 다음 세대를 망치려 들고 있습니다. 이를 위하여 성 혁명 세력은 쉴새 없이 전 방위적인 공격을 가하고 있습니다

3) 성 혁명 세력의 전방위적 공격들

성 혁명 세력은 여러 가지 방법으로 가정 해체와 교회 죽이기에 돌입하고 있습니다. 그들이 교회를 주된 공격 대상으로 삼은 이유는 교회만이 참된 진리를 주장하고 틀린 것을 틀렸다고 말하기 때문입니다. 한때 우리나라에는 "나와 같지 않은 것은 다를 뿐이지 틀린 것이 아니다"라는 말이 인기가 있었습니다. 하지만, 그 말은 우리 민족의 배타성을 완화하는 데는 좋은 말이지만 오늘날과 같은 다원주의 시대에는 오히려 위험한 말입니다. 이제 우리는 다른 것도 있지만 틀린 것도 있음을 분명히 알아야 합니다.

(1) 법 제정

성 혁명 세력은 먼저, 법을 제정하려고 시도하고 있습니다. 우리나라에는 이미 20개 이상의 개별적 차별금지법이 있습니다. 이것은 각 상황에 알맞은 맞춤형 차별금지법입니다. 그런데도 17대 국회부터 21대 국회까지 지난 16년 동안 무려 열한 번의 포괄적 차별금지법이 발의되었고 22대 국회가 개원한지 몇 달만에 '성적지향', '성별정체성' 차별금지 조항을 넣은

여러 개의 유사 차별금지법을 발의했습니다. 그들이 이렇게 집요하게 포괄적 차별금지법을 제정하려고 시도하는 이유는 그 속에 "성적지향"이라는 말과 "성별정체성"이라는 단어를 집어넣고 싶어서입니다. 성적지향은 동성 혹은 이성에게 끌리는 것을 말하는데 간단히 말해서 동성애와 양성애를 합법화하려는 것입니다.

현재 우리나라에서 동성애는 불법이나 죄가 아닙니다. 그런데 굳이 이를 합법화하겠다는 것은 동성애를 나쁘다고 말하는 모든 표현(설교를 포함해서)을 죄로 만들기 위해서입니다. 포괄적 차별금지법이 통과되는 순간 동성애를 죄라고 말하는 성경은 불온서적이 되고, 설교자는 범죄자가 되고, 교회는 범죄 집단이 되어 버립니다. 그리고 성 혁명 세력이 설교자를 향해 집단 소송에 들어가면 배상금을 감당해 낼 설교자가 아무도 없습니다. 그 설교를 듣고 괴롭힘을 당했다고 주장하는 사람마다 1인당 500만 원씩 지불해야 하는데 만일 10만 명이 설교 영상을 보았다고 동시에 소송하면 오천억 원을 지불해야 합니다.

'성별정체성 차별금지'란 자신이 남자인지 여자인지 생물학적인 성(sex)이 아니라 본인의 느낌대로 성(gender)을 인정해야 된다는 말입니다. 성 혁명 세력은 남자와 여자 외에 수십 가지의 성별(gender)이 있다고 주장합니다. 심지어 성별이 유동적으로 변하는 젠더 플루이드도 있다고 합니다. 남성과 여성을 모두 거부하는 뉴트로이스도 있고, 성정체성이 없는 에이젠더도 있다고 합니다. 이런 이상한 주장을 합법화하고 이상하다고 말하면 처벌하겠다는 것이 저들이 제정하려고 시도하는 포괄적 차별금지법입니다. 하지만, 먼저 깨어 있는 신자들이 열심히 싸워서 아직까지 포괄적 차별금지법 제정을 막아내고 있습니다. 할렐루야!

(2) 조례 제정

저들은 법 제정의 길이 막히자 각종 조례 제정을 통해 성적지향과 성별정체성을 합법화하려고 시도합니다. 현재 전국의 각 시도에서 시민 혹은 도민 인권조례 제정을 추진하고 있고, 또 학생인권조례로 학생들을 조기 성애화 하고 있습니다. 조례는 상위법의 범위 안에서 제정되어야 마땅함에도 현재 각종 인권조례는 헌법과 법률을 위배하면서 성적지향과 성별정체성을 인정하는 내용을 담고 있습니다. 현재 몇몇 광역시도에서 학생인권조례 폐지 운동이 벌어지고 있는데 이를 위해 기도와 응원이 필요합니다.

(3) 성 혁명 교과서

성 혁명 세력은 5년마다 새로 만드는 교과과정을 통해 여러 교과목에 성 혁명 내용을 넣어 놓았습니다. 요즘 자녀들이 교과서를 학교에 두고 다니며, 집에 가지고 오지 않아서 부모들이 교과서를 대할 기회가 없습니다. 그런데 교과서와 참고 자료 가운데는 포르노 수준의 글과 그림들이 가득차 있어서 이를 통해 우리 아이들을 조기 성애화 하고 있습니다.

조기 성애화란 어린 나이부터 성관계와 피임법에 대해 조목조목 배워서 성행위에 눈뜨게 만드는 것입니다. 아직 가치관이 형성되지 않은 어린 자녀들이 이렇게 성행위에 노출되고 있습니다.[1] 심지어 교과서에서 "성적 자기 결정권"이라는 개념을 가르치는데 이는 성관계를 할 것인지 말 것인지를 결정할 권리가 자기에게 있다는 뜻입니다. 이런 교과서는 성행위에 대하여 절제를 배워야 할 아이들에게 권리만 가르치는 포르노 교과서입니다.

---

[1] "3세까지 성교육 조기성애화 부추긴다" 국민일보 2022-05-04
https://m.kmib.co.kr/view.asp?arcid=0924243708

(4) 동성애 퀴어퍼레이드

우리나라에서 2000년부터 시작한 동성애 퀴어퍼레이드는 2015년에 상징성이 큰 서울 광장으로 옮겨왔습니다. 그해부터 우리나라에 퀴어축제 반대 국민대회가 생겨난 것은 하나님의 은혜입니다. 저들은 서울 광장에서 행사를 마치고 광화문 방향으로 행진할 계획을 세웠지만, 국민대회에 막혀 외곽으로만 돌았습니다. 특히, 2023년부터 서울시가 서울 광장 사용을 불허한 것도 하나님의 은혜입니다.

하지만, 그들은 포기할 사람들이 아닙니다. 그들이 퀴어퍼레이드는 하는 한, 우리는 반드시 반대 국민대회를 열어서 막아야 합니다. 반대하는 국민이 훨씬 더 많다는 사실을 전 국민에게 보여 주어야 합니다. 표가 생명인 정치인들에게 찬성하는 사람보다 반대하는 사람이 수십 배 더 많음을 보여 주어야 합니다.

(5) 거룩한 방파제를 만들자

어촌 마을에 가면 마을마다 반드시 방파제가 있습니다. 방파제가 없다면 계속 밀려오는 파도에 의해 도로가 유실되고 마을이 쓸려갈 수 있습니다. 방파제가 없으면 어선이 뒤집히거나 떠내려갈 수도 있습니다. 그래서 어촌 사람들은 비싼 돈을 들여 방파제를 만들어 놓았습니다.

방파제를 만드는 재료는 테트라포드입니다. 테트라포드(tetrapod)란 발이 네 개 달린 거대한 콘크리트 구조물입니다. 방파제를 만드는 데는 이 테트라포드가 많이 필요합니다. 테트라포드가 방파제가 되기 위해서는 육지에 혼자 우두커니 있어서는 안 됩니다. 깊은 물 속에 수많은 테트라포드가 들어가고 그 위에 보이는 부분은 일부입니다.

오늘날 성 혁명 세력이 쓰나미처럼 밀려와서 유럽과 호주와 남북 아메리카를 휩쓸어 갔습니다. 지금 전 세계에서 동성애 퀴어축제를 막아서는 국민대회를 하는 나라는 오직 대한민국밖에 없습니다. 그런 의미에서 퀴어축제 반대 국민대회는 성 혁명 세력의 거친 파도와 쓰나미를 막아서는 "거룩한 방파제"입니다.

사도 바울은 로마서 12:1에서 "너의 몸을 하나님이 기뻐하시는 거룩한 산 제물로 드리라"라고 했습니다. 여러분의 몸을 거룩한 산 제물로 드리는 방법은 여러분이 모두 모여서 거룩한 방파제를 만드는 것입니다. 여러분 한 사람 한 사람은 모두 거룩한 방파제를 위한 테트라포드입니다. 테트라포드는 반드시 모여 있어야 하는데 평소에는 교회에 모여야 합니다. 모여서 성 혁명 세력을 막아 내도록 기도해야 합니다. 우리는 다음 기도 제목으로 교회에서 모일 때마다 기도하고 각 가정에서도 매일 기도해야 합니다.

- 포괄적 차별금지법 제정을 막아 주시옵소서.
- 국가인권정책 기본계획이 폐지되게 해 주시옵소서.
- 학생인권조례가 모두 폐지되게 해 주시옵소서.
- 교과서에서 성 혁명 내용이 물러가게 해 주시옵소서.
- 전국의 동성애 퀴어축제가 사라지게 해 주시옵소서.
- 통합국민대회 거룩한방파제에 30만 명이 회집하게 해 주시옵소서.
- 한국 교회가 거룩성을 회복하고 갑절로 부흥하게 해 주시옵소서.

그리고 해마다 퀴어집회가 열리는 날에는 서울시청 앞 통합국민대회 장소에 모여야 합니다. 모여서 전 국민이 이것을 반대한다는 사실을 보여 주어야 정치인들이 악법을 만들 생각을 하지 않습니다. 우리나라 성도의 10분의 1이 모여서 분명한 의지를 보여 준다면 우리나라에서 악법과 나쁜 조례가 사라질 것입니다.

이처럼 우리가 거룩성을 회복할 때 우리는 전 세계 교회의 희망이 될 것입니다. 우리의 거룩성을 전 세계에 퍼뜨릴 비전을 품고 여러분 한 명 한 명이 모두 모여 거룩한 방파제를 세우시기를 간절히 축원합니다.

제8장

성경적 죽음을 준비시키는 설교

1. 들어가는 글

지혜의 왕 솔로몬은 초상집에 가는 것이 잔칫집에 가는 것보다 낫다고 했다. 그 이유는 모든 사람이 마지막에 죽음을 맞이하게 될 것이기 때문이다(전 7:2). 그러니까 솔로몬이 초상집에 가라고 한 것은 장소적 개념을 넘어 죽음에 대하여 항상 생각하고 살라는 의미다. 죽음을 생각하고 살라는 이 교훈은 고대 로마 공화정 시절의 개선식에서 유래했다는 메멘토 모리(Mement mori, 죽음을 기억하라!) 개념과도 잘 통한다.[1] 사람이 죽음을 생각하고 사는 것은 그 사람이 바른 삶을 살도록 이끌어 줄 수 있다. 그래서 구약신학자 구자용은 메멘토 모리를 전도서 이해의 열쇠로 보았다.[2]

모든 사람이 반드시 맞이하는 죽음에 관하여 사람들은 부담과 두려움을 느낀다. 왜냐하면, 죽음은 익숙한 세상과의 단절이며 미지의 세계로의 출발점이기 때문이다. 그러므로 설교자는 신자들이 두려워하고 또한 궁금해하는 죽음에 관하여 성경적으로 이해하고 신앙적으로 준비할 수 있도록 설교할 사명이 있다. 그리고 사랑하는 가족의 임종을 어떻게 맞이할 것인

---

[1] 조계선, "메멘토 모리", 문예운동사, 「수필시대」 94 (2022/03): 255. 로마의 개선식에서 개선장군이 전차를 타고 퍼레이드가 진행하는 동안 그 마차에는 노예 한 명이 같이 타고 '메멘토 모리'를 외쳤다.

[2] 구자용, "메멘토 모리, 카르페 디엠: 전도서 이해의 열쇠로서의 죽음에 대한 고찰", 한국구약학회, 「구약논단」 18/1 (2012): 82.

지에 관해서도 설교를 통해 충분히 준비시킬 책임이 있다.

설교자가 죽음에 관해 성경적 관점으로 설교할 때 가장 먼저 설교자 자신이 그 수혜자가 되는데 그 좋은 예로 마틴 로이드 존스(Martyn Lloyd-Jones)를 들 수 있다. 로이드 존스는 제2차 세계 대전 이후부터 대략 10년 동안 죽음 설교를 통해 고난과 죽음의 의미를 설교했다. 그는 1950년 10월 1일부터 1952년 4월 6일까지 산상수훈을 설교한 것과 1952년 5월 4일부터 1953년 7월 19일까지 요한복음 17장을 강해한 것을 제외하고는 10년간 죽음에 관하여 연속적으로 강해했다.[3]

그렇게 죽음에 관해 충분히 설교한 로이드 존스는 본인이 죽음을 맞이하게 되었을 때 참된 평안을 보여 주었다. 그는 주치의에게 연명치료를 거절했고 가족들에게 자신의 회복을 위해 기도하지 말도록 당부했다고 한다.[4] 죽음 후에 맞이할 하나님의 나라에 관해 확신을 가지고 선포한 설교자가 마지막에 아름다운 모습을 보일 때 청중은 그 설교자를 포함해서 모든 설교자의 설교에 '아멘' 할 수 있다. 이처럼 설교자가 성경적 죽음을 맞이하는 모습을 통해 신자들에게 천국 소망의 확신을 심어주기 위해서도 죽음에 대해 더 많이 설교할 필요가 있다.

하지만, 사람들은 여전히 죽음은 재수 없는 것으로 생각해서 언급하기를 꺼린다. 일부 설교자도 죽음에 관하여 설교하기를 망설이고 있다. 설교자가 죽음 설교 실태에 관하여 필자가 2022년 11월에 설교자를 대상으로 한 조사에 응답한 85명 가운데 14명은 최근 1년간 죽음을 주제로 한 설교를 한 번도 하지 않았다고 답했다. 그러나 『죽음 교양 수업』의 공저자 남충헌과 이규민이 말하듯이 죽음에 관한 언급을 재수 없다고 생각하고 금기시하

---

[3] 박성환, "마틴 로이드 존스(Martyn Lloyd-Jones)의 죽음 설교", 한국설교학회, 「설교한국」 13 (2021 봄): 50.

[4] 박성환, "마틴 로이드 존스(Martyn Lloyd-Jones)의 죽음 설교", 63.

는 세상의 태도가 교회 안에도 들어와 있는 것은 결코 성경적이지 않다.[5]

성경은 전도서 외에도 죽음에 관하여 많은 교훈을 주고 있으므로 설교자가 죽음에 관한 설교를 자주 하는 것이 성경적이다. 박태현이 말하는 대로 죽음을 준비하지 못하는 것은 인생에서 매우 위험한 것이다. 반면 죽음을 늘 생각하는 사람은 하나님 앞에서 겸손하게 되고 처한 환경에 만족하며 감사하게 된다.[6] 그러므로 신자는 자신과 가족이 임종을 맞이할 것을 대비하여 성경적 가치관을 소유하는 것이 필요하다.

그렇다면 설교자는 죽음에 관하여 무엇을 설교할 것인가?

본 장에서는 먼저 성경적으로 죽음이란 무엇이며 죽음 이후 어떤 일이 벌어지는지 몇 가지 궁금증을 정리한 후 죽음을 어떻게 맞이하는 것이 바람직한지 전문가들의 의견을 살펴볼 것이다. 마지막으로는 현행 장례식의 문제점을 살펴본 후, 바람직한 장례식을 위한 몇 가지 제안을 할 것이다. 덧붙여, 설교자들의 죽음 설교 준비에 도움이 되도록 각 주제에 따른 설교 개요를 제공하려고 한다.

---

5 남충현, 이규민, 『죽음 교양 수업』(서울: 홍성사, 2020), 6.
6 박태현, "죽음에 대한 청교도 영성", 한국복음주의실천신학회, 「복음과실천신학」 44 (2017): 179.

2. 죽음이란 무엇인가?

1) 죽음에 대한 성경적 이해

죽음이란 무엇인가?

이에 관해서는 다양한 접근과 주장이 있다. 소크라테스의 철학적 접근부터 중세 시대 아퀴나스의 죽음 이해가 있는가 하면 현대의 자연적 죽음 사상도 있다. 또 종교마다 죽음에 관한 이해도 각각 다르다.[7]

그렇다면 신자는 죽음을 어떻게 이해해야 할 것인가?

우선, 의학적 관점에서 볼 때 죽음에는 자연사 혹은 병사가 있는데 이는 이름처럼 자연스러운 죽음이다. 하지만, 죽음에는 사고사, 자살, 타살 등과 같은 비(非)자연사 혹은 외인사도 있고, 원인이 불명확한 때도 있다. 이유가 무엇이든 사람은 육신에 노화 혹은 질병이 발생할 때 그리고 충격이나 약물이 작용할 때 죽을 수 있다. 그런데 이러한 죽음 이해는 모두 육체와 관계된 설명이다. 하지만, 사람이란 단순한 육체 덩어리가 아니며 하나님이 만드실 때부터 죽는 존재도 아니었다.

그렇다면 성경적 관점에서 죽음이란 무엇인가?

성경적으로 죽음이란 사람의 범죄를 통해 인류에게 찾아와 사람에게 왕 노릇을 하는 존재이다(창 2:17; 롬 5:17). 그래서 인생 자체가 마지막까지 죽음과 싸우는 과정이다. 하지만, 죽음은 결국 멸망 받을 원수이다(고전 15:26). 흔히 죽음이라고 하면 육신과 영혼의 분리로 발생하는 육체적 죽음을 생각하지만, 이 죽음은 먼저 발생한 영적 죽음의 결과다. 아우구스티누스(Saint Augustine)도 말했듯이 우리 인간들이 정말로 두려워할 죽음은 영

---

[7] 황명환, 『죽음 인문학』 (서울: 두란노, 2019), 8-14, 25-38.

적인 죽음이다.⁸ 왜냐하면, 영적으로 죽은 사람은 육체적 죽음 후에 영원한 죽음을 맞이할 운명이기 때문이다.

주경신학자 박윤선은 고린도전서 15:26을 인용하며 죽음을 원수라고 설명한다. 율법의 권세가 죄를 정하고 죄가 죽음을 가져왔으므로 인간의 힘으로는 도저히 율법의 힘을 이길 수 없다. 이는 입법자이신 하나님과 속죄자(贖罪自)이신 예수 그리스도만이 이길 수 있다. 예수 그리스도의 대속으로 말미암아 우리에게 대한 율법의 요구는 사라졌고, 이것이 우리의 승리라는 것이 박윤선이 설명하는 신자와 죽음의 관계다.⁹

빌리 그래함(Billy Graham)도 죽음을 하나님과 우리에게 원수라고 규정한다.

죽음은 어린이가 따뜻한 태양 아래에서 놀이를 배우기도 전에 그를 낚아채고, 약혼한 젊은이가 결혼식도 올리기 전에도 데려가고, 젊은 아버지의 꿈을 짓밟고, 그의 자녀를 고아로 만들어 버리기도 한다.

죽음은 우리에게 원수일 뿐만 아니라 하나님께도 원수다. 왜냐하면, 하나님은 생명을 공급하시는데 죽음은 생명을 앗아가 버리기 때문이다.¹⁰ 사실 하나님이 "반드시 죽으리라"(창 2:17)라고 하신 것은 죄의 결과로 인간에게 발생한 현상이지 하나님이 범죄한 인간에게 죽음을 가져다 주신 것이 아니다. 빌리 그래함의 말처럼, 우리가 죽음이라는 원수와 투쟁하는 것을 아무도 피할 수 없다면 우리가 죽는 순간에 어떻게 대처해야 하는지 알기 위해서 죽음의 정체에 대해서 배워야 한다.¹¹

---

8   Aurelius Augustine, *The City of God*, 조호연, 김종흡 옮김. 『하나님의 도성』 (서울: 크리스챤다이제스트, 1998), 365-68.
9   박윤선, 『성경주석 창세기 출애굽기』 (서울: 영음사, 1981), 109.
10   Billy Graham, *Facing Death and the Life After*, 지상우 옮김, 『죽음이란 무엇인가』 (서울: 크리스챤다이제스트, 1988), 23-24.
11   Billy Graham, 『죽음이란 무엇인가』, 19.

신약성경에서 죽음 문제를 자세히 말씀하는 성경은 고린도전서 15장이다. 주의 재림 이전에 죽어 버린 신자를 걱정하는 고린도 교인들에게 바울은 죽음이 끝이 아니라 반드시 부활할 것이라고 선언한다. 같은 맥락에서 고신대학교 송영목 교수는 성도의 죽음은 죽음에 대한 패배라기보다 사망권세에 대한 승리의 소식이라고 설명한다. 왜냐하면, 성도의 삶은 육체적 죽음으로 끝나지 않고 알파와 오메가이신 하나님께로 돌아가는 것이기 때문이다. 다시 말하면, 죄인을 대신해서 죽으신 예수님 덕분에 성도는 죽음을 통해 하나님 앞으로 인도받아 그분을 알현하게 된다.[12]

황현숙 교수는 "죽음이란 존재의 외연을 시공을 넘어 확장하는 것"이라고 한다. 황 교수의 표현처럼 "죽음은 절대로 우리를 죽이지 못한다."[13] 죽음은 결코 우리를 하나님의 사랑에서 끊을 수 없다(롬 8:38-39). 죽음은 창조주 하나님이 이 땅에 보내신 인간을 천국으로 부르는 소환장일 뿐이다. 김병석의 표현을 빌리면 신자가 믿음 안에서 죽는 것은 패배한 것이 아니라 땅에서의 삶을 완성한 것으로 인식할 수 있다.[14]

지금까지 살핀 내용을 요약해 볼 때 죽음이란 의학적으로는 육신의 연약함으로 인한 사망이다. 그리고 성경적으로 볼 때 죽음은 인류의 범죄에서 발생한 원수다. 하지만, 예수 그리스도의 대속(代贖)의 죽음으로 인하여 신자는 죽음을 통해 이 땅의 삶을 완성하고 시공을 넘어 외연을 확장하고 결국 하나님 앞으로 인도받는 것이다.

---

12 송영목, "성경이 말하는 죽음", 기독교세계관학술동역회, 「월드뷰」 269 (2022/11): 30, 33.
13 황현숙, "성서의 죽음 이해", 웨슬리신학연구소 엮음, 『기독교 신학의 죽음 이해』 (서울: 신앙과지성사, 2018), 42.
14 김병석, "죽음에 관한 실천목회", 한국실천신학회, 「신학과 실천」 63 (2019): 79.

2) 죽음에 대한 두려움 극복

지금까지 살펴본 것처럼 죽음이 끝도 아니며 패배도 아니라면 신자는 죽음을 두려워하기보다 오히려 소망해야 할 일이다. 소요리 문답 제37문과 답은 다음과 같이 신자에게는 죽음조차 유익함을 가르쳐 준다.[15]

- 문: 신자가 죽을 때 그리스도에게서부터 무슨 유익을 받습니까?
- 답: 신자가 죽을 때 그 영혼은 완전히 거룩하게 되어 즉시 영광중에 들어가고 그 몸은 여전히 그리스도께 연합하여 부활 때까지 무덤에서 쉬게 되는 것입니다.

죽음이 신자에게 승리와 유익이 되는 근거는 바로 그리스도의 죽음과 부활의 승리 때문인데 존 오웬의 말처럼 그리스도의 죽음은 죄책을 제거하고 영원한 형벌의 근거를 제거하므로 사탄을 무력하게 한다. 그러므로 하나님의 자녀들은 죽음을 전혀 두려워할 필요가 없다.[16]

하지만, 이러한 사실을 알고 믿는 신자에게도 죽음에 대한 두려움은 여전히 남아있다. 왜냐하면, 죽음이란 직접 경험은 물론이고, 간접 경험조차 해 본 적이 없는 미지의 세계이기 때문이다. 사람이 죽음을 두려워하는 것 자체는 수치스러운 일이 아니다. 하지만, 중요한 것은 우리가 진심으로 하나님을 두려워한다면 그 무엇도 두려울 것이 없음을 기억하는 것이다.[17] 데이비드 멤세이가 60세 이상의 사람 260명을 대상으로 한 조사에서 단지 10퍼센트의 사람만이 죽는 것이 두렵지 않다고 대답했는데 그렇게 대답한

15　G. I. Williamson, *The Shorter Catechism*, 최덕성 옮김, 『소교리문답강해』 (서울: 개혁주의신행협회, 1997), 184.
16　Herman Selderhuis, *On Death*, 이승구 옮김, 『우리는 항상 죽음을 향해 가고 있다』 (수원: 합동신학대학원출판부, 2019), 56-57.
17　Billy Graham, 『죽음이란 무엇인가』, 57.

사람 중 77퍼센트가 내세에 대한 믿음을 가진 것으로 나왔다.[18] 이런 근거로 보더라도 설교자에게는 죽음이 무엇인지 더 자주, 더 확실히 성경적으로 설교할 필요가 있다.

죽음 이후 무덤에서 쉬다가 그리스도가 재림할 때 부활할 것을 믿는 신자에게 내세에 대한 불안함과는 별개로 임종 시 겪을 고통에 대한 두려움도 있다. 특히나 가정에서의 임종이 거의 사라진 오늘날에는 임종을 접할 기회가 거의 없어서 사람들은 더욱 죽음을 멀게 느끼고 있다. 다행스럽게도 오늘날은 의료 기술의 발달로 임종 시의 고통을 완화하는 방법이 충분히 발전되어 있다. 이런 사실을 잘 인식하기 위해서는 신자들이 전문가들을 통하여 죽음에 대한 교육을 받을 필요가 있다. 예를 들어, 호스피스 봉사자로 훈련받고 섬길 수 있다면 삶과 죽음에 대하여 더 잘 이해할 수 있는 귀한 경험이 될 것이다.

3) 죽음 설교: 아버지 집으로 돌아가는 길

죽음에 관한 첫 번째 설교로는 요한복음 14:1-6을 본문으로 삼고 〈아버지 집으로 돌아가는 길〉을 제목으로 삼을 것을 제안한다. 이 설교는 반전의 효과를 수단으로 하여 먼저 죽음을 부정적으로 언급한 후에 죽음에 대한 긍정적인 부분을 부각함으로 신자들이 죽음을 두려워하고 생각하기도 싫어하는 상태에서 죽음을 친근히 느끼고 죽음 이후에 주어질 영광스러움을 소망하게 하는 것이 좋다.

그러기 위해 1대지에서 〈죽음은 우리의 원수이다〉라는 주제를 설교하고 2대지에서 〈죽음을 죽인 그리스도〉에 관해 설교하고 마지막 3대지에서 〈성도의 죽음은 패배가 아니라〉라는 내용을 설교할 것을 제안한다. 이

---

[18] Billy Graham, 『죽음이란 무엇인가』, 51.

설교의 전문은 뒷부분에 나와 있다.

3. 죽음 이후에는 어떤 일이 벌어지는가?

1) 죽음 이후 즉시 주님을 만난다.

살아있는 모든 사람은 죽음과 멀리 있지 않다. 존 칼빈(John Calvin)은 욥기를 설교하는 중에 자신은 죽음과 10시간 거리에 있다고 말한지 10년이 되는 해에 죽었다. 죽음과 10시간 거리에 있다고 한 칼빈의 말은 그가 항상 죽음이 멀리 있지 않음을 기억하며 살았음을 보여 준다.[19] 그래서 칼빈은 그리스도인이라고 자랑하면서도 죽음을 소망하기는커녕 죽음이라는 말만 들어도 무시무시한 재앙으로 여기는 이들을 도무지 이해할 수 없다고 했다.[20]

사람이 죽음을 그렇게 두려워하는 이유는 눈으로 보는 죽어 있는 육신 때문이다. 신자나 불신자가 육체적으로 죽었을 때 보이는 것은 죽어 있는 육신뿐이지만 육신이 죽어 썩어지는 것은 죽음의 본질이 아니다. 앞에서 살펴보았듯이 죽음은 삶의 완성이며 예수 그리스도의 대속으로 인하여 하나님을 알현하는 과정이다. 그러므로 설교자는 육신을 벗은 영혼이 수고와 슬픔을 완전히 극복하고 영원한 하나님께로 돌아가는 것이 본질임을 반복적으로 설교할 필요가 있다.

백스터가 말했듯이 그리스도 안에 있는 신자들에게 있어서 죽음은 두려워할 어떤 것이 아니며 오히려 모든 복의 온전함으로 들어가는 길이다. 백스터는 말하기를 "죽기 전에 아픈 것은 하나님이 우리에게 죽을 수 있도록

---

19 Herman Selderhuis, *On Death*, 10.
20 John Calvin, *Institutes of the Christian Religion*, 3.9.5.

준비하는 시간을 주시고 이 세상을 떠날 마음을 가질 수 있게 하려는 자비로 볼 수 있다"고 했다. 그러므로 설교자는 병든 신자에게 하늘 영광이 지상에서의 삶보다 훨씬 더 나은 것임을 확신할 수 있게 설교해야 한다.[21]

십자가에서 은혜를 구하는 강도에게 예수께서 "내가 진실로 네게 이르노니 오늘 네가 나와 함께 낙원에 있으리라"(눅 23:42)로 약속하신 것처럼 육체적 죽음 이후에 신자는 즉시 영광중에 계신 주님을 만나게 된다. 그 후 예수께서 재림하실 때 먼저 간 영혼들을 데리고 오실 것이며 그 순간 죽었던 육신이 순식간에 부활하여 영혼과 결합하여 놀라운 부활체가 될 것이다. 물론, 그 후에 살아있는 모든 신자도 부활체로 변화하여 구름 속으로 끌어 올려 주님을 영접하게 될 것이다(살전 4:14-17).[22]

신자가 이것을 생각하면 주 예수의 재림이 속히 임하기를 간절히 사모하게 된다. 그런데 예수께서 재림하시는 대종말은 언제 올지 모르나 각자가 영광의 나라에 도달하는 개인적 종말은 일상으로 발생하고 있는데 그것이 바로 신자의 죽음이다.

2) 임사 체험은 성경적이지 않다

성경을 믿는 신자들은 죽음 후에 영원한 하나님의 나라에 가는 것은 알더라도, 죽음 직후에 그 영혼에게 무슨 일이 벌어지는지에 대하여 궁금해한다. 그래서 죽었다가 소생했다고 하는 사람들이 경험했다고 하는 증언에 관심을 가진다. 간혹 죽음 혹은 무의식 가운데 천국을 보고 왔다는 사람의 체험담을 담은 책이 불티나게 팔리는 현상도 그러한 이유다.

하지만, 임사 체험 혹은 근사 죽음 체험담을 통해서 천국을 설명하는 것은 두 가지 이유로 적합하지 않다.

---

21 Herman Selderhuis, *On Death*, 59-60, 64, 67.
22 이승구, 『성경적인 종말론과 하나님 백성의 삶』 (서울: 말씀과언약, 2022), 96-100.

첫째, 저마다의 체험담은 서로 일관성이 없다. 사람마다 다른 임사 체험을 통해 죽음 이후에 상황을 이해하려는 것은 지혜로운 처사가 아니다.
둘째, 임사 체험은 그 내용이 성경적이지 않다. 일시적 죽음을 경험했다가 소생한 사람들 가운데 어떤 빛을 보았다고 증언한다고 해서 그것을 천국 경험 혹은 천사를 만난 경험으로 해석하는 것도 위험하다.

어윈 루처(Erwin W. Lutzer)는 각종 임사 체험에 대하여 사탄도 그런 흉내를 내어 가짜 천국 경험을 줄 수 있다는 사실을 들어 경계를 당부한다. 그 이유로서 루처는 엔돌의 신접한 여인이 만난 사무엘은 진짜 사무엘이 아니라 사탄의 장난이라는 점을 꼽는다(삼상 28:3-25). 그 외에도 악한 영들은 종종 꿈에 죽은 가족이 등장하게 하는 방법으로 우리를 속이기도 한다.[23] 그러므로 설교자는 성경적으로 증명되지도 않았고 일관성도 담보되지 않은 이야기에 심취하지 않도록 명료하게 설교할 필요가 있다.

존 맥아더(John MacArthur)에 의하면 1995년 이전까지는 명망 있는 기독교 출판사가 임사 체험을 토대로 천국 이야기를 출판할라치면 고민에 휩싸였다. 하지만, 오늘날은 복음주의 출판사들도 판매 실적을 올려줄 천국 여행 이야기를 앞다투어 내어놓고 있는데 한결같이 공상적이고 그릇된 개념들과 오류로 가득하다고 지적한다. 그런 이야기는 성경을 믿는 신자가 관심을 기울여서는 안 될 섬뜩한 현상과 엉뚱한 '계시'를 전하는 특징이 있기 때문이다.[24]

그러므로 설교자는 신자들이 임사 체험에 관하여 질문해 올 것에 대비하고 있어야 한다. 그리고 신자들의 호기심에 관하여 설교자는 임사 체험

23　Erwin W. Lutzer, *One Minute After You Die*, 장미숙 옮김, 『당신이 죽은 1분 후』 (서울: 디모데, 1999), 18.
24　John MacArthur, *The Glory of Heaven*, 조계광 옮김, 『천국을 말하다』 (서울: 생명의말씀사, 2008, 2013), 38.

을 경험한 사람들이 있으나 그 증언들 사이에 일관성도 없고, 그 증언들이 성경적 근거가 없다는 사실을 알려 주어야 한다.

3) 죽음 설교: 즉시 낙원에 들어갑니다

죽음에 관한 두 번째 설교는 누가복음 23:39-43을 본문으로 삼고 〈즉시 낙원에 들어갑니다〉라는 제목으로 설교할 것을 제안한다. 이 설교에서는 먼저 존 스토트(John Stott) 등이 주장했다는 '영혼 멸절설'(annihilationism)을 경계한다. 설교학자 신성욱 교수에 의하면 성경에서 영혼이 소멸하지 않는다는 증거는 차고도 넘친다. 한편으로 혼령이 구천(九泉)을 떠돈다는 미신도 차단한다. 그래서 신자는 죽는 즉시 예수님이 계시는 나라에 들어간다는 것을 믿게 하는 것이 설교의 중요한 목적이다. 그런 믿음을 가진 신자는 죽음이 두려운 재앙이 아니라 천국의 관문인 것을 믿고 소망할 수 있게 될 것이다.

이 설교에서 선택한 본문에서 예수님 좌우에 함께 못 박힌 강도의 말이 뜻밖에도 매우 신학적 의미가 있다. 특히, 예수님을 믿고 낙원에 들어간 강도의 고백은 신자가 반드시 믿어야 할 세 가지 중요한 교리를 담고 있다. 이 설교를 통해서 신자가 믿을 것이 무엇인지 재확인하고 부활과 재림을 소망하게 하는 것이 이 설교의 의도다.

이를 위해 필자는 각 대지 별로 다음과 같이 설교할 것을 제안한다.

- 1 대지: "그는 자신이 죄인임을 믿었습니다"(눅 23:41).
- 2 대지: "그는 예수님의 의로우심을 믿었습니다"(눅 23:41).
- 3 대지: "그는 하나님의 나라를 믿었습니다"(눅 23:43).

여기에 대한 설교의 전문은 뒷부분에 나와 있다.

4. 바람직한 임종은 무엇인가?

1) 불치병 판정을 받은 환자의 반응

사람은 한편으로는 죽는다는 것을 알면서도 한편으로는 자신의 죽음을 부정하며 살아간다. 죽음학 권위자인 엘리자베스 퀴블러 로스(Elisabeth Kübler-Ross, 1926-2004) 박사에 의하면 사람은 무의식의 세계에서 자신의 죽음을 인지할 수 없고, 스스로의 불멸성을 믿기 때문에 죽음이 언제나 내가 아닌 옆 사람에게 일어나는 일이라는 사실을 즐기고 있다고 한다.[25]

200여 명 이상의 죽음을 앞둔 환자를 만나 본 퀴블러 로스에 의하면 죽어가는 환자는 부정, 고립, 분노, 협상, 우울, 수용이라는 다섯 단계의 방어 기제를 나타낸다고 한다.[26]

① **부정과 고립**: 불치병을 통보받은 환자의 첫 번째 반응은 그 사실을 부정한다. 어떤 환자는 자신의 병을 더 잘 설명해 줄 의사를 찾으려고 일명 병원 쇼핑을 하게 된다.
② **분노**: 첫 번째 부정의 단계가 더는 유지될 수 없을 때 환자는 분노와 광기, 시기, 원한의 감정으로 채워진다.
③ **협상**: 왜 하필 자기에게 그런 슬픈 현실을 주는지 신(神)에게 분노하던 환자의 다음 단계는 피할 수 없는 일을 조금 미룰 수 있도록 애원하는 협상의 단계로 접어든다.
④ **우울**: 자신의 병을 부정할 수 없는 신체적 증상들이 나타나기 시작할 때 환자의 분노와 광분은 엄청난 상실감으로 대체된다. 환자에게 나

25　Elisabeth Kübler-Ross, *On Death and Dying*, 이진 옮김, 『죽음과 죽어감』 (서울: 청미, 2018), 51.
26　Kübler-Ross, *On Death and Dying*, 85-238.

타나는 우울에는 자기에게 나타난 상실감으로 인해 발생하는 반응성 우울과 다가올 상실 때문에 나타나는 준비성 우울이 있는데 준비성 우울에 관해서는 자신을 돌아보며 준비할 수 있도록 조용히 지켜봐 주는 것이 더 낫다.[27]

⑤ **수용**: 앞의 단계를 거친 환자는 분노하지도 않고 우울해 하지도 않는 상태에 도달한다. 이 시기의 환자는 거의 감정의 공백기를 맞으며 대체로 피곤해 하고 허약해져서 자주 졸거나 잠에 빠진다.[28]

⑥ **희망**: 앞에서 설명한 환자의 방어기제는 차례대로 진행되기도 하고 두 단계가 공존하기도 한다. 이 모든 단계에서 집요하게 남아 있는 한 가지 사실은 바로 희망이다. 모든 환자는 신약 개발, 혹은 연구 프로젝터의 막판 성공에 대한 희망을 품고 새로 개발된 약을 사용해 볼 일종의 사명감마저 느끼게 된다.[29]

2) 임종 전 환자의 다섯 가지 준비

퀴블러 로스가 말한 다섯 단계 중 "③ 협상"과 관련하여 성경에도 하나님과 협상을 시도한 사람 하나가 등장하는데 바로 히스기야다. 히스기야는 선조 가운데 아무도 제거하지 못했던 산당을 제거하고[30] 모세가 만들었던 놋뱀도 부수어 버린 특출한 믿음의 왕이었다(왕하 18:4). 그런 히스기야가 병에 걸려 이사야 선지자로부터 죽음을 통보받자 면벽(面壁)하여 '자

---

27 Kübler-Ross, *On Death and Dying*, 164.
28 Kübler-Ross, *On Death and Dying*, 201.
29 Kübler-Ross, *On Death and Dying*, 242.
30 산당(히브리어 바마, 蘇훗훙)은 문자적으로 '높은 곳'을 뜻하지만, 신들이 높은 곳에 산다는 관념에서 출발한 가나안 사람들의 중요 제사 장소였다. 하나님은 가나안에 들어가면 산당을 허물라고 하셨으나(민 33:52) 이스라엘은 가나안 종교의 영향을 받아 산당에서 하나님께 제사하였다(삼상 9:12). 예루살렘 성전 건축 이후에도 산당에서 제사한 행위는 우상 숭배로 비난받았다(왕상 22:43).

신의 선한 행위를 기억해 달라고' 기도했는데 이는 퀴블러 로스가 경험한 여러 환자의 경우와 유사하다. 퀴블러 로스는 이 단계의 환자가 나타내는 협상에는 자신의 선한 행동에 대한 보상 요구와 스스로 정한 시간에 포함되어 있다고 증언한다.[31]

히스기야는 그 기도 덕분에 15년의 생명을 연장 받았고, 이는 기도 응답의 좋은 본보기가 되고 있다. 그리고 그 덕분에 메시아 계보를 잇게 된 것은 매우 중요한 일이다. 하지만, 그 15년 사이에 낳은 므낫세는 히스기야의 왕위를 이은 후 유다를 회복 불능의 상태로 파괴해 버렸다. 므낫세의 악행을 지켜보면 히스기야의 15년이 과연 복이라고 할 수 있을지 고민하게 된다.

모든 사람은 생명을 귀하게 여기고 땅에서의 삶을 귀하게 여기므로 꼭 협상은 아니더라도 치료와 회복을 위해 기도하고 노력하는 것은 옳은 일이다. 하지만, 우리에게는 히스기야처럼 메시아 계보를 이을 사명이 있는 것도 아니고 하나님은 모든 기도를 다 들어주셔야 하는 것도 아니기에 불치병 판정을 받았을 때는 혹 회복이 될지 모르지만, 삶을 마무리하기 위한 몇 가지 정리가 필요하다.

불치병을 통보받은 신자는 생명의 주인은 하나님이심을 믿고 치료에 최선을 다해야 한다. 그러나 병세가 계속 악화한다면 다음의 준비를 통해 주님을 만날 준비를 해야 한다.

인생의 마지막 단계를 지나고 있는 환자에게 필요한 준비는 무엇이며 설교자가 신자를 양육할 지침은 무엇인가?

이에 관해 황명환 소장은 다음과 같이 다섯 가지 지침을 제공한다.[32]

① 영적인 준비가 필요하다.

---

31 Kübler-Ross, *On Death and Dying*, 157.
32 황명환, 『죽음교육의 필요성과 그 방법에 관하여』, 18-20.

죽으면 영원한 하나님의 나라로 가는 것을 확신하고 예수 십자가의 복음을 재확인해야 한다.
② 사람과의 관계를 정리해야 한다.
감사할 사람, 사과해야 할 사람 그리고 용서할 사람을 찾아 인간관계를 잘 정리해야 편안히 천국을 갈 수 있기 때문이다.
③ 재산에 대한 정리를 해야 한다.
하나님이 내게 맡겨 주신 재산으로 선한 일을 하거나 어떻게 사용할지 남은 사람에게 부탁하는 것이 좋다.
④ 자신의 몸에 대한 정리를 해야 한다.
죽은 후에 자기 몸을 매장할지 화장할지, 시신 기증이나 장기기증을 할지 가족에게 알려야 한다. 특히, 의식이 없어졌을 때 무의미한 연명 치료를 하지 않도록 미리 말해야 한다.
⑤ 유언장을 만들어야 한다.
위의 네 가지 사실을 종이에 써서 유언장을 만들어 놓아야 무의식에 들거나 죽음을 맞이한 후에 가족 간에 의견충돌이 발생하지 않는다.

3) 무의미한 연명 치료 거부

사람이 불치병에 걸렸을 때 그 사실을 통보받는 환자는 물론이고, 통보하는 사람도 큰 부담을 느낀다. 그렇다고 하여 그 사실을 숨기며 치료에 대한 헛된 희망만 주는 것은 환자가 삶을 마무리할 기회를 빼앗는 것이 된다. 그러므로 서울대학교 의과대학 윤영호 교수는 환자들이 남은 삶을 훌륭하게 마무리하기 위해서 자신에게 남은 시간이 어느 정도인지를 알고 싶어 하고 그럴 권리가 있다고 한다.[33]

---

33 윤영호, 『나는 한국에서 죽기싫다』, 65.

의사를 통해 불치병을 통보받은 환자는 의식이 또렷할 때 유언장 작성과 함께 미리 결정해야 하는 내용이 있는데 바로 무의미한 연명치료 거부 의사다. 환자가 의식이 없어질 때쯤 의료진은 현대 의학으로 할 수 있는 모든 연명치료를 시도할 것이고 그 경우 가족들은 무의한 줄 알면서도 차마 치료를 포기할 용기를 내기 어렵게 된다.

하지만, 서울대학교 내과학 정현채 교수에 의하면 인공호흡기로 연명하게 하는 것은 환자에게 말할 수 없는 고통만 줄 뿐 환자를 위하는 일이 아니다.[34] 말기 암 환자가 상태가 나빠져서 심장이 멎으면 의료진은 그에게 심폐 소생술을 실시할 것이다. 그런데 심폐 소생술은 물에서 건진 환자나 교통사고로 심장이 멎은 사람의 경우에는 사람의 생명을 구할 수 있는 중요한 응급처치법이지만 말기 암 환자의 경우 오히려 편안한 죽음을 방해하는 것이다.[35] 그러므로 이러한 고통스러움을 피하고 존엄한 죽음을 맞기 위해 '사전연명의료의향서'를 작성해 두는 것이 바람직하다.[36]

윤영호 교수의 말처럼 말기 환자에게 적절한 임종 케어를 제공하지 않고 끝까지 치료하는 것이 최선이라고 생각하는 것은 환자에게 거짓 희망을 줄 수 있고 소중한 시간을 헛되이 보낼 수 있다. 그렇게 환자에게 죽음을 준비하도록 배려하지 않고 막상 임종이 닥쳤을 때 이를 후회하고 미안하게 여기게 된다.[37]

그래서 윤 교수는 죽음을 앞두고 다음 네 가지를 준비하라고 한다.[38]

① 가족이 필요한 정보를 정리하라.
② 법적 효력을 가진 유언장을 작성하라.

---

34 정현채, 『우리는 왜 죽음을 두려워할 필요 없는가』, 25.
35 정현채, 『우리는 왜 죽음을 두려워할 필요 없는가』, 38.
36 정현채, 『우리는 왜 죽음을 두려워할 필요 없는가』, 31.
37 윤영호, 『나는 한국에서 죽기싫다』, 30.
38 윤영호, 『나는 한국에서 죽기싫다』, 146-48.

③ 사전의료의향서를 작성하라.
④ 임종 케어 과정을 미리 결정하라.

하지만, '사전연명의료의향서'의 필요성은 환자 본인이나 가족이 임종교육을 받지 않았을 경우 놓치기 쉬운 항목이다. 그러므로 이 경우 설교자/목회자가 신자의 가족에게 이것을 지도할 필요가 있다.

4) 안락사는 존엄한 죽음이 아니다

위에서 논한 "무의미한 연명치료"가 자연스럽게 죽어가는 환자를 억지로 살려 놓으려는 무리한 행동이라면 이와는 정반대의 행동으로 '의사 조력 자살'이 있다. 오늘날 인본주의자들이 입법을 시도하는 '의사 조력 자살'에는 어떤 문제가 있는지 살펴보자.

2023년 1월 13일에 JTBC TV가 진행한 "의사 조력 자살 입법화"에 대한 공개 토론에서 찬성 쪽 토론자로 나온 서울대학교 이윤성 명예교수는 만일 자기가 불치병에 걸린다면 마지막에 극심한 고통을 당하고 살이 빠져 흉한 모습이 될 텐데 사후에 가족과 지인들에게 그 흉한 모습으로 기억되는 것이 싫다면서 의사 조력 자살을 찬성한다고 주장했다.

반대쪽 토론자로 나온 성산생명윤리연구소 이명진 소장은 불치병 환자의 무의미한 연명치료는 거부하되 생명이 다할 때까지 기다려야 한다고 주장했는데 이것이 전통적인 생명 개념이며 하나님 앞에서 살아가는 기독교 윤리에도 부합되는 가치관이다. 덧붙여 이 소장은 용어부터 올바르게 쓸 것을 강조했는데 '의사 조력 자살'을 '의사 조력 사망'이라고 부르면 자연적 사망과 혼동할 수 있으며 심지어 '존엄사'로 미화하면 그것이 자연사보다 더 존엄하다는 오해를 줄 수 있기 때문이다.

기독교 윤리학자 이상원 교수는 안락사가 허용되어서는 안 되는 이유를 다음과 같이 설명한다.[39]

① 살인이 고통 완화를 위한 수단이 될 수 없다.
② 제거되지 않는 고통이 있을 때는 고통의 의미를 물어야 한다.
③ 환자의 자결권은 환자의 의사를 제대로 반영하지 못할 때가 많다.
④ 인간의 생명 종결권은 오직 하나님만이 갖는다.
⑤ 미끄러운 경사면 논증의 우려는 현실이다.

사람은 하나님이 데려가시는 것을 거부할 수 없으므로 무의미한 연명치료는 문자 그대로 의미가 없다. 동시에 사람의 생명은 하나님께 달려 있으므로 불치병 환자라도 자살하는 것은 옳지 않다. 하나님이 데려가지 않은 생명을 의사가 약물로 살해하는 것은 하나님의 권위에 도전하는 것이다. 그러므로 환자가 말기로 가면서 통증이 심해질 때는 통증을 줄여 주는 약으로 도와주고 위로하면서 하나님의 섭리를 기다리는 것이 신자의 바른 태도다.

사람은 동물과는 다르기에 죽음을 맞이하는 태도도 달라야 한다. 애완동물이 불치병에 걸렸을 때 안락사를 요청하지 않으면 잔인하다는 비난을 받을 수 있지만 같은 상황에 놓인 사람에게 안락사를 시도하면 살인 행위가 된다.[40] 안락사를 찬성하는 진영에서는 안락사를 존엄사라는 이름으로 대치하려는 언어 전략을 쓰고 있는데 신자는 이 말에 속지 말아야 한다. 한국기독교생명윤리협회 사무총장 이길찬에 의하면 '존엄사'는 안락사를 미화하기 위해서 전략적으로 만들어 낸 말이다.[41]

---

39 이상원, 『기독교 윤리학』, 352-63.
40 정현채, 『우리는 왜 죽음을 두려워할 필요 없는가』, 268.
41 이길찬, "안락사는 존엄한 죽음인가?", 기독교세계관학술동역회, 『월드뷰』 270

안락사 입법에 관한 찬반 논란이 진행되는 와중에 안락사를 지켜본 한 작가의 증언은 이 논란에 종지부를 찍을만한 사례가 되고 있다. 2022년 12월 27일 「국민일보」에는 스위스 안락사 현장을 동행 취재한 작가 신아연의 인터뷰 기사가 실렸다. 신 작가는 "황망한 죽음 뒤에 남은 것은 더 말리지 못한 후회 뿐"이라고 소회를 밝히며 원래 동양철학에 심취한 유물론자이자 무신론자였던 신 작가가 그 경험을 통해 너무 큰 충격을 받고 크리스천이 되었다고 고백했다.[42] 이처럼 의사가 불치병 환자에게 치사량(致死量)의 약물을 처방해 주는 '의사 조력 자살'은 성경적으로는 물론이고, 윤리적으로도 수용할 수 없는 일이다.

5) 인생을 아름답게 마무리하는 방법

윤영호 교수는 의사로서 따뜻한 인간미를 살리며 신앙인으로서의 기지까지 발휘해서 다음과 같이 죽기 전에 해야 할 열 가지 'To do list'를 제공한다.[43]

① 평생 믿지 않았던 신을 한번 믿어 보기.
② 손녀들 머슴 노릇 실컷 해 주기.
③ 평생 찍어주지 않았던 야당에 투표하기.
④ 꼼꼼하게 장례식 초청자 명단 작성.
⑤ 소홀했던 가족과 행복한 여행.
⑥ 빈틈이 없는지 장례식장 사전 답사하기.

(2022/12): 162.
[42] 양민경, "안락사를 지켜보았다", 「국민일보」 (2022년 12월 27일), 2023년 1월 30일 접속, 해당싸이트: https://www.themission.co.kr/news/articleView.html?idxno=59580
[43] 윤영호, 『나는 한국에서 죽기싫다』, 140.

⑦ 손녀들과 한 번 더 힘껏 놀기.
⑧ 나를 닮아 꼼꼼한 아들에게 인수인계.
⑨ 이왕 믿은 신에게 세례받기.
⑩ 쑥스럽지만 아내에게 사랑한다 말하기.

호스피스 전문가인 데이비드 케슬러(David Kessler)가 말하는 "죽음을 앞둔 사람에게 필요한 것들" 역시 환자의 가족이 유의할 지침이 되는데 그 내용은 다음과 같다.[44]

- 죽는 순간까지 살아있는 존재로 대우받아야 한다.
- 희망의 대상은 바뀌어도 희망의 끈은 놓지 말아야 한다.
- 언제나 희망을 잃지 않을 수 있는 사람의 보살핌을 받아야 한다.
- 죽음에 대한 느낌과 감정을 각자 자기만의 방식으로 표현할 수 있어야 한다.
- 어떤 식의 보살핌을 받을지 결정하는 데 참여해야 한다.
- 지식이 충분하고 자상하며 배려심 있는 사람이 돌봐줘야 한다.
- 완치에서 편안함으로 목적은 바뀌더라도 계속 의학적 처치를 받아야 한다.
- 어떤 질문을 해도 정직하고 충실한 답을 들을 수 있어야 한다.
- 영성을 추구할 수 있어야 한다.
- 신체적 통증을 느끼지 않도록 해 줘야 한다.
- 통증에 관한 느낌과 감정을 각자 자기만의 방식대로 표현할 수 있어야 한다.
- 아이들도 가족의 죽음을 마주할 수 있도록 참여시켜야 한다.

---

44 David Kessler, *The Needs of the Dying*, 유은실 옮김, 『생이 끝나갈 때 준비해야할 것들』 (파주: 북이십일 21세기북스, 2017), 18-19.

- 죽음의 과정을 이해할 수 있어야 한다.
- 평화롭고 위엄 있게 죽을 수 있어야 한다.
- 홀로 외롭게 죽지 않도록 해 줘야 한다.
- 사후에 주검의 존엄성을 존중하리라는 것을 알려줘야 한다.

한편, 기독교적인 관점에서 임종을 앞둔 환자와 가족을 위해 어떻게 설교하고 가르칠 것인가?

성산생명윤리연구소 소장을 역임한 이명진은 환자와 마지막 시간을 보내는 가족들이 할 일에 대해서 다음 열 가지 지침을 제시한다. 이는 설교자/목회자를 위한 좋은 대안이 될 수 있을 것이다.[45]

① 환자가 편하고 아름다운 죽음을 맞이할 수 있도록 죽음을 준비하며 서로 많은 이야기를 나눈다.
② 환자 옆에서 끝까지 함께 있을 것이라는 확신을 심어 준다.
③ 임종 뒤에도 고인을 계속 기억할 것이라고 약속한다.
④ 환자 옆에서 다른 사람을 헐뜯거나 세속적인 일에 대해 말하지 않는다.
⑤ 환자가 자괴감이나 수치심, 죄의식을 갖지 않도록 세심한 주의를 한다.
⑥ 이 땅에서 완치될 것이라고 믿음을 강요하지 말고 주님과의 관계를 잘 유지하도록 도와준다.
⑦ 환자에게 좋은 구절이나 성경 말씀 등을 읽어 주거나 찬송을 들려준다.
⑧ 환자의 믿음을 위해 기도해 준다.

45　이명진, "성도의 삶과 죽음", 2020년 1월 19일 강연 자료집.

⑨ 환자의 몸이 깨끗하게 유지되도록 관리해 준다.
⑩ 환자의 작은 바람도 간과하지 말고 성의 있게 들어 준다.

6) 죽음 설교: 사는 것과 죽는 것 사이에서

죽음 설교 세 번째는 빌립보서 1:19-24을 통해 어떻게 하든지 살겠다는 마음보다 천국을 사모한다고 한 사도 바울의 고백을 소개하며 신자가 천국 소망을 품도록 설교할 것을 제안한다. 신자가 불치병에 걸리고 임종이 다가올 때 신자와 가족이 어떤 태도를 보여야 하는지에 대해 교훈하기 위해 먼저 퀴블러 로스가 조사한 200명이 나타낸 5단계를 소개하면서 '분노'와 '협상'은 신자에게 바람직하지 않다는 사실도 설명한다. 여기서 히스기야의 면벽기도는 기도응답의 좋은 사례이지만 수명 연장이 반드시 복이 되는 것은 아님을 언급하면 좋다.

이어 신자가 불치병에 걸렸을 때 준비 사항으로 황명환 목사/소장이 제시하는 다섯 가지를 제시하는 것이 좋다. 특히, 천국 소망과 더불어 현실적인 필요성에 대해서도 강조해야 하는 데 덧붙여 환자의 정신이 또렷할 때 무의미한 연명치료를 거부하고 "사전연명의료의향서"를 작성하도록 안내해 주는 것이다. 이 설교의 전문은 뒷부분에 나와 있다.

5. 바람직한 임종 예배와 장례 예배

1) 임종 예배의 중요성과 유의할 점

사람은 태어나고 살아가는 것이 중요한 만큼 임종과 장례식 역시 중요하다. 왜냐하면, 임종과 장례식에는 신앙과 여러 가지 사회적 가치관이 집약적으로 나타나며 장례식 이후 유가족의 삶에도 영향을 미치기 때문이다. 그러므로 설교자는 현행 임종 및 장례가 기독교적 가치관에 부합하는지 살피고 성경적으로 바람직한 장례식 방식으로 개선하도록 지도할 책임이 있다.

장례의 첫 단계는 환자가 임종하기 직전에 드리는 임종 예배다. 임종 예배에서 설교자는 예수 그리스도를 통한 하나님의 구원을 다시 한번 선포하고 환자가 자기의 삶이 하나님 안에 있었음을 확인하도록 하는 것이 중요하다.[46] 임종 예배에서의 복음 선포와 환자의 신앙고백은 임종하는 환자를 위해서도 중요하지만, 남은 가족을 위해서도 필요하다. 그러므로 만일 환자가 의사소통이 가능한 상태라면 자신의 믿음을 간단명료하게 고백할 기회를 주는 것이 좋다. 부모나 배우자가 먼저 하나님 나라에 들어갔음을 확신할 때 천국에 대한 소망도 더욱 커질 수 있으며 가족을 먼저 떠나보낸 상실감에 대해 위로받을 수 있을 것이다.

임종 예배와 관련하여 이창복은 임종자가 자신의 죽음을 신앙의 눈으로 볼 수 있도록 도와주기 위하여 다음 네 가지 신앙 요소를 활용할 것을 추천한다.[47] 이는 임종 예배를 드리는 목사에게 좋은 지침이 될 수 있다.

---

[46] 박성환, "임종 예배와 목회 돌봄" 한국복음주의실천신학회, 「복음과실천신학」 44 (2017): 97.

[47] 이창복, "죽음의 위기에 대한 목회상담", 한국복음주의실천신학회, 「복음과실천신학」 5 (2003): 248-50.

① **성례(聖禮)**: 아직 세례를 받지 못한 임종자라면 목사와 장로가 교회를 대표하여 세례를 베풀 수 있다. 또 가능한 환자에게는 임종 직전에 성찬을 베푼다면 환자가 믿음의 소망에 굳건하게 서게 할 수 있을 것이다.

② **음악**: 음악은 기억을 되살리며 평안을 느끼게 하다. 그러므로 죽음의 두려움과 질병의 고통을 느끼는 환자에게 찬송이 위안과 평안을 가져다줄 수 있다.

③ **성경 말씀**: 임종자에게는 확신을 위해 명확한 근거 구절이 필요하다. 그러므로 임종 환자에게 구원의 근거와 천국의 확신을 심어 주는 구절들을 찾아서 읽어주고 간략히 설명해 주는 것이 좋다.

④ **부활 신앙**: 사람이 죽음의 공포를 극복하는 것은 매우 중요한 것인데 이는 예수 십자가와 부활을 통해 우리에게 가져다 준 부활 소망을 통해서는 해결될 수 있다. 임종자에게는 죽음이 끝이 아니며 그리스도 재림시에 반드시 부활하여 하나님 나라에서 영원히 함께 살 것이라는 소망을 전해 주어야 한다.

2) 장례 예배의 문제점과 개선 제안

환자의 사망과 함께 치러지는 장례 예배는 남은 가족과 성도들을 위해 중요한 부분이다. 그래서 김병석은 장례 예배를 신앙공동체 안에 남아 있는 사람들이 믿음으로 하나님 나라를 소망하는 예배라고 정의한다.[48] 그런데 오늘날 한국 교회가 행하는 장례 예배는 성경적 가치관으로 정착되지 못하고 유교적 요소와 샤머니즘 등이 뒤섞인 모습이다.

---

48 김병석, "죽음에 관한 실천목회", 85.

현재 우리가 행하는 장례 예배는 전통 장례식에서는 탈피했으나 여전히 개선해야 할 많은 문제점이 있다. 최초의 '임종 감독'이라고 자부하는 송길원 하이패밀리 대표는 현행 장례식에서 여러 가지 잘못된 관행이 있다고 지적하며 열 가지의 개선 방안을 제안한다. 그중 몇 가지를 꼽으면 국화꽃 대신에 고인이 좋아하던 꽃을 드리자는 것과 염습(殮襲)을 하지 말고 사후 메이크업을 하자는 것, 비대면 장례가 아닌 대면 장례를 하자는 것 등이다.[49]

우선, 국화(菊花)는 일본 황실을 상징하는 꽃인데 심지어 일본 위안부 피해자 장례식에서조차 국화꽃을 바치고 있는 모순을 지적한다. 그러므로 일률적으로 국화꽃를 바치기보다는 교인이 좋아했던 꽃을 드려서 고인의 인격의 향기가 피어나게 하자고 제안한다. 덧붙여 송길원은 추모의 꽃을 상주가 준비하기보다 방문자가 추모의 마음으로 꽃을 준비하는 것이 진정한 추모가 되지 않겠느냐고 하면서 지금처럼 꽃을 바친 후에 추모객이 없을 때 다 치우는 것을 두고 '주었다 뺏는 것'이라고 지적한다.[50]

또한, 송길원은 전 세계에서 비대면으로 장례를 하는 나라는 우리나라와 일본밖에 없음을 지적하고, 우리도 대면 장례로 바꾸자고 제안한다. 현행 장례식에서는 유가족조차도 입관식 때 외에는 고인의 얼굴을 볼 수 있고 어쩌다 해외에 머물던 자녀가 늦게 도착하면 그마저도 기회가 없다. 하지만, 대면 장례식에서는 보고 싶을 때 몇 번이고 고인을 볼 수 있다. 물론, 대면 장례라고 해서 모든 조문객이 의무적으로 고인을 대면하라는 것은 아니고 생전에 고인과 교류가 잦고 대면을 원하는 조문객에 한정하여 대면하면 된다.

---

49 송길원, "바람직한 장례제안 10가지", 기독교세계관학술동역회, 「월드뷰」269 (2022/11): 45-51.

50 송길원, "웰다잉을 넘어 힐다잉으로", 기독교세계관학술동역회, 「월드뷰」269 (2022/11): 13.

다음으로 대면 장례를 위해서 바꾸어야 할 것은 염습하는 관행이다. 고인이 죄수도 아닌데 삼베로 만든 수의(壽衣)를 입혀 꽁꽁 묶기보다 고인이 좋아하던 옷을 입히고 곱게 화장(化粧)하는 것이다. 송길원이 대표로 있는 하이패밀리 장례식장에서는 실제로 그렇게 하고 있는데 이렇게 하면 유족들은 고인을 아름다운 모습으로 기억할 수 있을 것이다.

또한, 송길원은 영정 사진에 검은 띠를 두르는 것에 대해서도 언제부터 왜 하는지도 모르는 채 행하는 흉한 관행이라고 한다. 사각형의 사진에 人(사람인)자 모양의 띠를 두르면 영락없는 囚(죄인수)자 모양이 되어 고인을 죄수로 모욕하는 꼴이 되기 때문이다.[51]

송길원은 또 상주(喪主)는 반드시 남자여야 하는 관행과 여성에게는 부모의 영정 사진도 들지 못하게 하는 관행, 남편이 죽은 부인을 미망인(未亡人)이라고 부르는 명칭을 바꾸어야 하며 삼우제(三虞祭)라는 명칭에도 미신과 유교, 불교의 가치관이 혼합되어 있으므로 개선할 필요성이 있다고 지적한다.[52]

새로운 장례문화를 위해 송길원이 강조하는 것 하나는 '메모리얼 테이블'이다. 조문객이 방문했을 때 고인의 사진과 국화꽃만 보고 가는 현행 장례식장의 모습과는 달리 '메모리얼 테이블'에 각종 유품을 전시한다면 조문객이 고인을 만나는 것과 같은 반가움이 있을 것이다. 그러므로 고인의 온기가 담긴 유품으로 꾸민 '메모리얼 테이블'을 꼭 마련하자는 것이다.[53]

송길원의 지적 외에도 장례식의 각종 명칭과 순서에 관해서도 더 많은 연구가 필요하다. 일례로 성서대학교 이원옥 교수는 유교적 관념이 고착화되어 있는 현행 장례식에서 명칭을 바꾸는 것만으로도 선교적 효과를

---

51 송길원, 『죽음이 품격을 입다』 (서울: 글의온도, 2022), 95.
52 송길원, 『죽음이 품격을 입다』, 91.
53 송길원, 『죽음이 품격을 입다』, 107.

낼 수 있다고 한다.[54] 사람들이 두루 사용하는 용어를 바꾸는 것에는 사회적 합의가 필요하지만, 송길원과 이원옥의 제안을 출발점으로 삼아 우리가 장례 예배에서 두루 쓰고 있는 용어에 관해 진지한 고민과 대안이 필요한 상황이다.

3) 죽음 설교: 믿음과 소망을 담아내는 장례식

죽음 설교 네 번째는 인생의 마지막인 장례 예배에 믿음과 소망을 담겼음을 강조할 것을 제안한다. 여기서는 창세기 50:1-14을 본문으로 삼아 야곱의 장례식이 내포한 성경적 의미를 설명한 후에 현행 장례 예배를 성경적으로 수정해야 할 문제점을 설명하는 것도 필요하다.

요셉은 아버지의 시신을 애굽 관습대로 사십 일간 향으로 처리했지만, 애굽의 화려한 무덤에 묻는 대신 가나안 땅 막벨라 굴에 장사했다. 이는 아버지의 유언을 따라 믿음과 소망을 보여 주는 것으로서 현대의 성도들도 장례식에 믿음과 소망을 담아내라는 교훈으로 연결할 수 있다. 장례식은 단순한 시신 처리 방식이 아니라 신앙고백과 내세의 소망을 표출하는 것이기 때문이다.

현행 장례식에서 개선해야 할 비성경적이거나 불합리한 요소에는 미망인, 삼우제 등의 이교적인 용어와 국화(菊花)꽃으로 헌화(獻花)하는 것과 영정 사진에 두르는 검은 띠, 미신적 염습 방식과 비대면 장례 풍습 등이 있다. 마지막으로 장례는 영원히 이별하는 의미의 영결식(永訣式)이 아니라 천국 환송식임을 강조함으로 온 가족의 천국 소망을 크게 만들 수 있다. 이 설교의 전문은 뒷 부분에 나와 있다.

---

[54] 이원옥, "선교를 위한 성경적 장례예식", 한국복음주의실천신학회, 「복음과실천신학」 7 (2004): 196-201.

6. 나가는 글

　모든 사람이 두려워하고, 그래서 그것에 대하여 말하거나 생각하기도 부담스럽게 여기는 죽음은 생각보다 우리 가까이에 있다. 존 칼빈은 죽음이 10시간 거리에 있다고 했지만 어떤 사람에게는 그보다 가까울 수도 있다. 그래서 솔로몬은 초상집에 가는 것이 잔칫집에 가는 것보다 낫다고 했다. 죽음은 산 사람의 모든 것을 앗아가는 저주이지만 예수 그리스도로 말미암아 하나님의 영광에 도달하는 관문이 되었다. 그러므로 신자에게는 죽음조차 유익하다고 소요리문답은 고백하고 있다.

　죽음에 대해 논할 때 신자는 눈에 보이는 육신적 죽음을 넘어 이 땅의 모든 수고를 쉬고 영원한 하나님께 돌아가는 것이며 그리스도의 재림 시에 부활한 육체와 결합하여 주님을 맞이할 것을 소망하는 특권을 생각해야 한다. 사도 바울이 말했듯이 신자에게 부활이 없다면 모든 것이 다 헛될 것이다. 그러므로 설교자는 담대하게 죽음까지도 소망이라고 설교할 수 있다.

　신자가 죽음에 관해 충분히 알기 위해서는 강단에서 선포되는 죽음에 대한 설교와 병행하여 체계적으로 공부하는 것이 효과적인데 다행히도 죽음 교육을 위한 자료는 충분히 개발되어 있다. 환자가 불치병을 통보받으면 처음에는 부정하고 분노하지만, 후에는 우울하다가 결국은 수용하게 된다. 불치병 환자는 하나님과 자신 및 주변인들과의 관계를 잘 정리해야 하고 자신의 임종과 장례까지 준비해야 하는데 이때 환자의 마지막이 복되도록 가족이 도와줄 일에 대해서 죽음 교육이 필요하다.

　사람이 자기 생명에 애착을 느끼는 것은 당연하지만, 무의미하게 연명 치료를 하는 것은 자신을 더 괴롭게 할 뿐 도움이 되지 않으므로 하나님의 섭리를 따르는 마음 자세가 필요하다. 반대로 임종 과정에 대한 두려움 때문에 '의사 조력 자살'을 허락해야 한다는 인본주의자들의 주장은 더욱 하나님의 주권에 도전하는 것이다. 하나님 앞에서 산 신자는 죽음도 하나님의 인도를 따라야 한다.

　사람은 삶이 소중하듯이 장례도 소중한데 현행 병원 혹은 전문 장례식장의 장례 제도는 유교와 무교의 요소 위에 기독교의 보자기를 덮어놓은 현실이다. 그러므로 각종 명칭과 예법의 의미와 이유를 따져보고 불합리하거나 비성경적인 요소들은 과감히 바꾸어야 한다. 특히, 고인에게 수의를 입혀 꽁꽁 싸매어 입관하기보다 본인의 옷을 입히고 화장(化粧)하여 가족이 보고 싶을 때마다 고인을 볼 수 있도록 바꾸는 것부터 시작하는 것이 좋을 것이다.

참고 문헌

구자용. "메멘토 모리, 카르페 디엠: 전도서 이해의 열쇠로서의 죽음에 대한 고찰". 한국구약학회.「구약논단」18/1 (2012): 82-104.

김균진.『죽음과 부활의 신학』. 서울: 새물결플러스, 2015.

김병석. "죽음에 관한 실천목회". 한국실천신학회.「신학과 실천」63 (2019): 73-95.

남충현, 이규민.『죽음 교양 수업』. 서울: 홍성사, 2020.

박성환. "마틴 로이드 존스(Martyn Lloyd-Jones)의 죽음 설교". 한국설교학회.「설교한국」13 (2021 봄): 49-75.

_____. "임종 예배와 목회 돌봄" 한국복음주의실천신학회.「복음과실천신학」44 (2017): 79-107. https://doi.org/10.25309/kept.2017.8.15.079.

박윤선.『성경주석 창세기 출애굽기』. 서울: 영음사, 1981.

박태현. "죽음에 대한 청교도 영성: W. Perkins의 '죽음의기술'(ars moriendi)을 중심으로". 한국복음주의실천신학회.「복음과실천신학」44 (2017): 149-191. https://doi.org/10.25309/kept.2017.8.15.143.

송길원. "바람직한 장례제안 10가지". 기독교세계관학술동역회.「월드뷰」269 (2022/11): 45-51.

_____. "웰다잉을 넘어 힐다잉으로". 기독교세계관학술동역회.「월드뷰」269 (2022/11): 8-22.

_____.『죽음이 품격을 입다』. 서울: 글의온도, 2022.

송영목. "성경이 말하는 죽음". 기독교세계관학술동역회.「월드뷰」269 (2022/11): 30-34.

윤영호.『나는 한국에서 죽기 싫다』. 서울: 웅진씽크빅, 2014.

이길찬. "안락사는 존엄한 죽음인가?". 기독교세계관학술동역회.「월드뷰」270 (2022/12): 162-181.

이명진. "성도의 삶과 죽음". 2020년 1월 19일 강연 자료집.

이상원.『기독교 윤리학』. 서울: 총신대학교출판부, 2014.

이승구.『성경적인 종말론과 하나님 백성의 삶』. 서울: 말씀과언약, 2022.

이원옥. "선교를 위한 성경적 장례예식". 한국복음주의실천신학회.「복음과실천신학」7 (2004): 196-211.

이창복. "죽음의 위기에 대한 목회상담". 한국복음주의실천신학회.「복음과실천신학」5 (2003): 234-253.

정현채.『우리는 왜 죽음을 두려워할 필요 없는가』. 서울: 비아북, 2018).

조계선. "메멘토 모리". 문예운동사. 「수필시대」 94 (2022/03): 253-255.
최준식. 『너무 늦기 전에 들어야 할 죽음학 강의』. 파주: 김영사, 2014.
하재성. "노인 우울증과 실천신학의 자원". 한국복음주의실천신학회. 「복음과실천신학」 52 (2019): 232-66. https://doi.org/10.25309/kept.2019.8.15.232.
황명환. 『죽음 인문학 워크북』. 서울: 두란노, 2019).
_____. 『죽음 인문학』. 서울: 두란노, 2019.
_____. 『죽음교육의 필요성과 그 방법에 관하여』. 서울: 이플출판사, 2021.

황현숙. "성서의 죽음 이해". 웨슬리신학연구소 엮음. 『기독교 신학의 죽음 이해』. 서울: 신앙과지성사, 2018.
Augustine, Aurelius. *The City of God*. 조호연, 김종흡 옮김. 『하나님의 도성』. 서울: 크리스챤다이제스트, 1998.
Calvin, John. *Institutes of the Christian Religion*. 3.9.5.
Graham, Billy. *Facing Death and the Life After*. 지상우 옮김. 『죽음이란 무엇인가』. 서울: 크리스챤다이제스트, 1988.
Kessler, David. *The Needs of the Dying*, 유은실 옮김. 『생이 끝나갈 때 준비해야할 것들』. 파주: 북이십일 21세기북스, 2017.
Kübler-Ross, Elisabeth. *On Death and Dying*. 이진 옮김. 『죽음과 죽어감』. 서울: 청미, 2018.
Lutzer, Erwin W.. *One Minute After You Die*. 장미숙 옮김. 『당신이 죽은 1분 후』. 서울: 디모데, 1999.
MacArthur, John. *The Glory of Heaven*. 조계광 옮김. 『천국을 말하다』. 서울: 생명의말씀사, 2013.
Selderhuis, Herman. *On Death*. 이승구 옮김. 『우리는 항상 죽음을 향해 가고 있다』. 수원: 합동신학대학원출판부, 2019.
Williamson, G. I.. *The Shorter Catechism*. 최덕성 옮김. 『소교리문답강해』. 서울: 개혁주의신행협회, 1997.
박성태. "조력사망, 선택할 수 있어야 vs 생명경시 사조로 흐를 수 있어". 「JTBC 뉴스」 (2023년 1월 14일). 2023년 1월 30일 접속, 해당싸이트: https://news.jtbc.co.kr/article/article.aspx?news_id=NB12110999
양민경. "안락사를 지켜보았다". 「국민일보」 (2022년 12월 27일). 2023년 1월 30일 접속. 해당싸이트: https://www.themission.co.kr/news/articleView.html?idxno=59580

[죽음설교 1]

아버지 집으로 돌아가는 길
요한복음 14:1-6

요즘은 어디를 가든지 내비게이션을 켜고 따라갑니다. 내비게이션은 길도 안내해 주고 제한 속도도 알려 줍니다. 110, 100, 80, 70, 50, 30킬로미터 등 다양한 제한 속도를 모르고 달리다가는 비싼 사진 값을 낼 수도 있습니다.

옛날 내비게이션이 없을 때는 지도책을 가지고 다녔습니다. 지도책이든지 내비게이션이든지 누군가 먼저 그 길을 가 본 사람이 있었기에 우리가 초행길도 찾아갈 수 있습니다.

이 땅에 살아가는 모든 사람에게 인생길은 초행길입니다. 사람들은 서로 길을 물어보며 인생길을 가고 있지만, 문제는 모두 초행길이라서 미래를 모른다는 것입니다. 특히나 죽음은 더욱 알 수 없습니다. 죽음은 모든 사람에게 반드시 찾아오지만 아무도 죽어본 사람이 없습니다. 그래서 죽음은 모두에게 낯설고 불안하고 두렵습니다.

사람들은 모두 죽음을 싫어합니다. 그래서 죽음을 뜻하는 사(死)와 발음이 같은 숫자 '4'도 싫어해서 어떤 엘리베이터에는 '4' 대신 'F'(four)라고 써 놓았습니다. 죽음에 관해 생각하기도 싫어하는 사람들은 이렇게 말합니다. "사는 것도 모르겠는데 죽는 것을 어떻게 알겠는가?"

그런데 오늘 제가 중요한 사실 하나를 말씀드리겠습니다. 인생을 잘 사는 비결은 인생의 마지막인 죽음에 관해서 아는 것입니다. 이는 마치 고등학교 3년 후 대학 입시가 있음을 알 때 학생 시절을 알차게 보내는 것과 비슷합니다.

이 땅에 사는 모든 사람에게 인생길도 초행길이고 죽음은 더욱 미지의 길입니다. 하지만, 정말로 다행인 것은 이 길을 잘 아는 예수님이 우리를 위해 지도를 그려 주시고 또 친히 가이드가 되어 우리를 안내해 주신다는 것입니다. 성경은 우리에게 인생길부터 죽음까지 안내해 주는 내비게이션입니다. 예수님은 우리 인생길에 가장 좋은 가이드입니다. 그러므로 우리는 두려움보다 설렘으로 예수님을 따라갈 수 있습니다.

성경에는 죽음에 관한 이야기가 매우 많습니다. 예를 들어, 창세기는 하나님의 천지 창조와 사람을 만드신 이야기로 시작해서 48-50장은 야곱과 요셉의 죽음 이야기로 끝이 납니다. 즉, 모든 인생은 반드시 죽음으로 끝난다는 말입니다.

예수님도 죽음에 관해 많은 교훈을 주셨습니다. 요한복음 12-17장은 예수님이 최후의 만찬을 드시면서 성찬식을 제정해 주시고 제자들에게 필요한 말씀을 설명해 주신 '다락방 설교'입니다. 이제 내일이면 십자가에서 죽을 것을 아신 예수님이 자신의 죽음뿐만 아니라 장차 제자들의 죽음까지 안내를 해 주신 내용이 14장에 있습니다.

요한복음 14:2에서 예수님은 "내 아버지 집에 거할 곳이 많도다. 그렇지 않으면 너희에게 일렀으리라. 내가 너희를 위하여 거처를 예비하러 가노니"라고 하셨는데 이 말씀은 "내가 바로 죽음에 관한 안내자이다"라는 말입니다. 여기서 예수님은 죽음이 무엇인지 정의해 주셨는데 죽음이란 바로 아버지의 집으로 돌아가는 길입니다.

Repeat: "죽음은 아버지 집으로 돌아가는 길이다."

죽음이 아버지 집으로 돌아가는 길이라고 말해도 여전히 여러분은 죽음이 반갑지 않고 불안할 것입니다. 그런데 죽음이란 우리가 거부하고 싶어도 거부할 수가 없습니다. 그렇다면 차라리 죽음의 정체가 무엇인지 잘 알아서 죽음이 불행이 아니라 오히려 축복이 되도록 만들어야 합니다.

그러므로 여러분은 예수님의 말씀을 잘 배워 죽음을 정복하고 죽음을 오히려 복되게 만드시기 바랍니다. 죽음이란 놈은 도대체 무엇일까요? 죽음의 정체가 무엇인지 알게 되면 죽음은 여러분을 죽이지 못합니다.

Repeat: "죽음의 정체를 알면 죽음이 나를 죽이지 못한다."

1) 죽음은 우리의 원수다

그렇다면 죽음의 정체는 도대체 무엇일까요?

죽음은 사람이 죄를 지어서 찾아온 우리의 원수입니다. 하나님은 아담에게 선악을 알게 하는 나무 열매를 먹으면 반드시 죽는다고 하셨습니다(창 2:17). 하지만, 사탄의 유혹에 빠진 아담과 하와는 선악과를 먹었고, 그 즉시 죄와 사탄과 죽음이 인류의 왕이 되어 버렸습니다(롬 5:17). 그 이후에 태어난 모든 사람은 죽음과 싸우다가 결국 죽는 운명이 되어 버렸습니다. 인류가 불행한 것은 죽음이라는 원수가 왕 노릇한다는 것입니다.

죽음이 얼마나 악한 놈인지에 대하여 빌리 그래함은 이렇게 표현했습니다.

> 죽음은 어린이가 따뜻한 태양 아래에서 놀이를 배우기도 전에 그를 낚아채고, 약혼한 젊은이가 결혼식도 올리기 전에도 데려가고, 젊은 아버지의 꿈을 짓밟고, 그의 자녀를 고아로 만들어 버리기도 한다.

사람들이 흔히 죽음에 관해 육신의 죽음만 생각하지만, 육신의 죽음은 영적인 죽음의 결과입니다. 영적인 죽음이란 하나님과 사람의 분리이고 육신의 죽음은 영혼과 육체의 분리입니다. 사람은 하나님의 생명을 계속 공급받아야 사는 존재인데 하나님과 단절되자 육신도 죽는 존재가 되었습니다.

그런데 여러분이 오해하지 말아야 하는 것이 있습니다. 아담이 선악과를 먹었을 때 하나님이 죄인에게 죽는 벌을 주신 것이 아닙니다. 하나님은 사람에게 생명을 주는 분이지 절대로 죽음을 주는 분이 아니십니다. 창세기 2:17에서 하나님이 "반드시 죽으리라"라고 하신 것은 경고하신 것입니다.

예를 들어, 아버지가 아이에게 전기 콘센트에 젓가락을 넣으면 감전된다고 경고하는 것과 같습니다. 의사가 환자에게 탄수화물을 과다섭취하면 당뇨병에 걸리고, 닭고기를 과다 섭취하면 통풍에 걸린다고 알려 주는 것과 같습니다.

그런데 인류는 말을 듣지 않습니다. 하나님의 말도 안 듣고 부모나 의사의 말도 안 듣습니다. 목사가 설교할 때는 '아멘'하지만, 내일이면 잊어 버립니다. 하나님과 단절되어 영적으로 죽은 사람은 평생 하나님께 불순종하다가 나이 들고 병들면 육신적 죽음을 맞이합니다.

사람들은 왜 죽음을 두려워할까요?

죽음으로 모든 것이 끝나는 것이 아님을 알기 때문입니다. 지식으로는 모르는데 그 영혼은 알고 있습니다. 만일, 죽음으로 모든 것이 끝난다면 그렇게 두려워할 필요는 없습니다. 영적으로 죽은 사람이 육신적 죽음 후에 영원한 죽음, 지옥에 떨어집니다.

한번 죽는 것은 사람에게 정해진 것이요 그 후에는 심판이 있으리니(히 9:27).

이 심각하고 무서운 문제를 도대체 어떻게 해야 할까요?

2) 죽음을 죽인 그리스도

인생은 태어나면서부터 죽을 때까지 죽음을 상대로 싸우는데 절대로 죽음을 이길 수 없습니다. 왜냐하면, 율법이 죽음을 편들고 있기 때문입니다. 2015년 미국 연방 대법원이 동성 결혼에 합헌 결정을 했습니다. 동성 결혼이 합헌이 되자 동성결혼식 축하 케이크를 거부하는 가게 주인이나 동성결혼식 주례를 거부하는 목사는 처벌을 받게 되었습니다. 그런 일이 벌어진 것은 대법관 9명 중 5명이 동성애자를 편들었기 때문입니다.

이처럼 판사가 저쪽을 편들면 절대로 이길 수 없습니다. 율법도 마찬가지입니다. 율법이 죄인과 죽음 사이에서 죽음을 편들기에 죄지은 모든 사람은 죽음을 이길 수 없습니다.

그런데 놀라운 일이 일어났습니다. 하나님이 우리 편에 대장을 보내 주셨습니다. 그가 바로 예수님입니다. 우리 대장 예수님은 율법의 권세를 빼앗아 버렸습니다. 죄인을 대신해서 죽어 버리는 기가 막힌 방법입니다. 이런 방법은 사탄이 생각하지도 못했습니다.

예수님은 죄 때문에 죽는 인류를 대신해서 죽으심으로 모든 죄를 해결하셨습니다. 또 예수님은 죽음을 이기고 부활하셨습니다. 모든 사람은 죄 때문에 죽는 운명이었는데 예수님은 그 죄 문제를 해결해 주셨습니다.

그러므로 이제 그리스도 예수 안에 있는 자에게는 결코 정죄함이 없나니 이는 그리스도 예수 안에 있는 생명의 성령의 법이 죄와 사망의 법에서 너를 해방하였음이라 (롬 8:1-2).

그리스 신화에서 죽음의 신 타나토스(θάνατος)는 강한 신이지만 생명의 신 크리스토스(Χρίστος)가 오셔서 타나토스를 무력화시켜버렸습니다. 이제 예수님을 대장으로 모시고 예수님을 따르는 신자에게는 그리스도의 승리가 신자의 승리가 됩니다. 죄인은 죽음을 이길 수 없지만, 그리스도 편에 서면 이길 수 있습니다. 예수님은 죽음을 죽여 버리셨습니다.

죽음 앞에 겁을 내는 자여! 주 예수 앞에 다 아뢰어라.
하늘나라 바라보는 자여! 주 예수께 아뢰어라.

3) 성도의 죽음은 패배가 아니다.

그런데 여기 또 하나의 반전이 있습니다. 예수님이 죽음을 이겼으니 예수님을 믿는 신자는 죽지 않을까요?

그렇지 않습니다. 예수님이 죽음을 죽였지만 신자도 죽고 불신자도 죽습니다. 하지만, 중요한 차이가 있습니다. 영적으로 죽은 불신자는 육신의 죽음 후에 영원한 죽음, 지옥이 기다리지만, 신자에게는 영생이 기다리고 있습니다.

하나님은 왜 신자도 죽게 하실까요?

그냥 안 죽게 해 주시면 안 될까요?

예수님은 아직 죽음을 완전히 없애지 않았습니다. 죽음은 가장 마지막에 심판하는 것이 하나님의 계획입니다. 그래서 사도 바울은 이렇게 선포합니다.

그가 모든 원수를 그 발아래에 둘 때까지 반드시 왕 노릇 하시리니 맨 나중에 멸망 받을 원수는 사망이니라(고전 15:25-26).

죽음을 없애지 않고 신자도 죽음을 경험하게 하는 데는 중요한 이유가 있습니다. 예수님은 우리도 예수님처럼 죽었다가 부활하기를 원하십니다. 왜냐하면, 부활 후의 몸은 지금 우리의 몸과는 다른 영광스러운 몸이기 때문입니다. 예수님이 부활하신 몸을 보면 물질도 통과하시고 나타났다가 사라졌다 하십니다. 그러면서도 만져지고 음식을 먹기도 하셨습니다.

여러분에게 선택권은 없지만 만일 선택권이 있다면 어떻게 하시겠습니까?

① 지금 몸으로 영원히 산다.
② 죽었다가 부활하여 영광스러운 몸으로 영원히 산다.

당연히 ②번입니다. 신자에게는 죽음 후에 예수님이 재림하실 때 영광스러운 부활이 기다리고 있습니다. 그러므로 성도의 죽음은 죽음에게 패배하는 것도 아니고 절망도 아닙니다. 이런 것을 아는 하나님의 자녀들은 죽음을 전혀 두려워할 필요가 없습니다.

그런데 제자들이 이런 사실을 모르기에 죽음을 두려워하고 불안해합니다. 그래서 예수님은 요한복음 14:1-3에서 제자들에게 이 말씀을 해 주셨습니다.

> 너희는 마음에 근심하지 말라 하나님을 믿으니 또 나를 믿으라. 내 아버지 집에 거할 곳이 많도다. 그렇지 않으면 너희에게 일렀으리라. 내가 너희를 위하여 거처를 예비하러 가노니 가서 너희를 위하여 거처를 예비하면 내가 다시 와서 너희를 내게로 영접하여 나 있는 곳에 너희도 있게 하리라(요 14:1-3).

이것이 바로 죽음과 부활의 비밀입니다. 죽음은 아버지 집으로 돌아가는 길입니다. 여러분은 예수님의 말씀처럼 마음에 근심하거나 두려워하지 말고 하나님과 예수님을 믿고 안심하시기를 바랍니다. 그리고 예수님이 예비하신 영원한 처소를 믿고 그 나라를 사모하시기를 바랍니다.

[죽음설교 2]

즉시 낙원에 들어갑니다
누가복음 23:39-43

사람들은 누구나 죽음이 싫고 두렵습니다. 그래서 죽음은 생각하기도 싫어하고, 말하기도 싫어하고, 듣기도 싫어합니다. 오죽하면 죽을 사(死)와 발음이 같은 숫자 사(四)도 싫어합니다. 하지만, 살아있는 모든 사람에게 죽음은 피할 수 없는 운명입니다. 죽음을 준비하지 않는다고 해서 죽음이 더디게 오거나 안 오는 것이 아닙니다. 죽음을 준비한다고 해서 죽음이 더 빨리 오는 것도 아닙니다. 옛 어른들이 수의(壽衣)를 미리 준비하면 더 오래 산다는 덕담을 한 것은 죽음은 미리 준비해야 한다는 뜻입니다.

우리가 반드시 겪게 될 죽음에 대해 모르고 무방비로 당하기보다는 죽음에 대해 잘 알고 잘 맞이하는 것이 지혜롭습니다. 인생의 마지막을 아름답게 마무리하는 것을 웰다잉(Well Dying)이라고 합니다. 한때는 잘 먹고 잘살자는 의미로 웰빙(Well-being)을 외쳤으나 이제 "웰빙을 넘어 웰다잉을" 준비해야 합니다. 왜냐하면, 마지막이 좋아야 모든 것이 좋기 때문입니다.

지난주에는 죽음은 "아버지 집으로 돌아가는 길"이라고 설교했습니다. 유튜브에서 한 번 더 들어보시기 바랍니다.

그렇다면 죽음 직후에는 어떤 일이 발생할까요?

오늘은 성경을 통해 그 사실을 말씀드리겠습니다.

예수님이 골고다 언덕으로 끌려가실 때 그 행렬 가운데는 예수님과 함께 처형당할 두 명의 사형수도 끌려갔습니다. 예수님과 두 사형수는 해골 언덕에서 십자가에 못박혔습니다.

예수님이 못 박힌 장소를 마태와 마가는 골고다(Γολγοθᾶ)라고 표현했는데 골고다는 예수님 시대에 사용되던 아람어입니다. 누가는 헬라어로 해골(κρανίο)이라고 표현했습니다. 골고다나 크라니온이나 모두 해골이라는 뜻입니다. 해골은 라틴어 성경에서 갈보리로 표현되었습니다.

> 갈보리 산 위에 십자가 섰으니 주가 고난을 당한 표라.
> 험한 십자가를 내가 사랑함은 주가 보혈을 흘림이라
> 찬송가 156장 〈갈보리산 위에〉 중에서

이처럼 찬송가에서 골고다를 "갈보리"라고 표현했는데 "갈보리"는 라틴어라서 복음서에 나오지 않습니다. 그러니까 성경에서 '갈보리'를 검색하지 마십시오.

우리 예수님은 오전 9시에 십자가에 못 박혀서 오후 3시에 숨을 거두셨습니다. 그리고 십자가 위에서 모두 일곱 종류의 말씀을 하셨는데 이를 "가상칠언"(架上七言)이라고 부릅니다. 우리나라 사람은 뭐든지 네 글자로 표현하기를 좋아해서 심지어 한글, 한자, 영어를 섞어 '내로남불'이라고 합니다.

가상칠언 가운데 첫 번째 말씀은 34절에 나오는 "아버지 저들을 사하여 주옵소서 자기들이 하는 것을 알지 못함이니이다"입니다. 그리고 두 번째 말씀은 43절에 나오는 "네가 나와 함께 낙원에 있으리라"입니다.

오늘은 이 두 번째 말씀을 통해 은혜를 받고자 합니다.

예수님이 십자가에 못 박혔을 때 지나가는 사람들도 예수님을 욕했고, 대제사장들과 서기관들도 조롱했으며 군인들도 예수님을 희롱했습니다. 사람들은 모두 예수님을 조롱하고 비난하면서 네가 구원자이면 너 자신을 구원하라고 했습니다.

사람들은 예수님을 이렇게 조롱했습니다.

"너는 성전을 허물면 사흘 만에 다시 세운다더니 이렇게 죽어가느냐? 네 이름이 예수, 구원인데 온 세상을 구원하기는커녕 너 자신도 구원하지 못하느냐?"

군인들은 "예수님에게 너는 유대인의 왕이라면서 아무도 너를 돕지 않느냐"라고 했습니다. 심지어 같이 십자가에 못 박힌 한 강도조차 예수님을 욕했습니다. 그런데 양쪽에 못 박힌 두 강도가 예수님에게 한 말은 뜻밖에도 굉장히 신학적인 표현입니다. 먼저, 예수님을 비방한 강도는 이렇게 말했습니다.

"**네가 그리스도가 아니냐, 너와 우리를 구원하라.**"

그는 예수님에게 "네가 그리스도가 아니냐"고 했습니다. 그리스도는 히브리어로 메시아입니다. 그는 예수님이 메시아라고 하는 소문을 들었습니다. 다른 유대인처럼 그도 예수님이 정치적 메시아이기를 기대했지만, 그들이 기대하는 정치적 메시아가 아닌 것에 화가 났습니다. 2,000년이 지난 지금도 유대인들은 정치적인 메시아, 다윗같은 위대한 왕을 기다리고 있으니 불쌍한 사람들입니다.

하지만, 다른 강도는 그 사람과 전혀 다른 고백을 했습니다. 그도 예수님에 대해 소문은 들었는데 지금 자기와 나란히 십자가에서 처형당하는 모습을 보며 방금 예수님이 저들을 사하여 달라고 기도하는 말씀을 들었습니다.

그래서 이 강도는 예수님을 비방하는 동료 죄수를 향해 "하나님이 두렵지 않으냐고 꾸짖었습니다(40절). 그리고 이 사람은 세 가지 놀라운 고백을 했습니다. 41-42절에서 그는 중요한 세 가지 믿음을 고백했습니다. 이 강도가 믿었던 세 가지는 우리가 모두 믿어야 할 교리입니다. 이 강도는 오늘 우리의 스승입니다.

그는 무엇을 믿었을까요?

1) 그는 자신이 죄인임을 믿었습니다

우리는 우리가 행한 일에 상당한 보응을 받는 것이니 이에 당연하거니와(눅 23:41).

이 말은 한 편으로는 십자가에 처형될 사형수라는 뜻이며 나아가 모든 인류는 다 죄인이라는 뜻입니다. 모든 사람이 죽는다는 것은 모든 사람이 죄인임을 증명합니다. 만일, 자신이 죄인임을 인정하기 싫으면 안 죽으면 되지만 우리는 모두 죄인이기에 반드시 죽을 운명입니다.

예수님을 믿고 구원을 받는 것은 반드시 자신이 죄인임을 깨닫는 것에서 시작합니다. 그러므로 여러분이 구원받기 위해서 모두 이렇게 고백하시기를 바랍니다.

"나는 죽을죄를 지은 사형수입니다."

2) 그는 예수님의 의로우심을 믿었습니다

이 사람이 행한 것은 옳지 않은 것이 없느니라(눅 23:41).

동료 죄수를 꾸짖고 너와 나는 죽을 죄인이라고 말한 후에 그는 예수님은 죄가 없다고 고백합니다. 예수님은 죽을죄가 없는데 죽는 것을 그는 알았습니다. 그리고 믿었습니다.

지나가는 사람들과 유대인 관리들과 로마 군병들까지 예수님을 향해 "네가 구원자이면 먼저 너 자신을 구원하라"고 했습니다. 심지어 강도 살인죄로 사형당하는 죄수까지 "너도 구원하고 우리도 좀 구원해 보라"고 조롱했습니다.

하지만, 그런 비난과 조롱에 한 마디도 대꾸하지 않으신 예수님, 오히려 저들의 죄를 사하여 달라고 기도하시는 예수님을 보면서 그 사람은 예수님에게는 죽을죄가 없는 것을 믿었습니다. 죽을죄가 없는데 죽는 것은 바로 인류의 죄, 자신의 죄를 위해 죽으시는 것을 그는 알고 믿었습니다.

그 강도와 마찬가지로 저와 여러분이 죽을 죄인임을 믿는다면 또한 죄 없으신 예수님이 나를 위해, 여러분을 위해 죽었음을 믿으시기를 바랍니다.

> 저 흉악한 한 강도는 제 죄를 깨달아
> 죄 없으신 주 예수를 구주로 믿었네.
> 내 지은 죄 흉악하나 주 예수 믿으면
> 용서받은 강도 같이 곧 구원받으리.
> 찬송가 269장 〈그 참혹한 십자가〉

3) 그는 하나님의 나라를 믿었습니다

죄 없는 예수님이 인류의 죄와 자신의 죄를 위해 대신 죽는 것을 믿은 그 강도는 하나님의 나라가 존재하는 것과 예수님이 자기를 그 나라에 데려갈 능력이 있음을 믿었습니다.

하지만, 그는 죄인입니다. 사람은 누구나 죄인이지만 그는 특히 강도, 살인, 흉악범으로 처형당한 죄인이었습니다. 그는 감히 자신을 천국에 데려가 달라고 말할 자신이 없었습니다. 그래서 예수님께서 천국에 들어가실 때 자기를 좀 기억해 달라고만 부탁했습니다. 이 말은 소극적인 것 같지만 간곡한 부탁입니다.

이 강도가 원래 어떤 사람이었는지 모르지만 그 마지막은 흉악한 강도이며 사형수입니다. 그는 결코 훌륭한 사람이 아닙니다.

그런 그가 어떻게 이런 믿음을 가지게 되었을까요?

그 강도는 예수님에 관하여 매일 성전에서 제사하던 대제사장도 몰랐고, 날마다 성경을 연구하는 율법학자도 몰랐던 사실을 어떻게 알았을까요? 그 해답은 예수님이 베드로에게 하신 말에서 찾을 수 있습니다.

> 예수께서 대답하여 이르시되 바요나 시몬아 네가 복이 있도다 이를 네게 알게 한 이는 혈육이 아니요 하늘에 계신 내 아버지시니라(마 16:17).

그는 오로지 하나님의 은혜로 예수님이 인류를 구원하려고 죽는 것을 알고 믿었습니다. 저와 여러분도 마찬가지입니다. 우리가 믿음을 가진 것은 오로지 하나님의 은혜입니다.

> 내가 나 된 것은 하나님의 은혜로 된 것이니(고전 15:10).

> 모든 것이 은혜 은혜 은혜 한 없는 은혜
> 내 삶에 당연한 건 하나도 없었던 것을
> 모든 것이 은혜 은혜였소
> -CCM〈은혜〉중에서-

이 강도의 부탁에 예수님이 하신 말씀이 바로 가상칠언 두 번째 말씀입니다.

> 예수께서 이르시되 내가 진실로 네게 이르노니 오늘 네가 나와 함께 낙원에 있으리라 하시니라(눅 23:43).

사랑하는 성도 여러분! 사람들은 언젠가 한 번은 다 죽습니다. 죽으면 어떻게 될까요? 죽었다고 해서 사라지지 않습니다. 사람은 모두 죄인이어서 죽으면 영원한 지옥에 떨어집니다.

하지만, 예수님을 믿는 모든 사람은 죽는 즉시 낙원에 들어갑니다. 그러므로 여러분은 죽음만 보고 두려워하지 말고 죽음 너머의 천국을 바라보시기 바랍니다. 이것이 바로 믿음입니다. 그것이 바로 성도입니다.

위대한 스승 존 칼빈(John Calvin)은 자기와 죽음은 10시간 거리에 있다고 말했습니다. 이 말은 칼빈이 항상 죽음을 기억하며 살았다는 뜻입니다. 그래서 칼빈은 이렇게 말했습니다.

> "그리스도인이라고 자랑하면서도 죽음을 소망하기는커녕 죽음이라는 말만 들어도 무시무시한 재앙으로 여기는 것을 도무지 이해할 수 없다."

그러므로 예수님을 믿고 천국은 믿는 성도 여러분은 죽음이 재앙이 아니라 죽음이 천국의 관문임을 믿으시기를 바랍니다. 죽으면 끝이고 죽음이 모든 것을 앗아가는데 어떻게 죽음을 무서워하지 않을 수 있을까요?

청교도 신학자 리처드 백스터 목사는 말하기를 죽음은 모든 복의 온전함으로 들어가는 길이라고 했습니다. 이것을 알면 죽음은 두려움이 아니고 기다림이 된다고 했습니다.

사랑하는 성도 여러분! 사람이 죽은 후에는 즉시 예수님의 나라에 들어갑니다. 그 나라는 낙원입니다. 그 나라에는 질병, 고통, 눈물, 실패 그리고 사망이 없습니다.

모든 눈물을 그 눈에서 닦아 주시니 다시는 사망이 없고 애통하는 것이나 곡하는 것이나 아픈 것이 다시 있지 아니하리니 처음 것들이 다 지나갔음이러라(계 21:4).

낙원은 헬라어로 파라데이소스(παράδεισος), 영어로 파라다이스(paradise)입니다. 성도는 죽는 즉시 이 낙원에 갑니다. 그런데 사람이 죽어서 낙원에 가는 것은 영혼뿐입니다. 천국은 영혼만 들어가도 즐거운 낙원이지만 몸과 영혼이 함께 가야 완전히 즐겁습니다. 이는 마치 신데렐라가 재투성이 옷을 입었어도 왕자님의 파티에 가기만 해도 좋겠지만 멋진 드레스를 갖춰 입고 가야 완전히 행복한 것과 같습니다.

그래서 우리 주 예수님은 다시 오실 것이며 그때 우리는 모두 영광스러운 모습으로 부활하여 주님을 만날 것입니다. 주님은 영원한 왕으로 다스리실 것입니다. 그 완전한 나라에서 우리는 영원토록 복락을 누리게 될 것입니다. 바로 그 믿음과 소망으로 사는 여러분은 세상의 유혹에서 승리하시기를 바랍니다.

[죽음설교 3]

사는 것과 죽는 것 사이에서
빌립보서 1:19-24

"개똥밭에 굴러도 이승이 낫다"라는 속담이 있습니다. 이 말은 사는 것이 아무리 힘들고 괴로워도 극단적인 선택을 하지 말라는 교훈을 담고 있습니다. 하지만, 자칫하면 하루라도 더 살아보려는 왜곡된 집착을 부추길 우려도 있습니다.

신자나 불신자나 살아 있는 모든 사람은 삶에 애착을 느끼는 것이 정상입니다. 하지만, 천국의 소망을 품고 사는 신자는 죽음을 대하는 태도가 불신자와는 달라야 합니다. 죽음을 대하는 태도를 보면 신자의 믿음이 참된 믿음인지 가짜 믿음인지 다 드러납니다.

그러므로 사는 것과 죽는 것 사이에서 신자가 어떤 태도를 보여야 하는지 빌립보서에 나타난 사도 바울의 고백을 통해서 말씀드리겠습니다.

사도 바울은 예수님을 만난 후 전 세계를 돌아다니면서 복음을 전했습니다. 제1차 전도 여행, 제2차 전도 여행 그리고 제3차 전도 여행을 마친 후 바울은 예루살렘에 갔다가 유대인들의 시위와 폭동 때문에 로마군에게 체포되었습니다.

바울은 2년 동안 가이사랴 감옥에 갇혀서 재판을 받았지만 죄가 결정되지 않았고 그 후 로마까지 호송되어 로마 감옥에 갇혀서 재판을 기다리고 있었습니다.

아직도 선교하러 갈 곳은 많은데 몇 년간 갇혀 있으니 얼마나 답답했을까요? 자유가 없는 바울은 로마 감옥에서 빌립보 지역의 교인들에게 편지를 썼습니다.

빌립보에는 특별한 몇 사람이 있습니다. 경건한 여인 자주 장사 루디아가 있고 귀신들렸다가 나은 여종도 있고, 특히 간수였다가 온 가족이 예수님을 믿은 분도 있습니다.

그 외에도 루디아와 함께 예배하는 성도들과 간수였던 성도 가정에서 예배드리는 성도들이 있습니다. 그들은 바울을 위해 여러 차례 선교헌금도 보내 주었습니다. 빌립보교회 성도들은 바울의 석방을 위해 특별히 기도하고 있었습니다. 바로 그런 교회에 바울은 다음과 같이 쓰고 있습니다. 빌립보서 1:19-24을 제가 쉽게 풀어서 말해 보겠습니다.

- 19절, 여러분의 간절한 기도와 성령의 도우심으로 내가 사형당하지 않고 석방될 것을 믿고 있습니다.
- 20절, 그런데 나는 꼭 석방되는 것 만 바라는 것이 아니라 내가 죽더라도 그리스도가 존귀하게 되는 것을 원합니다.
- 21절, 왜냐하면 나는 사는 것도 그리스도를 위해서이기에 같은 이유로 죽는 것도 유익합니다.
- 22절, 내가 살아 있어서 할 일이 남았다면 살긴 해야겠지만 나는 사는 것과 죽는 것 사이에서 무엇을 선택할지 혼란스럽습니다.
- 23절, 나는 사는 것과 죽는 것 사이에서 이 세상을 떠나 주님께 가는 것이 훨씬 좋습니다.
- 24절, 나를 위해서는 세상을 떠나고 싶지만, 여러분의 유익을 위해서는 아직은 내가 좀 더 살아야 할 것 같습니다.

바울은 반역죄로 사형당하든지 무죄로 석방되든지 둘 중에 하나로 판결받을 것입니다. 사실 바울은 로마에 반역죄를 지은 적이 없습니다. 만일, 바울이 사형선고를 받는다면 소크라테스보다 더 억울한 판결입니다.

이럴 때 사람이면 누구나 무죄 석방을 바랄 것입니다. 그런데 24절을 보면 바울은 사형되는 것을 더 원한다고 합니다. 그가 이 땅에 살아야 하는 이유는 오로지 성도들의 유익 때문입니다. 사람들에게 하나님의 말씀을 전하고 믿음으로 세우는 사명이 남았기 때문입니다.

바울은 왜 이다지도 빨리 죽어서 예수님이 계신 그곳으로 가고 싶어 할까요?

바울은 이미 낙원을 경험한 사람이기 때문입니다. 고린도후서 12:4을 보면 바울은 자신이 삼층 하늘에 올라가 본 사람입니다. 거기서 바울은 사람의 말로는 표현할 수 없는 말을 들었다고 고백합니다. 그런 경험을 했으니 바울은 얼마나 간절히 낙원에 가고 싶을까요?

우리가 배고픈 시간에 시식 코너에서 음식을 맛보고 나면 더 배가 고프고 빨리 음식을 먹고 싶어집니다. 그처럼 바울은 낙원을 맛보았기에 너무 너무 그 나라에 가고 싶었습니다. 우리는 바울과 같은 예수님을 믿는 사람입니다. 비록 우리는 낙원 경험은 하지는 않았어도 바울과 같은 천국 소망을 가지기를 소원합니다.

그런데 우리가 주님의 나라, 그 낙원에 들어가는 관문은 바로 죽음입니다. 그래서 바울은 낙원에 빨리 가고 싶어서 빨리 죽기를 원했습니다. 그렇다고 스스로 죽는 것은 안 되기에 로마에 의해 사형되기를 원했습니다.

하지만, 오늘날 성도들은 바울처럼 빨리 천국에 가고 싶은 사람이 없습니다. 모두 죽음을 두려워하고 하루라도 더 살고 싶어 발버둥 치다가 죽음으로 끌려갑니다.

죽음에 관해서 연구를 많이 하신 황명환 목사에게 어떤 장로가 찾아왔습니다. 병원에서 불치병 통보를 받았는데 어쩌면 좋겠냐고 물었습니다.

황 목사는 다음과 같이 말했습니다.

> 일단 포기하지 말고 최선을 다해 치료하세요. 그러나 건강 상태가 더 나빠지면 주님을 만날 준비를 하세요. 먼저 믿음을 점검하시고 둘째 인간관계를 정리하시고 셋째 재정문제를 정리하세요.

그런데 그 장로는 목사의 말을 듣지 않고 의사의 말도 듣지 않았습니다. 온갖 민간요법을 찾아다니며 치료하려고 하다가 결국 인생을 아름답게 마무리할 기회를 다 놓치고 죽었습니다. 그것은 죽음을 대하는 바른 태도가 아닙니다. 신자의 모습, 특히 장로의 모습이 아닙니다.

심리학박사 엘리자베스 퀴블러 로스(Elisabeth Kübler-Ross)는 죽음에 관해 남달리 많이 연구한 권위자입니다. 그녀는 불치병을 통보받은 환자 200명을 관찰하며 심리적인 변화를 살폈습니다.

죽음 앞에서 사람들은 다음과 같은 다섯 단계의 반응을 보입니다.

① **부정**: 가장 먼저 환자는 현실을 부정합니다. 의사의 진단이 잘못되었다고 생각하며 다른 의사를 찾아갑니다.
② **분노**: 다른 곳에 가서 검사해봐도 결과가 똑같으면 사람들은 분노합니다. 내가 왜 죽어야 하는가? 나보다 못된 놈들은 저렇게 건강한데 왜 나면 죽을병에 걸려야 하는가? 하며 화를 내게 됩니다.
③ **협상**: 이제 환자는 "살려만 주신다면 뭐라도 하겠습니다. 내 재산을 좋은 데 쓰도록 다 내어놓겠습니다. 하나님을 위해 새롭게 살며 헌신하겠습니다"라고 협상을 시도합니다.
④ **우울**: 현실을 부정할 수 없고 의사와 협상도 안 되고, 하나님도 기도를 들어주지 않으면 환자는 상실감에 빠집니다. 상태가 점점 나빠지

면 자포자기하고 우울해집니다. 이것은 현실을 받아들이는 과정이므로 조용히 지켜봐주어야 합니다.

⑤ **수용 그리고 희망**: 마침내 환자는 자기의 상황을 받아들입니다. 그러면서도 희망의 끈을 놓지 않습니다. 신약이 개발되면 임상 대상자가 되는 것에 사명감마저 느낍니다.

이것이 불치병을 통고받은 사람들의 일반적인 반응입니다.
그러면 신자는 어떻게 반응해야 할까요?
신자도 병에 걸리면 크로스체크(Cross-check)를 해 봐야 합니다. 의사도 사람인지라 잘못 진단할 수 있습니다. 전에 안순예 집사가 목동의 한 병원에서 원인을 찾지 못했을 때 제가 병원을 옮겨보라고 말했고 서울삼성병원에서 결석(結石)을 발견해서 제거한 적이 있습니다.
그런데 크로스체크 해도 같은 진단이 나오면 그다음부터는 신자답게 반응해야 합니다. 의사에게 분노하고, 가족에게 분노하며 하나님께 분노할 일이 아닙니다. 의사가 건강검진 할 때 미리 병을 발견하지 못했다고 원망해도 소용이 없습니다. 가족이 속을 썩여서 이런 병이 걸렸다고 화내는 사람도 있는데 그게 사실인들 무슨 소용이 있습니까?
심지어 내가 하나님께 잘못한 것도 없는데 왜 나에게 불치병을 주시느냐고 화를 내는 사람도 있습니다. 하나님은 무슨 나쁜 짓을 한 사람만 데려가지 않습니다. 그리고 하나님이 사람을 데려가시는 순서는 순전히 하나님 마음입니다.
우리가 병을 낫게 해 달라고 기도하는 것도 하나님 뜻 안에서 해야 합니다. 회복을 위해 기도하면서 하나님과 협상하는 것은 올바른 태도가 아닙니다. 우리가 병 낫기를 기도할 때 응답은 하나님 뜻대로 하시고 우리는 순종해야 합니다.

히스기야는 죽을병에 걸렸다가 기도로 나았습니다. 하나님은 히스기야의 기도를 들으시고 생명을 15년 연장해 주셨습니다. 3년 후에 히스기야가 낳은 아들이 므낫세인데 유다에서 가장 악한 왕이 되었고 므낫세의 악행 때문에 결국 유다는 멸망했습니다. 히스기야와 므낫세를 생각하면 기도해서 불치병이 낫는 것이 과연 복인지 많이 고민하게 됩니다.

죽음학 전문가 황명환 목사는 불치병에 걸려 상태가 악화되면 다음과 같이 준비하라고 설명합니다.

- 영적인 준비가 필요하다.
- 사람과의 관계를 정리해야 한다.
- 재산에 대한 정리를 해야 한다.
- 자신의 몸에 대한 정리를 해야 한다.
- 유언장을 만들어야 한다.

덧붙여 환자가 정신이 맑을 때 해야 하는 것은 무의미한 연명치료를 거부하는 것입니다. 무의미한 연명치료는 환자를 괴롭히는 행위입니다. 서울대학교 내과학 정현채 교수에 의하면 인공호흡기로 연명하게 하는 것은 환자에게 말할 수 없는 고통만을 줄 뿐 환자를 위하는 일이 아니라고 합니다.

연명치료를 하게 되면 하나님께 은혜받을 기회도 놓치고, 가족이나 지인과 작별할 기회도 놓치게 됩니다. 그런 일을 당하지 않기 위해서는 '사전연명의료의향서'를 반드시 작성해야 하는데 이것을 해 놓으면 가족끼리 연명치료에 대한 의견 충돌과 갈등을 막을 수 있습니다.

사전연명의료의향서는 불치병 환자 외에도 19세 이상이면 누구나 관계 기관에 가서 작성할 수 있습니다. 그리고 혹시 마음이 변하면 변경하거나 철회할 수도 있습니다.

한편, 하루라도 더 살려고 노력하는 것과는 반대로 마지막에 괴로움을 당하지 않도록 안락사를 허용하자는 사람들도 있습니다. 하지만, 안락사는 절대로 안 됩니다. 개가 불치병에 걸렸을 때 안락사시키지 않으면 잔인하다고 비난받습니다. 하지만, 사람이 불치병에 걸려도 안락사하면 안 됩니다. 이것이 사람과 개의 차이입니다.

사무엘상 31:8에서 사울이 전쟁터에서 화살을 맞고 자기 칼로 자살했습니다. 마태복음 27:5에서 가룟 유다는 예수님을 배신한 후 자살했습니다. 자살은 살인입니다.

욥기 2:9에서 욥의 아내는 욥에게 하나님을 욕하고 죽으라고 하지만 욥은 "우리가 하나님께 복을 받았은즉 화도 받지 아니하겠느냐?"라고 말하며 죄를 짓지 않았습니다.

2022년 12월 27일 「국민일보」에는 신아영 작가의 인터뷰 기사가 실렸습니다. 신 작가는 지인의 안락사 현장을 취재하기 위해 스위스에 다녀왔습니다. 현장을 지켜본 후 신 작가는 자살을 말리지 못한 것이 너무나 후회가 되었습니다. 그리고 원래 동양철학에 심취한 유물론자이고 무신론자였던 그녀가 너무나 큰 충격을 받고 크리스천이 되었습니다.

말씀을 맺겠습니다. '사는 것과 죽는 것 사이에서' 신자는 하나님이 주신 생명을 귀히 여기고 몸 관리도 잘해야 합니다. 만일, 병이 생기면 의학의 도움을 받아 잘 치료해야 합니다.

그런데 만일 현대 의학이 불치병을 선언하면 치료를 하면서도 하나님을 만날 준비를 해야 합니다. 믿음과 구원 확신을 점검하고 사람과의 관계도 정리하고 하던 일과 재정을 정리해야 합니다. 특히, 연명치료거부 의사를 밝혀야 합니다.

로마서 14:8에서 바울이 고백했듯이 우리는 사나 죽으나 우리가 주님의 것입니다. 이제 함께 고백합시다.

"천국 소망을 가진 성도는 살아 있는 매 순간을 복되게 살고, 주님이 부르시면 기쁘게 달려간다."

[죽음설교 4]

믿음과 소망을 담아내는 장례식
창세기 50:1-14

　사람에게는 출생도 중요하고 죽음도 중요한데 장례식에는 그 사람의 믿음과 가치관이 고스란히 담겨 있습니다. 성경도 사람의 출생부터 장례식까지의 전 과정을 다루고 있습니다. 구약의 첫 번째 책, 창세기는 하나님이 사람을 만드신 이야기로 시작해서 5장에서는 아담부터 노아까지 낳고 죽은 이야기를 합니다. 그리고 50장에서는 야곱의 장례식과 요셉의 죽음으로 마칩니다. 신약의 첫 번째 책, 마태복음도 예수님의 탄생 이야기로 시작해서 예수님의 죽음과 장례식으로 이야기가 끝납니다. 그리고 마지막에 예수님의 부활 이야기가 덧붙여졌습니다.
　장례식에는 그 시대의 사회상뿐 아니라 고인과 유족의 믿음이 고스란히 담겨 있습니다. 그런데 우리의 장례식을 보면 여러 가지 미신적 요소를 발견할 수 있습니다. 오늘은 야곱의 장례식을 통해 장례식의 성경적 의미를 말씀드리겠습니다. 그리고 현행 장례식에서 비신앙적인 요소를 짚어 드리며 바람직한 신자의 장례식에 관하여 정리해 보겠습니다.

　야곱이 죽자 요셉은 아버지의 시신을 40일간 향으로 처리했는데 이것은 시신을 미라로 만드는 것을 뜻합니다. 26절에 보면 요셉이 죽었을 때도 향으로 처리했는데 성경에서 죽은 후에 미라가 된 사람은 야곱과 요셉 두 사람입니다.

야곱이 죽자 애굽 사람들은 70일간 애곡(哀哭)했는데 이는 국장(國葬)을 70일간 했다는 말입니다. 그 후 요셉은 야곱의 미라를 가지고 가나안 땅 막벨라 굴에 가서 또 7일간 애곡(哀哭)하고 장례를 치렀습니다.
　사람 하나 죽었는데 이렇게 긴 기간, 성대하게 장례를 하는 것은 당시 애굽에서 요셉의 지위가 어떠했는지를 말해 주고 있습니다. 이것은 하나님을 잘 섬긴 성도에게 주신 하나님의 복입니다.
　결혼식 손님은 주로 부모님의 손님이고 장례식 손님은 주로 자녀의 손님입니다. 저도 친구 자녀들의 얼굴도 이름도 모르면서 결혼식에 가는 일이 많습니다. 또 생전에 뵌 적도 없는 친구 부모님의 장례식에 가는 일도 많습니다.
　장례식이 성대한 것은 자녀를 잘 길러서 자녀가 사회적으로 영향력 있는 사람이 되었다는 뜻입니다. 여러분의 장례식에는 조문객이 많게 되기를 축원합니다. 요즘 어떤 사람은 부모 장례식에 자기 돈으로 유력 정치인의 이름을 붙인 '셀프 화환'을 놓는다니 슬픈 이야기죠.
　장례식은 시대마다 예법이 있고 장례예법은 그 시대의 사회상이 담고 있습니다. 예수님의 시체도 유대인의 장례법대로 향품과 함께 세마포로 쌌습니다.

> 이에 예수의 시체를 가져다가 유대인의 장례법대로 그 향품과 함께 세마포로 쌌더라 (요 19:40).

　야곱의 장례식은 40일간 미라로 만들고 70일간 국장을 한 것도 특별하지만, 그보다 더 특별한 것은 그다음 모습입니다. 요셉이 아버지의 시신을 미라로 만들었으면 피라미드나 화려한 무덤을 만들 수 있었습니다. 1922년에 발견된 투탕카멘의 무덤에서는 황금 마스크와 황금 관이 나왔습니다.

그런데 요셉은 아버지를 위해 그런 무덤을 만들지 않고 가나안 땅에 있는 막벨라 굴에 야곱을 매장했습니다. 이렇게 한 것은 야곱의 유언 때문인데 거기에는 야곱과 요셉의 신앙이 담겨 있습니다. 야곱은 반드시 자신을 가나안 땅 막벨라 굴에 장사하라고 유언했고 요셉은 그대로 순종했습니다.

> 그가 그들에게 명하여 이르되 내가 내 조상들에게로 돌아가리니 나를 헷 사람 에브론의 밭에 있는 굴에 우리 선조와 함께 장사하라(창 49:29).

그런데 이렇게 하는 것은 사실 애굽 총리의 체면을 구기는 일입니다. 그런데도 요셉은 믿음으로 아버지의 유언을 지켰습니다. 여러분의 가정도 아버지의 유언을 따라서 자녀가 대대로 믿음을 지키는 가문이 되기를 축원합니다.

야곱은 왜 자기 시신을 애굽의 화려한 무덤이 아닌 가나안 땅 막벨라 굴에 장사하라고 했을까요?

그곳은 아버지 이삭과 할아버지 아브라함이 묻힌 곳이기 때문입니다. 그래서 야곱은 자기를 선조와 함께 장사하라고 했습니다. 야곱이 자신을 막벨라 굴에 매장하라고 유언한 것은 반드시 약속의 땅으로 돌아가겠다는 의지의 표현입니다. 즉, 야곱이 조상의 무덤에 묻히고 싶다는 말은 하나님이 가나안 땅을 아브라함-이삭-야곱에게 준다고 하신 약속을 믿는 신앙고백입니다. 구약 성도들이 열조에게 돌아간다는 말은 하나님께로 돌아간다는 뜻입니다. 즉, 천국을 향한 소망을 담고 있는 것입니다. 그래서 요셉은 야곱의 유언대로 아버지를 약속의 땅에 장사했습니다.

여러분의 가문도 대대로 하나님만 섬기고 이 땅을 떠나면 반드시 하나님의 나라에서 눈뜨기를 소망하는 믿음의 가문이 되시기를 축원합니다.

우리는 살아 있을 때도 믿음을 고백하지만 장례식을 통해서도 우리의 믿음과 소망을 드러내야 합니다. 왜냐하면, 장례식은 신앙 안에서 삶을 재

해석하는 예식이기 때문입니다. 장례식은 고인이 천국에 가도록 기도하는 자리가 아니라 살아남은 유족과 성도들이 자기의 삶을 되돌아보며 믿음과 소망을 재점검하는 예배의 자리입니다.

사람들은 흔히 사람이 죽은 것을 하나님께서 데려가셨다고 합니다. 사람이 죽는 것은 하나님께서 부르셔서 가는 것은 맞지만 하나님이 데려가셨다고 말하면 하나님이 사람을 강제로 데려가는 저승사자처럼 무섭게 느껴집니다. 사람이 죽는 것은 하나님 때문이 아니라 우리 죄 때문입니다. 우리 하나님은 사람을 강제로 데려가는 분이 아니라 우리가 육신이 약해서 이 땅을 떠날 때 천국에서 우리를 맞아주시는 분이십니다. 마치 놀이터에서 놀던 아이들이 저녁에 집으로 돌아가는 것은 엄마는 아이들을 잡아가는 것이 아니라 배고프고 지친 아이들을 집에서 맞이해 주는 것과 같습니다.

장례식에는 통상 4번의 예배가 있는데 임종예배, 입관예배, 발인예배, 하관예배입니다. 장례예배는 유족들과 지인들이 믿음으로 천국을 소망하는 예배입니다. 그러므로 신자의 장례식의 핵심은 영생과 부활 소망입니다. 고인(故人)은 이미 물리적 시간을 초월하여 하나님 나라의 잔치에 참여하고 있습니다. 그러므로 신앙공동체, 즉 교회는 유족들이 고인을 하나님께 완전히 맡기고 믿음과 소망을 경험할 수 있도록 사랑을 베풀어야 합니다. 이런 의미에서 생각해 보면 오늘날 장례식에는 개선이 필요한 미신적, 비성경적 요소가 많습니다.

우선 미망인이라는 단어를 버려야 합니다. 고인의 부인을 미망인이라고 부르는 것은 순장(殉葬)풍습에서 생겨난 표현인데 따라 죽어야 하는데 안 죽은 사람이라는 뜻입니다. 생각만 해도 무섭습니다. 미망인이 아니라 그냥 유족(遺族)이라고 부르면 됩니다.

삼우제라는 말도 버려야 합니다. 유교에서는 장례를 마친 당일 제사를 초우, 다음날 드리는 제사를 재우, 그 다음날에 드리는 제사를 삼우라고 합니다.

또, 불교에서는 사람이 죽은 후 7일마다 불공을 드리며 7번째는 49재라고 합니다. 신자는 이런 이교적인 용어를 모두 버려야 합니다. 장례 후 이틀만에 무덤을 살펴러 가는 것은 삼우제 대신에 첫 성묘라고 하면 됩니다. 용어 외에도 장례식에는 의미 없는 요소나 하지 말아야 하는 요소가 많이 있습니다. 우리가 미리 분명하게 말하지 않으면 장례식장 측에서 자기들 마음대로 해 버립니다.

빈소에는 촛불을 켜는 것은 혼령이 저승길을 잘 찾아가도록 밝히는 의미인데 어이없는 소리입니다. 촛불을 켜 놓으면 조문객 중에 그 촛불에 향을 피우려는 사람이 있는데 성도는 처음부터 초와 향을 거부하기 바랍니다.

우리는 고인에게 향 대신에 국화꽃를 드리는데 사실 이것도 문제가 좀 있습니다. 기독교 장례 개선을 앞장서는 송길원 목사에 의하면 국화꽃은 일본 황실을 상징하는 꽃입니다. 우리가 일제의 잔재를 없앤다고 하면서도 국화꽃을 여전히 사용합니다. 심지어 위안부 할머니에게도 흰 국화꽃을 바치고 있습니다.

송길원 목사의 말 가운데 더 재미있는 것은 "국화꽃을 왜 주었다가 뺏느냐"는 것입니다. 조문객이 가고 나면 상주들이 국화꽃을 거두어 다시 꽃병에 꽂아 버리는데 고인이 말할 수 있다면 "왜 내 꽃을 뺏어가느냐"라고 하지 않을까요? 진짜 헌화를 하려면 고인이 좋아했던 꽃을 조문객이 준비해서 드려야 맞겠지요.

또 한 가지 생각할 것은 영정 사진입니다. 영정 사진 위에 人(사람 인) 모양의 띠를 두르면 죄수(罪囚)를 뜻하는 囚(가둘 수)가 되어 버립니다. 우리가 당연한 듯 고인의 사진에 띠를 두르고 있지만 무슨 의미인지 아는 사람이 없습니다.

그리고 발인식 때 딸들은 부모의 영정 사진을 들지 못하게 하는 것도 철저히 유교적 사고입니다. 자녀를 많이 낳지 않는 오늘날 아들 없는 사람이 많은데 언제까지 부모 영정 사진을 다른 남자가 들게 할 것입니까?

이제 진짜로 중요한 이야기를 좀 하겠습니다. 송길원 목사에 의하면 비대면 장례를 하는 나라는 우리나라와 일본뿐이라고 합니다. 저도 제 어머니 장례식 때 어머니를 보지 못하다가 입관식 할 때 잠깐 보고는 바로 관 뚜껑을 닫았습니다. 만일, 어떤 자녀가 해외에 살아서 입관시간에 도착하지 못하면 장례식에 와서도 부모 얼굴을 보지 못하게 됩니다.

송길원 목사는 전시(戰時)가 아니면 시신 위에 시신이 있거나 시신 아래에 시신이 있으면 안 되는데 우리나라는 시신을 냉장실 서랍에 담아 켜켜이 쌓아두니 큰 모독이라고 합니다.

그래서 송길원 목사가 제안하는 방식은 수의 대신에 고인이 좋아했던 평상복을 입히고 예쁘게 메이컵을 해서 보고 싶은 사람은 몇 번이고 볼 수 있게 하자는 것입니다. 이렇게 하면 수의도 필요 없고 시신을 일곱 마디로 꽁꽁 묶는 염습도 하지 않습니다. 작년 9월에 엘리자베스 여왕의 장례식을 기억하시죠. 외국에는 장례식 내내 보고 싶은 가족과 지인이 고인의 얼굴을 볼 수 있습니다.

또 한 가지, 송길원 목사가 제안하는 것은 장례식에서 고인을 대면하는 것과 함께 메모리얼 테이블을 설치하는 것입니다. 그 테이블 위에 고인의 성경책, 고인의 애장품, 고인이 받은 상패 등 고인을 기억할 수 있는 여러 가지 물품을 전시해 놓고 조문객이 잠시 고인과 대화하게 하자는 것입니다.

제가 지난 두 주간에 걸쳐 "하이패밀리 장례식장 방문기"를 주보에 연재했는데 하이패밀리 장례식에서 매우 새로운 것은 유가족이 화장장에 가지 않는 것입니다. 시신이 화구에 들어가는 모습을 본 충격에 실신하는 가족도 있는데 하이패밀리 장례식은 영국 방식으로 대리인과 가족 대표만 화장장에 다녀와서 유골을 놓고 발인식을 한다는 것입니다. 이런 장례식이 교회마다 보급되면 좋겠습니다.

말씀을 맺겠습니다. 세상에 태어난 모든 사람은 장례식으로 끝이 나는데 장례식은 고인과 유족의 믿음과 소망을 담고 있습니다. 장례식은 고인을 위한 것이 아니라 유족과 성도를 위한 것입니다. 그러므로 장례식에서 믿음의 고백, 영생과 부활 소망이 다 드러나게 해야 합니다. 여러분의 가정은 장례식을 통해 가족의 우애가 더욱 돈독해지고 온 가족이 대대손손 믿음으로 살기를 다짐하는 계기가 되기 바랍니다.

그러기 위해서는 이교적 풍습을 버리고 비인간적인 과정도 바꾸어서 가족이 위로받는 장례식, 온 교회가 은혜받는 성경적 장례식을 하기 바랍니다.

[죽음설교 5]

바보같이 죽은 사람
사도행전 7:46-53

1972년생, 저보다 꼭 10년 젊은 사람인데, 저는 이렇게 60세가 넘도록 살아 있는데, 그는 고작 서른세 살, 예수님과 같은 나이에 죽어 사랑하는 하나님께로 갔습니다. 사람들은 그를 '바보 의사'라고 불렀습니다. 그런데 사람들은 그 바보 의사가 그리워서 그가 남긴 글들을 모아 그의 이름으로 책을 출판해 주었습니다. 『그 청년 바보 의사』의 저자 안수현 형제의 이야기입니다.

이 책의 추천사에서 '시골 의사'로 유명한 박경철은 말합니다.

> 죽음 이후에 자신을 그리워하는 사람이 많다면 성공한 인생이라는 말이 있습니다. 그렇게 본다면 이 젊은 의사는 조금 일찍 우리 곁을 떠났지만, 우리 중 어느 누구도 다다르지 못한 성취를 이룬 사람인지도 모르겠습니다.

『그 청년 바보 의사』는 2009년에 출판하여 6개월 만에 8쇄를 찍었으며 그 책의 인세 수익금으로 첫 장학생을 선발했습니다. 이처럼 안수현은 죽었으나 여전히 선한 영향력을 발휘하고 있습니다.

사도행전에는 안수현처럼 바보처럼 죽어간 또 하나의 젊은이가 있습니다. 그는 이름부터 '면류관'이었으니 그는 하나님 나라에서 면류관을 쓰고 있음이 확실합니다. 또 그는 "네가 죽도록 충성하라. 그리하면 생명의 면류관을 주리라"라고 약속하신 예수님의 약속을 확증해 주는 사람입니다. 우리 말로 면류관을 뜻하는 그의 이름은 헬라어 발음으로 스테파노스(Στέφανος)이며 개역성경에는 스데반으로 표기되어 있습니다.

바보 의사 안수현은 죽으려고 바보짓을 했습니다. 경기도에서 군 복무를 한 사람이면 누구나 다 아는 사실인데 풀밭에 앉으면 유행성출혈열에 걸릴 위험이 있습니다. 유행성출혈열은 들쥐에 의해 옮겨지는데 발병하면 10명 중 1명이 죽는 무서운 열병입니다.

그렇지만 야전에서 훈련받을 때 맨땅보다는 풀밭에서 식사하는 것이 아무래도 낫습니다. 그런데 의사였던 안수현은 풀밭을 조심하는 것보다는 병사들에게 가까이 다가가서 상담하고 복음을 전하는 것에 집중하다가 자신도 모르는 사이에 그 무서운 출혈성 열병에 걸리고 말았습니다. 평소 바보처럼 살다가 마지막에 바보처럼 죽어간 안수현은 진짜 바보 의사입니다.

그렇다면 스테파노스는 무슨 바보짓을 해서 안 죽어도 되는데 죽었을까요?

안수현은 죽은 후에도 그의 책이 불티나게 팔리고, 그의 이름으로 지급되는 장학금으로 후배들을 양성하고 있는데 그에 비해 스테파노스의 죽음 후에는 어떻게 되었을까요?

스테파노스는 요즘으로 말하면 유학파 젊은이입니다. 그는 성령도 충만하고 지혜도 충만하고 사람들에게 평판도 좋았던 사람입니다. 초대 교회가 급속히 부흥했을 때 많은 헌금이 들어왔고, 그것으로 가난한 교인들을 구제했는데 사도들이 그 일을 하다 보니 구제 활동이 원활하지 못했습니다. 그래서 사도들은 설교와 기도에 집중하기로 하고 구제를 전담할 집사들을 뽑기로 했습니다.

그 당시 집사를 선택하는 기준은 성령과 지혜가 충만하고 칭찬받는 사람이었는데(6:3) 6:5을 보면 "믿음과 성령이 충만한 사람"은 스테파노스만을 설명하는 말로 되어 있습니다. 어쨌든 일곱 집사를 세운 후에 교회가

[죽음설교 5] 329

더욱 부흥하고 허다한 제사장도 예수님을 믿게 되었습니다(6:7).

그런데 믿음과 성령이 충만한 스데반은 구제비를 나눠주는 일만 잘하면 될 텐데 나가서 바보짓을 하기 시작했습니다. 그 일은 결국 스데반의 명을 단축하고 결국은 바보같이 죽게 되었습니다. 스데반은 무슨 바보 짓을 했는지 살펴봅시다.

1) 바보 스데반은 시키지도 않은 전도를 했습니다

오늘날 집사들은 전도하라고 해도 전도를 안 하는데 스데반은 시키지도 않은 전도를 시작했습니다. 6:8을 보면 스데반이 은혜와 권능이 충만해서 민간에 큰 기사와 표적을 행하였습니다. 당시에 이런 일은 사도들만 하는 것이었는데 집사인 스데반이 나가서 예수님의 능력을 나타내었고 다른 사람과의 논쟁에서도 이겼습니다.

6:9을 보면 스데반이 논쟁한 사람들은 자유민들입니다.[1] 자유민들은 자기 나라가 망할 때 노예가 되었으니 후에 돈을 많이 벌어 자유를 얻을 만큼 똑똑한 사람들입니다. 그렇게 똑똑한 사람들과 논쟁했으나 성령과 권능이 충만한 스데반이 그들을 이겼습니다.

논쟁에서 진 자유민들은 사람을 매수해서 거짓 증언을 하게 했습니다. 돈에 영혼을 판 거짓 증인들은 스데반이 모세와 하나님을 모독했다고 말해서 스데반이 잡혀갔습니다(6:11-12).

재판석에서 거짓 증인들은 유대인에게 가장 민감한 문제로 백성을 선동했습니다. 6:13에서 이 거룩한 곳과 율법을 계속해서 험담했다고 하는데 거룩한 곳이란 성전을 의미합니다. 당시에 성전과 율법을 험담했다는 말

---

1 자유민은 헬라어로 Λιβερτίνος인데 여기서 영어 단어 Liberty가 나왔다. 개역 성경에서는 헬라어를 음역하여 '리버디노'라고 표현했다.

은 우리나라에서 "일본을 편들었다. 일제 강점기를 찬양했다"라는 말보다 100배 심각합니다.

사람이 거짓말로 모함을 당하고 재판을 받으면 너무 화가 납니다. 제가 사기죄로 고발당한 적이 있는데 그 고발이 얼마나 황당하면 법원에서 각하시켜버렸습니다. 재판에서 '기각'은 원고가 졌다는 말이고, '각하'는 고발을 받아주지 않는다는 말입니다. 저는 고발된 것도 몰랐다가 각하 통보만 받았는데도 너무 화가 났습니다.

그런데 6:15을 보면 피고석에 앉은 스데반은 그 얼굴이 천사의 얼굴 같았습니다. 이것이 바로 성령 충만한 사람의 모습입니다. 이런 스데반은 바보일까요? 사람들은 어떻게 평가할까요? 하나님은 뭐라고 평가할까요?

저는 이런 스데반이 부럽고 저도 스데반처럼 되기를 간절히 원합니다. 복음을 전할 때는 성령이 충만해서 그 어떤 사람의 억지 주장도 다 이길 수 있으면 좋겠습니다. 또 어떤 모함과 억울한 일을 당해도 화가 나서 마귀 같은 얼굴이 되는 것이 아니라 천사 같은 얼굴이 되면 좋겠습니다. 여러분도 그렇게 되시기를 축원합니다. 그러기 위해서 성령 충만해야 합니다. 성령 충만하려면 평소에 많이 기도하시기를 바랍니다.

2) 바보 스데반은 전략적 후퇴를 몰랐습니다

거짓 증인들의 증언을 들은 대제사장은 스데반에게 이 사람들이 고소하는 말이 사실이냐고 물었습니다. 자기변호의 기회가 생겼습니다.

이럴 때는 무슨 말을 해야 할까요?

절대로 그런 말을 한 적이 없으며 완전 모함이라고 강하게 말해야겠죠. 그리고 자신은 성전을 귀히 여기며 모세 율법을 하나님의 말씀으로 존중한다고 강조해야겠죠. 그런데 스데반은 그 중요한 기회에 자기변호 대신에 엉뚱한 소리를 하기 시작했습니다. 스데반은 자기변호 대신에 사실상 설교를 했는데 2-53절의 내용입니다.

이 설교에서 스데반은 총 일곱 명에 대한 이야기를 합니다.

첫째, 아브라함이 하나님께 부름받아 메소포타미아에서 가나안으로 온 이야기.

둘째, 요셉이 애굽으로 팔려갔다가 총리가 되어 온 가족을 데려간 이야기.

셋째, 히브리인이 애굽에서 박해를 받을 때 모세가 그들을 구출해 낸 이야기.

넷째, 아론이 이스라엘 백성과 광야에서 금송아지를 만들어 하나님을 노엽게 한 이야기.

다섯째, 여호수아가 백성을 데리고 가나안으로 들어간 이야기.

여섯째, 다윗이 성전 짓기를 원한 이야기.

일곱째, 솔로몬이 성전을 지은 이야기.

여기까지는 별문제가 없습니다. 그들도 다 아는 이야기이고 맞는 말이어서 대제사장과 유대인들도 조용히 잘 들어 주었습니다. 그런데 성전을 지은 이야기 끝에 스데반은 유대인을 자극할 말을 했습니다. 사실은 이 말을 하려고 여기까지 이야기 한 것입니다.

우선, 스데반은 역대하에 있는 솔로몬의 말을 인용했습니다.

> 누가 능히 하나님을 위하여 성전을 건축하리요 하늘과 하늘들의 하늘이라도 주를 용납하지 못하겠거든 내가 누구이기에 어찌 능히 그를 위하여 성전을 건축하리요 그 앞에 분향하려 할 따름이니이다(대하 2:6).

스데반은 솔로몬의 이 말을 요약하여 이렇게 말합니다.

… 지극히 높으신 이는 손으로 지은 곳에 계시지 아니하시나니 … (행 7:48).

이어 더 자극적인 이사야 66:1-2의 말을 인용합니다.

… 선지자가 말한 바 주께서 이르시되 하늘은 나의 보좌요 땅은 나의 발등상이니 너희가 나를 위하여 무슨 집을 짓겠으며 나의 안식할 처소가 어디냐 이 모든 것이 다 내 손으로 지은 것이 아니냐 함과 같으니라(행 7:48-50).

그러니까 스데반의 말은 성전은 그냥 건물일 뿐 하나님이 아니라는 말입니다. 스데반의 말은 다 맞습니다. 그런데 지금 성전을 하나님처럼 귀하게 여기는 사람들 앞에서 굳이 그 말을 하는 것은 그에게 도움이 되지 않습니다. 고발당해서 재판받는 스데반은 대제사장이 듣기 좋을 말을 해주어야 그 자리에서 풀려날 수 있습니다. 그게 세상 사는 요령이고 지혜입니다.

그렇다면 성령과 지혜가 충만한 스데반에게 그런 지혜가 없는 것일까요?

스데반은 상대방의 비위를 맞추기보다는 그냥 밀고 나갔습니다. 스데반은 바보같이 후퇴를 모르는 사람입니다.

여기까지만 보면 나는 스데반처럼 하지 말아야겠다는 생각이 듭니다. 하지만, 스데반에게는 그래야 하는 이유가 있었습니다. 스데반은 목적을 위해 목숨을 걸고 할 말을 하는 사람이었습니다.

이 바보같은 스데반은 어쩌면 좋단 말입니까?

3) 스데반은 결국 작정하고 도발했습니다

결국, 스데반은 대제사장과 유대인 장로들을 향하여 작정하고 도발을 감행했습니다. 이 말을 하기 위해 스데반은 유대인들을 도발한 것입니다. 51-53절을 우리말성경으로 읽어드리겠습니다.

> 목이 곧고 마음과 귀가 꽉 막힌 사람들이여, 당신들도 여러분의 조상처럼 계속해서 성령을 거역하고 있습니다. 당신들의 조상이 핍박하지 않은 예언자가 있었습니까? 그들은 심지어 의인이 올 것을 예언한 사람들을 죽였고 이제는 당신들도 그 의인을 배반하고 죽였습니다. 당신들은 천사들이 전해 준 율법을 받았으면서도 그것을 지키지 않았습니다(행 7:51-53, 우리말성경).

스데반의 말을 분석하면 다섯 가지입니다.

첫째, 당신들은 마음과 귀가 꽉 막힌 사람들이다.
둘째, 당신들은 조상들처럼 성령을 거역하고 있다.
셋째, 당신들의 조상들은 선지자들을 박해하고 죽였다.
넷째, 당신들은 선지자가 예언한 메시아도 죽였다.
다섯째, 당신들은 율법을 받아놓고도 지키지 않았다.

이 말은 너희들은 아주 사악한 쓰레기라고 하는 것입니다. 이 말을 하는 스데반은 전혀 살려는 마음이 없는 사람입니다. 스데반의 말은 모두 맞는 말입니다. 스데반은 죽을 작정을 하고 옳은 말을 했습니다. 그러자 54절에 보면 그들이 마음에 찔려 이를 갈았습니다.
이때 스데반은 더욱 화를 돋우는 말을 합니다.

… 보라 하늘이 열리고 인자가 하나님 우편에 서신 것을 보노라 … (행 7:56).

결국 유대인 청년들은 재판이고 뭐고 그만두고 집단 구타를 시작했습니다. 그들은 귀를 틀어막고 소리를 지르며 스데반을 돌로 치기 시작했습니다. 돌에 맞아 죽어가면서 스데반은 두 번째 말을 했습니다.
"주 예수여, 내 영혼을 받으시옵소서."
그리고 그의 마지막 기도는 마치 예수님의 말씀과 같았습니다.
"주여, 이 죄를 그들에게 돌리지 마옵소서."

4) 바보 스데반이 죽고 나서

이렇게 해서 유학파의 똑똑한 청년, 성령과 지혜가 충만하고 평판이 좋던 스데반은 바보 같이 죽었습니다. 성경은 그의 죽음을 잠들었다고 묘사했습니다(7:60). 그리고 그 살해사건의 책임자 사울이 그가 죽임당함을 마땅하게 여겼다고 덧붙였습니다(8:1).
사도행전을 기록한 누가는 무슨 생각을 하며 이 사건을 기록했을까요? 누가는 이 기록을 통해 우리에게 무엇을 말하고 싶었을까요?
스데반의 죽임 당함을 마땅히 여긴 사울, 그가 바로 누가에게 복음을 전해 준 사도 바울입니다. 지금 누가는 그 사도 바울을 따라 전 세계를 다니며 복음을 전하는 중입니다.
그래서 "사울은 그가 죽임당함을 마땅히 여기더라"(행 8:1) 이 말을 볼 때 저에게는 영화의 한 장면이 떠오릅니다.
"I will be back."
영화 〈터미네이터〉의 명대사입니다. 스데반이 사라진 이후 사울은 몸은 사울이지만 마음은 스데반이 되어 스데반보다 훨씬 강력하게 복음을 전한

[죽음설교 5]

사람이 이방인의 사도가 되었기 때문입니다.

이렇게 해서 6장에서 시작된 스데반 이야기는 7장에서 끝난 것이 아니라 8:1을 넘어 9장의 회심 사건 그리고 13장에서 본격적인 복음 전도 스토리가 펼쳐집니다. 이것을 보면 스데반은 시작만 해 놓고 천국에서 면류관을 받아 쉬고 있는데 그를 죽이는 데 앞장섰던 사울은 온갖 고생을 하며 전도하고 있습니다. 바로 스데반은 바보가 아니라 가장 현명한 사람이고 가장 남는 투자를 한 사람입니다.

바보 의사 안수현이 33세에 죽어 천국으로 간 지 19년이 되었습니다. 지금 그의 책은 개정판까지 나와 팔리고 있고, 아직도 세상은 그의 이름을 기억하고 있습니다. 제가 조사해 보지 못했지만 아마도 그의 이름으로 장학금을 받은 수많은 후배가 안수현처럼 살아가고 있을 것입니다.

사도 바울의 목숨 건 복음 전도로 전 세계가 복음화되었고 그 복음이 돌고 돌아 대한민국에 사는 우리까지 예수님을 믿게 되었으니 우리는 모두 스데반의 죽음에 빚을 지고 있습니다. 스데반은 바보같이 죽었지만 그는 절대로 바보가 아닙니다. 그는 젊은 나이에 죽었고, 전도의 열매를 보지 못하고 죽었지만 그의 죽음은 가장 가치 있는 죽음이며 가장 전도의 열매가 많은 죽음입니다.

우리는 누구나 살다가 한번은 죽습니다. 기왕이면 편안히 살고 장수하다가 침대에서 편히 죽는 것이 좋습니다. 그런데 바보 의사 안수현은 젊은 병사들과 어울리다가 유행성출혈열에 걸려 죽었고 바보 스데반은 전도하다가 돌에 맞아 죽었습니다.

여러분은 어떻게 죽고 싶습니까?

저는 바보 같이 죽고 싶습니다.

하이패밀리 장례식장을 소개한다

우리나라 최초의 임종(臨終) 감독 송길원 목사가 대표로 있는 하이패밀리의 장례식장, 전에부터 꼭 한번 경험해 보고 싶었는데 드디어 기회가 생겼다. 필자는 최근 "성경적 죽음을 준비시키는 설교 방안 연구"라는 소논문을 쓰는 중에 죽음과 장례식에 대해 다양한 성경적 관점을 제공한 송 대표의 저서들과 「월드뷰」에 실린 인터뷰 기사들로부터 많은 감명을 받았다.

하지만, 활자만으로는 채워지지 않는 궁금증을 해소하기 위해 직접 현장을 방문하여 장례식이 진행되는 현장을 경험하고 싶었다. 그러나 개인적 필요를 위해 낯선 분의 장례식에 끼어들 수는 없어서 기회를 엿보고 있던 차에 때마침 절친의 모친 장례식을 여기서 진행하게 되어 유가족 틈에 끼어 엔딩 플래너 송길원 대표의 상세한 설명을 들을 수 있었다.

하이패밀리 장례식장, 여기는 사실상 장례식장이 없다. 그래서 일부 조문객은 입구까지 왔지만 잘못 온 줄 알고 차를 돌려 내려갔다가 올라온 사람도 있다. 말하자면, 하이패밀리는 죽은 사람의 공간이 아니라 산 사람들의 공간에서 장례식을 진행하는 것이다.

다른 장례식장과 비교해서 하이패밀리 장례식장에는 장례식장에서 흔히 볼 수 있는 여러 가지가 없다. 장례식장이라는 간판이 없고, 빈소라고 부르는 흰 국화꽃으로 도배한 제단이 없다. 빈소 입구에서 흰 국화꽃을 제공하지도 않기에 의례 하는 헌화(獻花) 절차가 없다. 분향은 당연히 없다.

상주가 조문객을 접견하는 장소에서 신을 신고 의자에 앉아있기에 고인의 영정 사진을 향해 넙죽 절할 분위기는 더더욱 아니다.

여기는 검은 띠를 두른 고인의 영정 사진이 없는 대신 모니터에 고인의 환한 얼굴이 비치고 친교실 대형 모니터에는 고인과 가족의 다정한 사진들이 반복 재생되고 있다.

송 대표에 의하면 사각형 영정 사진에 人(사람인) 모양의 검은 띠를 두르면 그 모양이 영락없이 죄수를 뜻하는 수(囚)자 된다는 것이다. 영정 사진에 띠를 두름으로 고인을 죄수로 만들어 버리는 이런 관행은 과연 어디에서 유래했고 무슨 의미가 있는지 아는 사람이 아무도 없지만 우리는 한 번도 의문을 품어 보지 않았던 것이다.

송 대표는 이런 장례식에 익숙하지 않은 유족을 위해 장례식 콘셉트와 사용할 공간에 대하여 일일이 안내하며 설명해 주는데 하이패밀리 장례식에서 특별한 부분은 두 가지, 유족들이 마음껏 예배할 수 있는 예배실과 고인을 위한 시신 안치실이다.

송 대표의 말대로 전시(戰時)가 아니라면 시신 아래 시신이 있을 수 없고 시신 위에 시신이 포개져 있어서는 안 되는데 병원 장례식에는 고인을 냉장 서랍에 넣어 층층이 수납하고 있다. 하이패밀리에서는 고인을 존엄하게 모시기 위하여 단 한 분의 장례만 치르는데 정원에 마련된 시신 안치실을 막벨라 호텔(Hotel Macpelah)이라고 부른다.

막벨라 호텔 옆에는 조용히 앉아서 고인을 생각하며 고인과 대화할 수 있는 좌석도 비치되어 있는데 더욱 특이한 것은 안치실 바로 옆에는 고인 옆에 누워 자신의 생애에 관해 묵상해 볼 공간이 마련되어 있는 것이다. 이 공간의 벽에는 송 대표의 저서 『죽음이 배꼽을 잡다』에 등장하는 다음 문장이 새겨져 있다.

"영원히 살 것처럼 꿈꾸고, 내일 떠날 것처럼 사랑하라!"

하이패밀리가 강조하는 장례식은 대면식 장례다. 송 대표에 의하면 전 세계에서 비대면으로 장례를 치르는 나라는 우리나라와 일본뿐이다. 우리나라 장례식의 경우 조문객은 물론이고, 유족들조차도 고인의 모습을 볼 수 없다. 고인의 모습은 오직 입관식을 하는 순간뿐인데 만에 하나 외국에 있던 자녀가 늦게 도착한다면 장례식에는 왔어도 부모의 모습을 보지도 못하고 장례를 치러야 하는 실정이다.

하지만, 하이패밀리에서는 그런 걱정은 하지 않아도 된다. 늦게 도착한 가족이 아니어도 부모님의 모습을 보고 싶으면 언제라도 메이크업을 해서 생전의 모습을 유지한 채 편안히 누워있는 부모의 모습을 만나볼 수 있는 것이 대면식 장례의 특징이다. 물론, 대면 장례라고 하여 모든 조문객이 고인을 대면하는 것은 아니다. 고인을 대면하는 일은 가족과 친척 혹은 생전에 고인과 깊은 관계가 있었던 지인들에게 해당하는 것이다.

또 한 가지 하이패밀리 장례식의 특징은 화장(火葬) 절차에 모든 유족이 참여하지 않는 것이다. 송 대표에 의하면 부모 혹은 가족의 시신을 화장하는 모습을 보는 것은 정신적 충격이 크고, 더구나 심약한 가족이나 어린이에게는 트라우마가 될 수 있다. 그래서 여기서는 그 일을 대리인을 시켜서 수행하되 가족 대표만 동행하게 한다. 이처럼 화장절차를 대행하게 하고 유족들이 장례노동에서 해방시켜 주는 것은 영국 방식이라고 한다. 나머지 가족은 화장장으로 출발할 때 전송을 하고 장례식장에서 추모하며 기다리다가 유골함이 돌아오면 영접하여 비로소 장례예배를 드린다.

장례예배 후에는 맞은편 언덕에 마련되어 있는 수목장 장소로 이동하여 유골을 묻어드리는 것으로 장례절차를 마친다. 보통의 경우 화장장 예배까지만 공식 절차로 인식하여 조문객이 동행하지만 여기서는 장례예배 후에 수목장에 유골을 묻는 절차까지 동행하여 고인에게는 예를 다하고 유족을 끝까지 위로함으로 처음부터 끝까지 함께하는 의미가 있다.

하이패밀리 장례식에는 유족과 상의하여 장례식에 주제를 정해 준다. 이번 장례식의 경우〈나 주님만 따라가리〉를 주제로 정했는데 고인이 생전에 좋아했던〈주 안에 있는 나에게〉찬송이 BGM(배경음악) 처럼 흘러 나오고 있었다. 그리고 나중에 올라온 사진을 볼 때 온 가족이 부흥회를 방불케 하는 모습의 찬양과 예배를 드리는 아름다운 모습이 연출되기도 했다.

덧붙여 사람들이 궁금해할 것 중 하나는 이렇게 장례를 치를 경우 비용은 얼마나 드는가 하는 것이다. 이에 대하여 송 대표는 일반 장례식에는 필요 없는 거품이 너무 많다고 한다. 여태까지 상조회가 조합 가입을 권유할 때 내세우는 것은 네 가지 필요성 때문인데 이와 관련하여 하이패밀리는 다음과 같이 합리적이며 의미있게 제공하고 있다.

첫째, 필요 이상의 장의차를 제공하지 않는다.
옛날 차가 많이 없던 시절에는 유족들이 함께 움직일 수 있는 장의차를 제공해 주는 것이 중요했다. 그런데 오늘날에는 가족마다 승용차가 있어서 이동 문제가 사라졌다. 만일, 장의차를 탈 경우 개인적으로 먼저 이동하는 것이 불편해서 대형 버스에 고작 서너 명만 타는 현상조차 발생하고 있다는 것이다.

둘째, 수의(壽衣) 대신 고인이 좋아했던 평상복을 입혀드린다.
수의(壽衣)가 비싸서 갑작스럽게 상을 당한 유족에게 경제적으로 부담이 되었는데 상조회는 미리 수의를 준비해 주었다. 그런데 하이패밀리에서는 고인이 입던 평상복 가운데 좋은 옷을 골라 입혀드리고 메이크업까지 하는 대면식 장례식이므로 그런 수의가 전혀 필요 없게 되었다.

셋째, 값비싼 관(棺) 대신 종이 관으로 하여 환경보호에도 일조한다.
관(棺)도 상당히 비싸서 유족에게 부담이 되었다. 게다가 장례식장에서는 유족의 효심을 부추겨 더 비싼 수의와 관을 권하기에 유족이 무조건 싼 것을 선택하기도 쉽지 않다. 하지만, 하이패밀리에서는 종이로 만든 관을 사용하므로 그렇게 비싼 관(棺) 값이 필요하지 않다. 이렇게 종이 관을 사용하면 화장(火葬)할 때 자연 보호에도 일조(一助)하는 의미도 있다.

넷째, 헌화를 생략하고 제단 장식에 기존 가구를 활용하여 비용을 절감한다.

제단 장식의 경우 하이패밀리에서는 기존에 있던 가구들을 활용하고 있다. 그리고 여기서는 기존의 장례식과는 달리 두 가지 꽃을 사용하지 않는데 먼저 조화(造花)다. 왜냐하면, 조화에는 생명이 없기 때문이다. 또한, 여기서는 절화(折花) 역시 생명이 없기에 사용하지 않는다. 빈소에 헌화(獻花)가 없는 이유도 그것이다. 고인을 존경하는 마음으로 굳이 꽃을 드리고 싶다면 화분을 드리라는 것인데 장례식이 마친 후에는 유족이 가져가서 계속 지켜볼 수 있는 것이다.

송 대표의 설명 중에 재미있는 표현 하나는 조화(弔花)를 드리는 경우 조문객이 가고 나면 다 걷어서 다시 화병(花瓶)에 담곤 하는데 고인이 본다면 "왜 꽃을 주었다가 도로 빼앗아 가느냐"고 하지 않겠느냐는 것이다.

이렇게 하다 보니 일반 장례식에서 장례 비용이 수천만 원 드는 것에 비해 하이패밀리에서의 장례 비용은 겨우 몇백 만 원으로 끝난다. 훨씬 아름답고 은혜 충만한 장례식을 하고도 비용 걱정까지 해결되는 장례식을 할 수 있다면 이것이 바로 한국 교회에 널리 보급할 장례문화일 것이다. 그래서 송길원 목사가 대표로 있는 하이패밀리에서는 이런 장례문화가 한국 교회 안에 확산할 수 있도록 엔딩 플래너를 양성하는 프로그램을 진행하고 있다.